LA VENTAJA
DE LA FELICIDAD

SHAWN ACHOR

LA VENTAJA
DE LA
FELICIDAD

LOS 7 PRINCIPIOS
DE LA PSICOLOGÍA POSITIVA
PARA ALCANZAR EL ÉXITO

Traducción de Inmaculada Morales

Gaia
Ediciones

Título original: *The Happiness Advantage*

Traducción: Inmaculada Morales Lorenzo

Cubierta basada en el diseño de David Tran
Fotografía del autor: Jefrey Truitt

© Copyright © 2010, Aspirant LLC

Publicado por acuerdo con Aspirant, LLC a través de Creative Artists Agency

© Distribuciones Alfaomega S. L., Gaia Ediciones, 2024
   Alquimia, 6 - 28933 Móstoles (Madrid) - España
   Tel.: 91 617 08 67
   www.grupogaia.es - E-mail: grupogaia@grupogaia.es

Primera edición: septiembre de 2025

Depósito legal: M. 12.447-2025
I.S.B.N.: 978-84-1108-184-9

Impreso en China

*A mis padres, ambos docentes,
que han consagrado su vida a la convicción
de que todos podemos brillar más.*

Índice

TERCERA PARTE
EL EFECTO DOMINÓ

LA VENTAJA
DE LA FELICIDAD

PRIMERA PARTE

LA PSICOLOGÍA POSITIVA
EN EL TRABAJO

Introducción

SI OBSERVAS A LA GENTE que te rodea, te darás cuenta de que la mayoría aplica una fórmula que les fue inculcada de forma más o menos sutil en el colegio, la empresa, la familia o la sociedad, y que dice lo siguiente: si te esfuerzas lo suficiente, triunfarás y, una vez que hayas alcanzado el éxito, *entonces* serás feliz. Esta creencia describe qué es lo que suele motivarnos en la vida. Pensamos: «Si logro ese aumento de sueldo o alcanzo el próximo objetivo de ventas, seré feliz. Si obtengo una buena nota, seré feliz. Si pierdo esos dos kilos, seré feliz». Y así sucesivamente. Lo primero es el éxito; la felicidad viene después.

El único problema es que se trata de una fórmula fallida.

Si el éxito fuera la causa de la felicidad, entonces todos los empleados que consiguen un ascenso, todos los estudiantes que reciben una carta de aceptación y, en general, todos aquellos que hayan logrado una meta de cualquier tipo deberían ser felices. Sin embargo, con cada victoria, nuestros objetivos de éxito se vuelven cada vez más ambiciosos, de manera que la felicidad acaba desvaneciéndose en el horizonte.

Y lo más importante es que se trata de una fórmula fallida porque está al revés. Más de una década de investigación pionera en los campos de la psicología positiva y la neurociencia ha demostrado de manera inequívoca que la relación entre el éxito y la felicidad funciona a la inversa. Gracias a esta ciencia de vanguardia, ahora sabemos que la felicidad es precursora del éxito y no solo su resultado. Además, la felicidad y el optimismo *promueven* el rendimiento y los logros, lo que nos brinda la ventaja competitiva que yo llamo la Ventaja de la Felicidad.

Esperar a ser felices algún día limita el potencial de éxito de nuestro cerebro, mientras que cultivar cerebros positivos nos convierte en personas más motivadas, eficientes, resilientes, creativas y productivas, factores que favorecen el rendimiento. Este descubrimiento ha sido confirmado en miles de estudios científicos y en mi propio trabajo de investigación con mil seiscientos estudiantes de Harvard y docenas de empresas Fortune 500 de todo el mundo. A lo largo de estas páginas no solo descubrirás por qué la Ventaja de la Felicidad es tan poderosa, sino también cómo usarla a diario para aumentar tu éxito en el entorno laboral. No obstante, me estoy precipitando. Este libro comienza en Harvard, el lugar en el que inicié la investigación que dio origen a la Ventaja de la Felicidad.

Descubrir
la Ventaja de la Felicidad

SOLICITÉ LA ADMISIÓN en Harvard a modo de desafío. Siempre había vivido en Waco, Texas, y no tenía intención de marcharme. De hecho, mientras esperaba la respuesta de Harvard, continuaba echando raíces y me preparaba para ser bombero voluntario. Harvard era para mí un lugar de película, la universidad que las madres sueñan para sus hijos. Las posibilidades de que me admitieran eran escasas, por eso me dije a mí mismo que me conformaría con poder contarles a mis descendientes algún día durante la cena que había aspirado a *ingresar* en Harvard (suponía que esos hijos imaginarios se quedarían muy impresionados).

Cuando, contra todo lo esperado, me aceptaron, me sentí entusiasmado y a la vez lleno de humildad por tal privilegio. Quería honrar la oportunidad que se me brindaba, de modo que acudí a Harvard y permanecí allí doce años.

Hasta entonces tan solo había salido de Texas cuatro veces y nunca fuera del país (aunque para los tejanos cruzar las fronteras del estado equivale a un viaje al extranjero). Pero, en cuanto salí del metro de Cambridge y entré en Harvard Yard, me enamoré del lugar, por lo que, después de licenciarme, encontré la forma de quedarme. Estudié un posgrado, di clases complementarias (llamadas «secciones») a grupos de estudiantes de dieciséis cursos distintos y, por último, empecé a impartir clases magistrales. Mientras cursaba mis estudios de posgrado, también me convertí en supervisor, un funcionario de Harvard que vive con los estudiantes y los ayuda a recorrer el difícil camino hacia el éxito académico y la felicidad dentro de la torre de marfil. Por este motivo viví en una residencia universitaria durante doce años de mi vida (un dato que no suelo mencionar en las primeras citas).

Señalo esto por dos razones. En primer lugar, porque el hecho de considerar mi estancia en Harvard como un privilegio cambió radicalmente la forma en que mi cerebro evaluó la experiencia. Me sentía agradecido por cada momento, incluso en medio del estrés, los exámenes y las ventiscas (otra cosa que solo había visto en las películas). En segundo lugar, porque los doce años que pasé enseñando en las aulas y viviendo en la residencia me brindaron una visión global de cómo otros miles de estudiantes de Harvard superaban el estrés y los retos de sus años universitarios. Fue entonces cuando empecé a identificar ciertos patrones.

Paraíso perdido y encontrado

En la época de la fundación de Harvard, John Milton escribió en su obra *El paraíso perdido*: «La mente es su propia morada y por sí misma puede hacer un cielo del infierno, un infierno del cielo».

Pues bien, trescientos años después pude observar claramente cómo este principio cobraba vida. Una gran parte de mis alumnos consideraban que estudiar en Harvard era un privilegio, pero otros perdían de vista esa realidad rápidamente y solo se fijaban en la carga de trabajo, la competitividad y el estrés. A estos últimos les preocupaba su futuro, a pesar de que el título universitario les abriría numerosas puertas. En lugar de estar animados por las posibilidades que surgían ante ellos, se sentían abrumados por cada pequeño contratiempo. Y después de ver a bastantes estudiantes luchar por abrirse camino, me di cuenta de algo: no solo parecían más propensos al estrés y la depresión, sino que además su estado de ánimo se veía claramente reflejado en sus notas y su rendimiento académico.

Algunos años más tarde, en otoño de 2009, me invitaron a participar en una gira de conferencias de un mes a través del continente africano. Durante el viaje, un consejero delegado de Sudáfrica, llamado Salim, me llevó a Soweto, un municipio a las afueras de Johannesburgo, hogar de muchas personas inspiradoras, como Nelson Mandela y el arzobispo Desmond Tutu.

Allí visitamos una escuela situada junto a un barrio de chabolas que carecía de electricidad y prácticamente de agua corriente. Cuando me vi delante de aquellos niños, enseguida comprendí que ninguna de las historias que suelo contar en mis charlas era adecuada en ese contexto. Resultaba obvio que compartir las investigaciones y experiencias de universitarios estadounidenses privilegiados y de empresarios ricos y poderosos estaba totalmente fuera de lugar. Así que intenté abrir un diálogo. Mientras trataba de dar con algún punto de encuentro, pregunté en un tono claramente irónico: «¿A quiénes de vosotros os gustan los deberes?». Pensé que la aversión aparentemente universal a las tareas escolares nos uniría. Pero, para mi sorpresa, el 95 por ciento de ellos levantaron la mano, esbozando una sonrisa genuina y llena de entusiasmo.

Después de aquello le pregunté a Salim, en son de broma, por qué los niños de Soweto eran tan raros. «Ven el trabajo escolar como un privilegio —respondió—, algo de lo que no han disfrutado muchos de sus padres». Cuando, al cabo de dos semanas, regresé a Harvard y reparé en que muchos estudiantes se quejaban de aquello que los escolares de

Soweto consideraban un privilegio, empecé a reflexionar sobre hasta qué punto nuestra interpretación de la realidad cambia nuestra experiencia de esa realidad. Los alumnos que veían el aprendizaje como un trabajo penoso y parecían superados por el estrés y la presión se perdían todas las oportunidades que ofrecía la universidad. Pero los que se consideraban privilegiados por estudiar en Harvard parecían brillar aún más. Casi de un modo inconsciente al principio y después con interés creciente, comencé a explorar qué hacía que esas personas de gran potencial desarrollaran una mentalidad positiva que las ayudaba a sobresalir en un entorno tan competitivo, y, asimismo, qué hacía que quienes sucumbían a la presión fracasaran o se quedaran estancados en una posición negativa o neutra.

Investigar la felicidad en Hogwarts

Incluso después de doce años, Harvard me sigue pareciendo un lugar mágico. Cuando mis amigos de Texas vienen a visitarme siempre me dicen que el comedor de estudiantes de primer año es como el de Hogwarts, la fantástica escuela de magia de Harry Potter. Si añadimos a esto la presencia de otros edificios majestuosos, los abundantes recursos y las aparentemente infinitas oportunidades que ofrece la universidad, mis amistades suelen preguntarme: «Shawn, ¿por qué pierdes el tiempo estudiando la felicidad en Harvard? En realidad, ¿qué puede hacer *in*feliz a un alumno de esta universidad?».

En tiempos de Milton, el lema de Harvard reflejaba las raíces religiosas de la institución: *Veritas, Christo et Ecclesiae* («Verdad de Cristo y de la Iglesia»). Pero, desde hace muchos años, el lema se ha reducido a una sola palabra: *veritas* o, simplemente, *truth*, 'verdad'. En la actualidad existen múltiples verdades en Harvard, y una de ellas es que, a pesar de sus magníficas instalaciones, de un profesorado maravilloso y de un alumnado conformado por algunos de los mejores y más brillantes estudiantes de Estados Unidos (y del mundo), constituye el hogar de numerosos jóvenes crónicamente infelices. En 2004, por ejemplo, una encuesta del periódico estudiantil *Harvard Crimson* reveló que cuatro de cada cinco estudiantes de Harvard padecen depresión al menos una vez durante el curso y casi la mitad de los estudiantes sufren una depresión severa que les impide vivir con normalidad[1].

Esta epidemia de infelicidad no es exclusiva de Harvard. Una encuesta del Conference Board realizada en 2010 reveló que solo el 45 por ciento de los trabajadores encuestados estaban satisfechos en sus puestos de trabajo, el porcentaje más bajo en sus veintidós años de encuestas[2]. Las tasas de depresión actuales son diez veces superiores a las de 1960[3]. Cada año se reduce el umbral de edad de la infelicidad no solo en las universidades, sino en todo Estados Unidos. Hace cincuenta años, la edad media de aparición de la depresión era de 29,5 años. Hoy es casi exactamente la mitad: 14,5 años. Mis amigos querían saber por qué me dedicaba a estudiar la felicidad en Harvard y precisamente esa pregunta me sirvió para orientar la investigación: ¿por qué *no* empezar desde ahí?

Así pues, me propuse encontrar a los integrantes de ese destacado grupo de alumnos (uno de cada cinco) que realmente prosperaban —aquellos que estaban por encima de la curva en términos de felicidad, rendimiento, logros, productividad, humor, energía o resiliencia— para averiguar qué era exactamente lo que les daba tanta ventaja sobre sus compañeros. ¿Qué les permitía escapar de la atracción gravitatoria de la norma? ¿Era posible extraer patrones de sus vidas y experiencias para ayudar a personas en todos los ámbitos a tener más éxito en un mundo cada vez más estresante y negativo? Resultó que sí.

Los descubrimientos científicos dependen en buena medida de la oportunidad y la suerte. Encontré por casualidad a tres mentores —los profesores de Harvard Phil Stone, Ellen Langer y Tal Ben-Shahar— que estaban a la vanguardia de un nuevo campo llamado psicología positiva. Habían dejado atrás el enfoque tradicional de la psicología, centrado en aquello que hace infelices a las personas y en el modo en que estas pueden recuperar la «normalidad», para aplicar ese mismo rigor científico a tratar de descubrir qué hace que las personas florezcan y sobresalgan, es decir, exactamente las mismas preguntas que me había propuesto investigar.

Escapar del culto a la media

El siguiente gráfico puede parecer un poco aburrido, pero es la razón por la que me levanto entusiasmado cada mañana. (Claramente, mi vida está llena de emociones). También es la base de la investigación que se expone a lo largo de estas páginas.

Se trata de un diagrama de dispersión. Cada punto representa a un individuo y cada eje representa alguna variable. Este diagrama en particular podría estar indicando cualquier cosa: el peso en relación con la altura, el sueño en relación con la energía, la felicidad en relación con el éxito, etc. Cuando los investigadores obtenemos datos de este tipo, respondemos con entusiasmo, puesto que el diagrama muestra la existencia de una tendencia, lo que significa que podemos conseguir que publiquen nuestra investigación, lo único verdaderamente importante en el mundo académico. El hecho de que un extraño punto más oscuro —lo que llamamos un valor atípico— se sitúe por encima de la curva no representa un problema en absoluto. Como claramente se trata de un error de medición, pues se revela contrario a nuestros datos, podemos eliminarlo sin más preocupación.

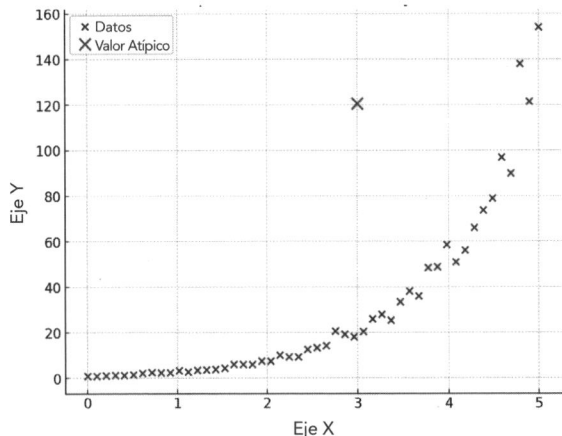

Una de las primeras habilidades que aprenden los alumnos de los cursos introductorios de Psicología, Estadística o Economía consiste en saber cómo «limpiar los datos». Si lo que te interesa es observar la tendencia general de lo que estás investigando, los valores atípicos estropean tus conclusiones. Por eso existen innumerables fórmulas y paquetes estadísticos que ayudan a los investigadores audaces a eliminar estos «problemas». Y para que quede claro, no se trata de hacer trampas, sino de procedimientos estadísticamente válidos, siempre que a uno solo le interese la tendencia general, lo que desde luego no es mi caso.

El enfoque típico que se ha empleado para comprender la conducta humana ha consistido siempre en buscar el comportamiento o resultado promedio, pero, desde mi punto de vista, este enfoque ha creado lo que llamo «el culto a la media» en las ciencias de la conducta. Si alguien plantea una pregunta del tipo: «¿A qué velocidad puede aprender a leer un niño en el aula?», la ciencia cambia esa pregunta por «¿A qué velocidad aprende a leer el niño *promedio* en el aula?». De este modo, ignoramos a los escolares que leen más rápido o más lento y adaptamos el aula al niño «promedio». «El error de la media», según la denominación propuesta por Tal Ben-Shahar, constituye el primer error de la psicología tradicional.

> Si nos limitamos a estudiar la media,
> nos quedaremos en la media.

La psicología convencional no tiene en cuenta los valores atípicos porque no encajan en el patrón. Sin embargo, yo me he propuesto hacer lo contrario: en lugar de eliminar estas anomalías, me interesa aprender de ellas (este concepto fue descrito originalmente por Abraham Maslow cuando explicaba la necesidad de estudiar la punta creciente de la curva).

Demasiado centrados en lo negativo

Es cierto que hay investigadores en el campo de la psicología que no se limitan a estudiar la media, pero, por lo general, se enfocan en los individuos situados solo en un lado de la media: por debajo de ella. Según afirma Ben-Shahar en su libro *Happier (La búsqueda de la felicidad)*, este es el segundo error de la psicología tradicional. Por supuesto, las personas que se encuentran por debajo de la media son quienes más ayuda necesitan para superar problemas como la depresión, el abuso del alcohol o el estrés crónico. En consecuencia, es comprensible que los psicólogos hayan dedicado un considerable esfuerzo a estudiar cómo pueden ayudar a estas personas a recuperarse y tener una vida normal. Sin embargo, por muy valioso que sea este trabajo, solo aporta la mitad de la información.

Puedes salvar a una persona de la depresión sin que esto signifique que, a partir de ahora, se sentirá feliz. También se puede aliviar la ansiedad de alguien sin enseñarle a cultivar el optimismo. Conseguir la reincorporación laboral de un empleado no significa que este haya mejorado su rendimiento laboral. Si solo te esfuerzas por atajar lo negativo, solo alcanzarás la media y te perderás por completo la oportunidad de superarla.

Puedes estudiar la ley de la gravedad
eternamente sin por ello aprender a volar.

Es impresionante que hasta 1998 hubiera una proporción de 17 a 1 entre las investigaciones sobre aspectos negativos y aquellas dedicadas a actitudes positivas en el campo de la psicología. En otras palabras, por cada estudio sobre la felicidad y la prosperidad había diecisiete estudios sobre la depresión y los trastornos. Esto es muy revelador. Como sociedad, sabemos muy bien cómo sentirnos desgraciados e infelices, y muy poco sobre cómo fomentar el bienestar.

En concreto, tomé conciencia de esto gracias a una experiencia que viví hace unos años. Habían solicitado mi participación en la «Semana del Bienestar» de una de las residencias de estudiantes más elitistas de Nueva Inglaterra. Pues bien, he aquí los temas propuestos en las conferencias: el lunes, trastornos alimentarios; el martes, depresión; el miércoles, drogas y violencia; el jueves, sexo de riesgo, y el viernes, podemos imaginarlo… Claramente, no era una semana del bienestar, sino una semana de la enfermedad.

Este hincapié en lo negativo no solo impregna la investigación y las escuelas, sino también nuestra sociedad. La mayoría de las noticias se centran en los accidentes, la corrupción, los asesinatos y los abusos. El énfasis en lo negativo engaña al cerebro haciéndole creer que este triste panorama es, de hecho, la realidad y que la vida se compone principalmente de acontecimientos negativos. ¿Has oído hablar del síndrome del estudiante de Medicina? Durante el primer año, cuando los estudiantes se familiarizan con los síntomas de las enfermedades que puede padecer un ser humano, muchos se convencen de repente de que han contraído TODAS ellas. Hace unos años, mi cuñado me llamó desde la Facultad de Medicina de Yale para contarme que tenía lepra (que es extremadamente rara, incluso en Yale). Pero yo no tenía ni idea de cómo consolarlo, dado que, por si fuera poco, acababa de superar una semana de andropausia y se encontraba muy sensible. La cuestión es que, como veremos a lo largo de este libro, aquello en lo que invertimos nuestro tiempo y energía mental puede convertirse en nuestra realidad.

Estudiar solamente el lado negativo de la experiencia humana no es beneficioso ni científicamente responsable. En 1988, Martin Seligman, entonces presidente de la Asociación Americana de Psicología, anunció que por fin había llegado el momento de cambiar el enfoque tradicional de la psicología y empezar a centrarse más en el lado positivo de la curva. Es decir, estudiar lo que funciona y no solo aquello que resulta pernicioso. De este modo nació la «psicología positiva».

Padecer hambre en Harvard

En 2006 el doctor Tal Ben-Shahar me pidió que, en calidad de becario docente principal, lo ayudara a diseñar e impartir un curso llamado Psicología Positiva. Él aún no era conocido internacionalmente, ya que su exitoso libro *Happier* no se publicaría hasta la primavera siguiente. Dadas las circunstancias, pensamos que tendríamos suerte si conseguíamos atraer a un centenar de estudiantes lo bastante valientes como para arriesgarse a que su expediente se viera afectado al renunciar a un crédito en una materia como teoría económica avanzada por uno en felicidad.

Durante los semestres siguientes se matricularon casi 1200 alumnos de Harvard, es decir, uno de cada seis estudiantes de una de las universidades más exigentes del mundo. Enseguida comprendimos que esos alumnos estaban allí porque tenían hambre. Estaban hambrientos de una mayor felicidad, no en algún momento futuro, sino en el presente. Y estaban allí porque, a pesar de todas las ventajas de las que disfrutaban, seguían sintiéndose insatisfechos.

Imagina por un momento la vida de aquellos estudiantes: ya con un añito, muchos de ellos dormían en sus cunas con un bodi que decía «Rumbo a Harvard», o quizá con un bonito gorrito de Yale (por si ocurría algo terrible). Desde que estaban en preescolar —en algunos casos, matriculados incluso antes de ser concebidos—, se encontraban en el 1 por ciento de los mejores de su clase, y luego en el 1 por ciento de los mejores en pruebas estandarizadas. Ganaban premios, batían récords. En su casa, no solo se les alentaba a alcanzar todo tipo de logros, sino que era lo que se esperaba de ellos. Conozco a un estudiante de Harvard cuya madre conservaba todos los ejercicios de caligrafía y los dibujos que realizaba de niño en los manteles individuales de los restaurantes, porque, según ella, estarían «algún día en un museo». (Demasiada presión, mamá).

Y por fin ingresan en Harvard. El primer día de universidad entran, confiados, en ese comedor de primer curso de estilo Hogwart y de pronto advierten algo terrible: *el 50 por ciento de ellos está, de repente, por debajo de la media.*

Suelo señalar a los estudiantes a los que asesoro que, si mis cálculos son correctos, el 99 por ciento de los licenciados de

Harvard no forma parte del 1 por ciento más destacado. Este comentario no parece que les haga demasiada gracia.

Con tanta presión para ser excepcionales, no es de extrañar que, cuando estos jóvenes caen, lo hagan con fuerza. Para empeorar las cosas, la presión —y la depresión subsiguiente— hace que se retraigan y se distancien de sus amigos, familiares y apoyos sociales en el momento en que más los necesitan. Se saltan comidas, se encierran en sus cuartos o en la biblioteca, y solo salen de vez en cuando para beber cerveza en alguna fiesta universitaria —y luego, en un intento de desahogarse, se emborrachan demasiado como para disfrutar o al menos como para recordar que han disfrutado—. Incluso parecen demasiado atareados, preocupados y estresados para buscar el amor. Según mi estudio sobre los universitarios de Harvard, la media de relaciones románticas a lo largo de cuatro años es inferior a una. El promedio de parejas sexuales, si tienes curiosidad, es de 0,5 por alumno. (No tengo ni idea de lo que significa eso, pero suena al equivalente científico de no ir más allá de hacer manitas). En mi encuesta, descubrí que, entre estos brillantes alumnos, el 24 por ciento *no sabe* si mantiene alguna relación romántica en la actualidad.

Lo que ocurría era que, como tantas otras personas en la sociedad moderna, durante el camino que conducía hacia sus magníficos estudios y sus brillantes oportunidades, habían absorbido las lecciones equivocadas. Sabían fórmulas de cálculo y química. Habían leído buenos libros, conocían la historia universal y dominaban lenguas extranjeras. Pero nunca se les había enseñado formalmente a maximizar el potencial de sus cerebros o a encontrar sentido y felicidad. Armados con iPhones y asistentes digitales personales, se habían abierto paso simultaneando múltiples tareas a través de un aluvión de experiencias que podían servirles para rellenar su currículum, a menudo a expensas de las vivencias reales. En su búsqueda de grandes logros se habían aislado de sus compañeros y sus seres queridos, poniendo en peligro los sistemas de apoyo que tanto necesitaban. Una y otra vez observé estas pautas en mis propios alumnos, que a menudo se derrumbaban bajo la tiranía de las expectativas que nos imponemos a nosotros mismos y a quienes nos rodean.

Las personas brillantes a veces actúan de la forma menos inteligente posible. En medio del estrés, estos jóvenes, en lugar de invertir en el mayor indicador del éxito y la felicidad, *se privaban* de ello: su red de apoyo social. Innumerables estudios han demostrado que las relaciones sociales constituyen la mejor garantía de un mayor bienestar y un menor estrés, al ser tanto un antídoto contra la depresión como una receta para el alto rendimiento. Pero, en vez de eso, estos estudiantes habían aprendido de algún modo que los fuertes se enfrentan a los desafíos con determinación, lo que en su caso significaba aislarse en un cubículo de estudio en el sótano de la biblioteca.

Los mejores y más brillantes sacrificaban voluntariamente la felicidad por el éxito porque, como a muchos de nosotros, les habían inculcado que, si te esfuerzas lo suficiente, triunfarás, y solo entonces, una vez que hayas alcanzado el éxito, serás feliz. Les habían enseñado que la felicidad es la recompensa que obtienes solo cuando te conviertes en socio de una empresa de inversiones, ganas el Premio Nobel o te eligen representante en el Congreso.

Pero, en realidad, como veremos a lo largo de este libro, los nuevos estudios en psicología y neurociencia demuestran que es justo al revés: disfrutamos de mayor éxito *cuando* somos más felices y positivos. Por ejemplo, los médicos que tienen un estado de ánimo positivo antes de emitir un diagnóstico muestran casi tres veces más inteligencia y creatividad que los que se hallan en un estado neutro, y, además, ofrecen diagnósticos precisos con mayor celeridad (un 19 por ciento más rápido). Los vendedores optimistas venden un 56 por ciento más que sus compañeros pesimistas. Los estudiantes que se sienten felices antes de hacer un examen de Matemáticas superan con creces a los compañeros que muestran un estado de ánimo neutro. *Resulta que nuestros cerebros no rinden al máximo cuando se encuentran en un estado de negatividad, ni siquiera de neutralidad, sino solo cuando son positivos.*

Sin embargo, en el mundo actual, paradójicamente sacrificamos la felicidad por los resultados victoriosos y de este modo reducimos los índices de éxito de nuestros cerebros. Nuestras vidas, enfocadas en el progreso personal, hacen que nos sintamos estresados y agobiados ante la creciente presión de triunfar a cualquier precio.

Escuchar a los alumnos por encima de la media

Cuanto más analizaba los últimos estudios en el campo de la psicología positiva, mayor era mi convencimiento sobre lo equivocadas que estaban nuestras creencias en torno a la realización personal y profesional (no solo las de los estudiantes de Harvard, sino las de todos nosotros). Los estudios demostraban de forma concluyente que el camino más rápido hacia el éxito *no* es concentrarse únicamente en el trabajo, y que la mejor forma de motivar a los empleados *no* consiste en dar órdenes a voces y fomentar una mano de obra estresada y temerosa. De hecho, las nuevas y radicales investigaciones sobre la felicidad y el optimismo estaban poniendo patas arriba tanto el mundo académico como el empresarial. Comprendí de inmediato que tenía la oportunidad de poner a prueba estas ideas con mis alumnos. Podía diseñar un estudio que me permitiera comprobar si esta nueva visión explicaba por qué algunos estudiantes prosperaban mientras que otros sucumbían al estrés y la depresión. Si estudiaba las pautas y los hábitos de las personas que se encuentran por encima de la media, no solo obtendría información sobre cómo alcanzarla, sino también sobre cómo superarla.

Por suerte, me encontraba en una posición única para desempeñar esta tarea. Al ser supervisor de los alumnos de primer año, había tenido la fortuna de conocer de cerca a estos estudiantes durante doce años: sus hábitos, sus motivaciones y las lecciones que pueden extraerse de sus experiencias para aplicarlas a nuestras propias vidas. Había leído todos los expedientes de admisión y los comentarios del comité de admisiones. Seguía de cerca su progreso intelectual y social, y estaba al tanto de los trabajos que encontraban después de graduarse. Además, como profesor adjunto en más de dieciséis materas diferentes, había calificado muchos de sus trabajos en el aula. Movido por el deseo de conocer a los alumnos más allá de los exámenes y expedientes académicos empecé a reunirme con ellos en mi «despacho» de Starbucks para escuchar sus historias. Según mis cálculos he mantenido charlas de más de media hora con más de mil cientos estudiantes de Harvard, lo que implica ingerir suficiente cafeína como para descalificar a todo un equipo olímpico durante décadas.

A partir de estas observaciones, diseñé y llevé a cabo mi propia encuesta empírica entre mil seiscientos universitarios de alto rendimiento, uno de los mayores estudios sobre la felicidad jamás realizados entre estudiantes. Al mismo tiempo, seguí empapándome de la investigación en psicología positiva que estaba floreciendo en mi propia institución y en los laboratorios universitarios de todo el mundo. ¿Cuál fue el resultado? Unas conclusiones sorprendentes y apasionantes sobre las causas de que algunos lleguen a lo más alto y prosperen en entornos difíciles, mientras que otros se hunden y nunca logren expresar todo su potencial. Lo que descubrí, y lo que estás a punto de leer, resultó revelador no solo para Harvard, sino para todos nosotros en el mundo laboral.

Los siete principios

Una vez que recopilé y analicé esta enorme cantidad de datos, detecté siete patrones específicos, funcionales y probados que están estrechamente relacionados con el éxito y los logros.

La Ventaja de la Felicidad: dado que los cerebros positivos tienen una ventaja biológica sobre los cerebros neutros o negativos, este principio nos enseña a reentrenar nuestro cerebro para sacar provecho de la positividad y mejorar nuestra productividad y rendimiento.

El punto de apoyo y la palanca: el modo en que experimentamos el mundo y nuestra capacidad de tener éxito en él cambian constantemente en función de nuestra actitud mental. Este principio nos enseña a ajustar nuestra mentalidad (nuestro punto de apoyo) de forma que nos confiera el poder (la palanca) para sentirnos más realizados y tener más éxito.

El efecto Tetris: cuando nuestro cerebro se queda atrapado en un patrón centrado en el estrés, la negatividad y el fracaso, tan solo nos aguarda la frustración. Este principio nos enseña a reprogramar el cerebro para detectar patrones de posibilidad, de modo que podamos captar —y aprovechar— las oportunidades allí donde miremos.

La caída constructiva: en medio de la derrota, el estrés y la crisis, nuestro cerebro traza diferentes caminos para ayudarnos a afrontar estas circunstancias adversas. Este principio consiste en encontrar un camino mental que, además de sacarnos del fracaso o del sufrimiento, nos enseñe a ser más felices y, de este modo, alcanzar el éxito.

El Círculo del Zorro: cuando los desafíos acechan y nos sentimos desbordados, nuestro cerebro racional puede verse secuestrado por las emociones. Este principio nos enseña a recuperar el control centrándonos primero en objetivos pequeños y manejables para ir ampliando poco a poco nuestro círculo y alcanzar objetivos cada vez mayores.

La regla de los veinte segundos: mantener un cambio duradero a menudo parece imposible porque nuestra fuerza de voluntad es limitada, y, cuando esta falla, recaemos en nuestros viejos hábitos y nos dejamos llevar por el camino de menor resistencia. Este principio muestra cómo mediante pequeños ajustes podemos redirigir el camino de menor resistencia y sustituir los hábitos negativos por otros positivos.

La inversión social: acosado por los retos y el estrés, hay quien opta por refugiarse en sí mismo. Sin embargo, las personas con más éxito se apoyan en sus amigos, compañeros y familiares para buscar impulso. Este principio nos enseña cómo invertir más en uno de los mayores indicadores del éxito y la excelencia: nuestra red de apoyo social.

En conjunto, estos siete principios han ayudado a estudiantes de Harvard (y más tarde a decenas de miles de personas en el «mundo real») a superar obstáculos, revertir hábitos negativos, ser más eficientes y productivos, aprovechar al máximo las oportunidades, conquistar sus metas más ambiciosas y alcanzar el éxito.

Fuera de la torre de marfil

Aunque me encantaba trabajar con estudiantes, deseaba comprobar si estos mismos principios podían fomentar la felicidad y el éxito en el mundo real. Decidido a tender un puente entre el mundo académico y el empresarial, creé una pequeña empresa de consultoría llamada Aspirant con el fin de difundir y poner a prueba estos principios en empresas y organizaciones sin ánimo de lucro.

Un mes después, la economía mundial empezó a desplomarse.

La Ventaja de la Felicidad en el trabajo

MIENTRAS VOLABA SOBRE LAS SABANAS de Zimbabue en otoño de 2008, empecé a sentirme nervioso de repente. ¿Cómo iba a hablar sobre la investigación de la felicidad en un país que acababa de sufrir la implosión total de su sistema financiero, además de estar gobernado por el dictador Robert Mugabe? Cuando aterricé en la ciudad de Harare, algunos empresarios locales me invitaron a cenar. A la tenue luz de las velas, uno de ellos me preguntó:

—Shawn, ¿a cuántos billonarios conoces?

—Muy pocos —respondí entre risas.

—¡Que levante la mano el que sea billonario! —propuso a los presentes.

Todos levantaron la mano. Al ver mi expresión de sorpresa, uno de los comensales me explicó:

—No te dejes impresionar por esto. La última vez que usé el dólar zimbabuense, una tableta de chocolate costaba un billón.

Zimbabue acababa de sufrir el colapso total de su moneda. Todas las instituciones financieras trataban de sobrevivir e incluso se había implantado un sistema de trueque durante un tiempo. En un país sacudido una y otra vez por las crisis, me preocupaba que mi investigación no le interesara a nadie. Pero, para mi sorpresa, descubrí que la gente deseaba conocer los principios de mi investigación más que ninguna otra cosa. Tras este revés, querían volver a levantarse con más fuerza que antes, y sabían que necesitaban un nuevo conjunto de herramientas para lograrlo.

El mundo real

Aunque desde entonces he comprobado que mis siete principios de psicología positiva tienen extraordinarias aplicaciones en el ámbito laboral en los buenos y en los malos tiempos, el colapso económico no tardó en exponer la necesidad de ayudar a las empresas y a los profesionales tanto a preservar su bienestar como a maximizar su energía, productividad y rendimiento cuando más lo necesitaban. Las compañías llegaron a la misma conclusión, ya que de pronto me encontré con que muchas de ellas antaño invencibles tendían la mano en busca de ayuda.

Durante el transcurso de un año trabajé con empresas de cuarenta países de cinco continentes y pude comprobar que los mismos principios que predecían el éxito en Harvard funcionaban en todas partes. Para un chico de Waco con poca experiencia viajera supuso una lección de humildad conocer a tanta gente de todo el mundo, cada uno con una historia diferente de felicidad, dificultades y resiliencia. También fue una época de gran aprendizaje. Aprendí más sobre la felicidad durante mis viajes a África y Oriente Medio en plena crisis que en doce años de estudio en un ambiente protegido. El fruto de esa labor de investigación es este libro. Comprendí que, aunque atenuados por el efecto de la crisis, todo el mundo podía beneficiarse de estos principios, desde los operadores financieros en Wall Street hasta maestros de escuela en Tanzania o comerciantes en Roma.

En octubre de 2008 me invitaron a American Express para hablar ante un grupo de vicepresidentes. La corporación AIG acababa de pasar a depender de la Reserva Federal, Lehman Brothers había quebrado y el índice Dow Jones estaba en mínimos históricos. Así que, cuando entré en la sala de AmEx, el ambiente era sombrío. Los ejecutivos me miraban con aspecto cansado y algo abatido, y sus Blackberries, que suelen emitir pitidos sin cesar al comienzo de estos eventos, se habían quedado mudas. Media hora antes de mi charla de noventa minutos sobre la felicidad se habían anunciado despidos masivos, una reorganización de la dirección y la decisión de reestructurarse en un banco. Estaba claro que *no* gozaría de una audiencia receptiva. O al menos eso pensaba yo.

Igual que cuando visité Zimbabue, imaginé que lo último que les interesaría a unas personas tan angustiadas y desconcertadas sería la psicología positiva. Una vez más, resultó ser uno de los grupos más participativos y receptivos que he tenido nunca. Los noventa minutos se convirtieron en casi tres horas mientras los ejecutivos cancelaban citas y aplazaban reuniones. Al igual que los casi mil estudiantes que asistieron a la primera clase de Harvard sobre el tema, estos financieros tan sofisticados estaban deseosos de entender la nueva ciencia de la felicidad y de descubrir cómo podría conducirlos al éxito en su trayectoria profesional.

Los bancos más importantes del mundo adoptaron antes que nadie la Ventaja de la Felicidad, ya que fueron los primeros en ser golpeados. Empecé investigando y enseñando los principios de este libro a miles de altos directivos, directores generales y consejeros delegados de algunas de las mayores (y más castigadas) instituciones financieras del mundo. Más tarde me dirigí a personas y empresas de todos los demás sectores que también se habían visto gravemente afectadas por la debacle. No eran ni tiempos ni públicos felices, pero, con independencia del sector, empresa o rango en la organización, en lugar de resistencia, me encontré con personas dispuestas a aprender psicología positiva para repensar su forma de trabajar.

Vacunar contra el estrés

Mientras tanto, los investigadores de la psicología positiva habían concluido un «metaanálisis», un estudio que abarcaba casi todos los ensayos científicos sobre la felicidad disponibles: más de doscientas investigaciones sobre 275 000 personas de todo el mundo[1]. Sus conclusiones coincidían exactamente con los principios que me proponía enseñar: la felicidad conduce al éxito en casi todos los ámbitos, incluidos el trabajo, la salud, la amistad, la sociabilidad, la creatividad y la energía. Esto me animó a aplicar los principios a otros sectores.

Los auditores fiscales, por ejemplo, no son considerados precisamente un modelo de felicidad. Dado que me proponía probar la eficacia de la Ventaja de la Felicidad en el mundo laboral, quería ver si la enseñanza de los siete principios podría aumentar la felicidad, el bienestar y la resiliencia de los empleados de una empresa de contabilidad justo antes de que se iniciara la temporada de impuestos más estresante en décadas. De modo que, en diciembre de 2008, impartí tres horas de formación en psicología positiva a doscientos cincuenta directivos de KPMG y regresé posteriormente para comprobar si había ayudado a vacunar a estas personas contra los efectos negativos del estrés. Las pruebas demostraron que el objetivo se había cumplido y además en muy poco tiempo: el grupo de auditores que yo había entrenado registró puntuaciones de satisfacción vital significativamente más altas y puntuaciones de estrés más bajas que el grupo de control que no había recibido la formación.

Lo mismo sucedió en UBS, Credit Suisse, Morgan Stanley y otras grandes compañías que atravesaban dificultades. En medio de la mayor recesión de la historia moderna hasta la fecha, las empresas imponían restricciones de vuelo a sus empleados —algo parecido a los tiempos de guerra—, se apretaban el cinturón y trataban de sobrevivir. Sin embargo, en sus presupuestos había espacio para mis cursos de formación sobre psicología positiva. Los directivos de estas empresas comprendieron que se necesitaba algo más que conocimientos técnicos para ayudar a sus compañías a superar circunstancias tan adversas.

Pronto solicitaron mi presencia diversas facultades de Derecho y bufetes de abogados. Es comprensible, ya que se ha descubierto que los abogados tienen una tasa de depresión más de tres veces superior a la del grupo profesional medio, y que los estudiantes de Derecho sufren niveles peligrosamente elevados de angustia mental[2]. Varios alumnos de la Facultad de Derecho de Harvard me contaron que preferirían estudiar en la biblioteca de Educación, aunque fuera más pequeña, porque, cuando compartían el espacio con otros estudiantes de Derecho, aunque nadie pronunciara una sola palabra, el estrés acababa propagándose como si fuera humo.

Con objeto de abordar esta espinosa realidad, enseñé los siete principios a grupos focales de abogados y estudiantes de Derecho de todo Estados Unidos. Hablamos de cómo el desarrollo de una mentalidad positiva podía ofrecerles una ventaja competitiva, de cómo la creación de sistemas de apoyo social podía erradicar la ansiedad y de cómo podían protegerse de la negatividad que se extiende rápidamente de un pupitre a otro de la biblioteca. Una vez más, los resultados fueron inmediatos e impresionantes. Incluso a pesar de la intensa carga de trabajo y la tiranía de las expectativas imposibles, estas personas tan motivadas fueron capaces de emplear la

Ventaja de la Felicidad para reducir el estrés y lograr más objetivos en su vida académica y profesional.

Correr la voz

A pesar de la explosión académica de la psicología positiva, sus descubrimientos pioneros siguen siendo en gran parte desconocidos. Cuando empecé mis estudios de posgrado, Tal me contó que el director de su programa de doctorado calculaba que el artículo medio de una revista académica era leído solamente por siete personas. Se trata de una estadística enormemente deprimente, ya que estoy convencido de que esa cifra incluye también a la madre del investigador, lo que significa que únicamente seis personas leen estos estudios. Esto es algo caricaturesco, ya que los científicos realizan descubrimientos a diario que revelan cómo funciona mejor el cerebro humano y cómo podemos relacionarnos entre nosotros de una manera más eficiente y, sin embargo, solo seis personas y una madre orgullosa están al tanto de esta información.

Cuanto más viajaba, más advertía que los innovadores avances de la psicología positiva seguían siendo desconocidos en las esferas profesionales y empresariales. Los abogados que sufren un estrés insoportable ignoran que ya se han desarrollado técnicas específicas para amortiguar este riesgo laboral. Los profesores de los colegios ubicados en los centros de las ciudades no conocen el estudio que identificó los dos patrones principales de una enseñanza eficaz. Las empresas del Fortune 500 siguen usando programas de incentivos que se demostraron ineficaces hace una generación.

A consecuencia de este desconocimiento, pierden una oportunidad increíble de tomar la delantera. Si un estudio ha demostrado que los consejeros delegados pueden ser un

15 por ciento más productivos, o que los directivos pueden mejorar la satisfacción del cliente en un 42 por ciento, creo que los propios implicados deberían saberlo y no solo un puñado de académicos. El objetivo de este libro es proporcionarte esta información para que sepas exactamente cómo usar los principios de la psicología positiva y de este modo obtengas una ventaja competitiva en tu carrera y en tu lugar de trabajo.

Aumentar el rendimiento, no el engaño

Los principios que forman el núcleo de esta obra se fundamentan en dos décadas de investigación que han revolucionado el campo de la psicología. También se han ido conformando gracias a mi propio estudio de la ciencia de la felicidad y el éxito, y han sido sometidos a prueba y perfeccionados a través de mi trabajo con personas pertenecientes a diversos sectores, desde directores de gestión financiera global, estudiantes de primaria y cirujanos, hasta abogados, contables y embajadores de la ONU. Básicamente se trata de un conjunto de herramientas que cualquier persona, con independencia de su profesión o vocación, puede usar para obtener más logros cada día. Lo mejor de todo es que no solo son aplicables al ámbito empresarial, sino que también pueden ayudarte a superar obstáculos, revertir malos hábitos, ser más eficiente y productivo, y aprovechar al máximo las oportunidades, así como ofrecerte apoyo en la consecución de tus metas más ambiciosas tanto en la vida como en el trabajo. En definitiva, se trata de un conjunto de siete herramientas que puedes utilizar para alcanzar más objetivos cada día.

He aquí qué *no* debes esperar de estos principios: no te dirán que adoptes una máscara de felicidad ni que uses el «pensamiento positivo» para desear que desaparezcan tus problemas o, peor aún, para fingir que no existen. No estoy aquí para decirte que todo es un camino de rosas. Si algo me han enseñado los años precedentes es que este punto de vista es ilusorio. Como se lamentaba el director general de una gran institución financiera: «Es la una de la tarde, y hoy he oído seis veces que "la empresa ha superado lo peor". Si hemos superado seis veces lo peor, no sé en qué punto estamos».

La Ventaja de la Felicidad comienza en un lugar diferente. Nos pide que seamos realistas sobre el presente y maximicemos nuestro potencial para el futuro. Consiste en aprender a cultivar la mentalidad y las conductas que, según se ha demostrado empíricamente, promueven un mayor éxito y satisfacción. Se trata de una ética de trabajo.

La felicidad no consiste en creer que no
necesitamos cambiar, sino en darnos cuenta
de que podemos hacerlo.

El cambio es posible

U N ACERTIJO CONDUCTUAL:
Estás encerrado en una jaula. Los barrotes son de titanio y no hay nada en ella excepto tú mismo. Para sobrevivir debes ingerir doscientas cuarenta bolitas de comida cada hora. Lo malo es que estas bolitas se encuentran en agujeros diminutos fuera de la jaula, por lo que el proceso de cogerlas a través de los barrotes lleva en principio unos treinta segundos por bolita. Si no aprendes a realizar la tarea más rápido, solo consumirás la mitad de lo necesario y acabarás muriendo de hambre. ¿Qué puedes hacer?

La respuesta: desarrolla la parte del cerebro responsable de esta tarea para poder coger las bolitas más rápido.

Imposible, ¿verdad? Espera, no saquemos conclusiones precipitadas. De hecho, este acertijo está basado en un famoso estudio del campo de la neurociencia, con la diferencia de que los sujetos del experimento no eran humanos, sino monos ardilla[1]. Tras quinientos intentos, los monos se habían vuelto expertos en atrapar bolitas, incluso cuando el tamaño del agujero disminuía continuamente. De modo que, aunque la tarea se complicaba, con la práctica empezaron a dominarla, como un joven estudiante de piano que, a través de la práctica, adquiere destreza con una escala. Esto tiene sentido de forma intuitiva. Todos conocemos el dicho «la práctica hace al maestro». Pero lo realmente interesante es que los investigadores observaron lo que ocurría en el cerebro de los monos a medida que recogían las bolitas cada vez más rápido. Por medio de electrodos colocados estratégicamente pudieron detectar las áreas del cerebro que mostraban actividad cuando un mono se enfrentaba por primera vez a este problema. A continuación, realizaron un seguimiento de la función cerebral mientras los monos atrapaban bolitas una y otra vez. Cuando los investigadores examinaron los escáneres cerebrales al final del experimento, descubrieron que la cantidad de área cortical activada por la tarea se había multiplicado varias veces. En otras palabras, con la mera práctica, cada mono había ampliado literalmente la parte del cerebro necesaria para llevar a cabo esa acción. Y no a lo largo de innumerables generaciones a través del proceso evolutivo, sino en el transcurso de un experimento con una duración de tan solo unos meses.

Tal vez pienses que se trata de una gran noticia para los monos ardilla, pero que no es habitual reclutar monos en las empresas (al menos no a propósito). Lo cierto es que los últimos avances en neurociencia han demostrado que este proceso funciona de forma idéntica en los seres humanos.

Un breve curso de neuroplasticidad

«Estoy hecho para la infelicidad», «Perro viejo no aprende trucos nuevos», «Algunas personas son cínicas de nacimiento y nunca cambiarán», «A las mujeres no se les dan bien las matemáticas», «No soy una persona divertida», «Es una atleta nata». Frases como estas son indicativas de una corriente de pensamiento arraigada en nuestra cultura según la cual nuestro potencial está fijado biológicamente y, una vez que el cerebro alcanza la madurez, es inútil tratar de modificarlo.

Sin la capacidad de realizar cambios positivos duraderos, un libro como *La Ventaja de la Felicidad* sería una broma cruel: una bonita palmadita en la espalda para los que ya son felices y tienen éxito, pero inútil para el resto. ¿De qué sirve descubrir que la felicidad aumenta el éxito si no podemos ser más felices? La creencia de que somos únicamente producto de nuestros genes es uno de los mitos más perniciosos de la cultura moderna y promueve la insidiosa idea de que las personas vienen al mundo con un conjunto fijo de capacidades, por lo que el cambio es imposible tanto en ellas como en sus cerebros. La comunidad científica es en parte culpable de esto, debido a que, durante décadas, los científicos se negaron a ver el potencial de cambio que tenían ante sí.

Para explicar mejor este asunto permíteme regresar a África.

El unicornio africano

En el antiguo Egipto se crearon diversas tallas y escritos que aludían a una criatura mítica, mitad cebra, mitad jirafa. Cuando los comerciantes británicos del siglo XIX encontraron estas tallas, describieron a aquella bestia como «el unicornio africano», una criatura fantástica y una imposibilidad biológica. Sin embargo, los nativos de la cuenca del Congo insistían en que habían avistado un animal exactamente así en las profundidades de la selva. Incluso sin la ayuda de la genética moderna, los exploradores británicos sabían que aquello era ridículo. Las jirafas no se apareaban con las cebras y, desde luego, no tenían descendencia (puede que las cebras crean que las jirafas tienen una gran personalidad, pero no se sienten atraídas por ellas). Durante años los biólogos occidentales se burlaron de la ignorancia y superstición de los nativos por creer en la existencia de tal animal mítico.

En 1901 el intrépido sir Harry Johnston descubrió a unos pigmeos que habían sido secuestrados por un explorador alemán. Consternado por tal atrocidad, Johnston decidió intervenir y se ofreció a pagar generosamente por su liberación. En agradecimiento, los nativos liberados le entregaron pieles y cráneos del unicornio africano. Como era de esperar, cuando Johnston mostró esos presentes en Europa, la gente empezó a burlarse del explorador. Se sabía que el unicornio africano era una ficción, así que era imposible que esas pieles pertenecieran a ese animal. Cuando Johnston argumentó que, aunque nunca había visto a la criatura, los pigmeos le habían mostrado sus huellas, la comunidad científica desestimó sus afirmaciones y puso en entredicho su cordura durante años.

Posteriormente, en 1918, un okapi vivo —de hecho, un cruce entre jirafa y cebra— fue capturado en libertad y exhibido en Europa. Una década más tarde, el primer okapi se apareó con éxito en Amberes. Hoy en día, los «míticos» okapis, que al parecer no eran tan míticos, son bastante comunes en los zoológicos de todo el mundo.

En la década de 1970, el dalái lama afirmó que el mero pensamiento podía cambiar nuestra estructura cerebral. Incluso sin la ayuda de los modernos escáneres cerebrales y las IRMf (imagen por resonancia magnética funcional), los científicos occidentales sabían que aquello era ridículo. Aunque no cabía duda de que se trataba de una idea reconfortante —decían—, no era más que un mito. Y, desde luego, si el cerebro *podía* cambiar, no podía hacerlo solo a través del pensamiento o la fuerza de voluntad. Durante la mayor parte del siglo XX, en los círculos de investigación más prestigiosos se mantuvo la creencia de que, después de la adolescencia, nuestro cerebro era una estructura fija y rígida. La neuroplasticidad, la idea de que el cerebro es maleable y, por tanto, puede modificarse a lo largo de nuestra vida, era esencialmente el «unicornio occidental».

Unos años más tarde, algunos estudios comenzaron a encontrar huellas de lo que previamente era una mera quimera. Esta vez los científicos no hallaron las pistas en el cráneo de un okapi, sino en el de un taxista. Los investigadores estaban examinando los cerebros de taxistas residentes en Londres[2] (no me extraña que en las cenas entre amigos se bromee con los temas de investigación demasiado específicos de los científicos). Descubrieron algo inimaginable hasta entonces: los cerebros de estos taxistas tenían hipocampos significativamente más grandes que los de una persona normal.

¿Por qué? Para averiguar la respuesta acudí a la fuente: un taxista londinense. Me explicó que la configuración de las calles de Londres no se basa en un sistema de cuadrículas, como en gran parte de Manhattan o Washington D.C. Por eso, conducir por la ciudad es como moverse por un laberinto bizantino y requiere que el conductor disponga de un amplio mapa espacial interno (resulta una tarea tan compleja que los aspirantes a taxistas se ven obligados a aprobar un examen llamado *The Knowledge* [el conocimiento] antes de obtener la licencia para conducir uno de los famosos taxis negros londinenses).

¿Cuál es la importancia de todo esto? Aunque tal vez el aumento del hipocampo no te parezca un dato demasiado interesante, lo cierto es que obligó a los científicos a enfrentarse al «mito» de la neuroplasticidad, según el cual el cambio cerebral es posible dependiendo de cómo vives tu vida. Frente a estos datos, un científico aferrado al modelo clásico de que el cerebro no se modifica después de la adolescencia se encontraría ante una difícil elección.

O bien tendría que argumentar que *(a)* desde el nacimiento los genes de algunas personas desarrollan un hipocampo más grande, porque saben que en un futuro se convertirán en taxistas en Londres, o bien admitir que *(b)* el hipocampo puede aumentar de tamaño *como resultado de* muchas horas de práctica conduciendo un taxi en un entorno laberíntico.

A medida que los escáneres cerebrales se volvían más sofisticados y precisos, se descubrían más rastros del mítico «unicornio occidental». Imaginemos a alguien, a quien llamaremos Roger, nacido con una visión normal, que perdió la vista repentinamente después de que alguna sustancia tóxica le salpicara los ojos durante un experimento de química en el instituto[3]. A raíz de ese accidente, Roger tuvo que aprender a leer en braille, lo que le obligaba a emplear su dedo índice dominante para sentir cada palabra que leía. Cuando los neurocientíficos pusieron a alguien como él en una máquina de IRMf para escanear su cerebro, realizaron algunos descubrimientos sorprendentes. Cuando estimulaban el dedo índice de la mano *no* lectora de Roger, no ocurría nada fuera de lo normal: una pequeña parte de su cerebro se iluminaba, como nos ocurriría a cualquiera de nosotros si recibiéramos el mismo estímulo. Pero lo realmente asombroso es que, cuando los investigadores establecían contacto sensorial con el dedo de Roger que leía braille, se iluminaba una zona relativamente grande de masa cortical, como si se encendiera una lámpara halógena en su cerebro.

Para explicar esto, los científicos tenían de nuevo dos opciones: *(a)* desde el nacimiento nuestros genes son lo bastante inteligentes como para anticiparse a un extraño experimento de química y, por tanto, disponer de un dedo índice bien programado en una de las manos o *(b)* nuestro cerebro cambia en respuesta a nuestras acciones y circunstancias.

La respuesta en ambos casos es obvia e ineludible. El cambio cerebral, que antes se creía imposible, es ahora un hecho bien conocido, respaldado por algunas de las investigaciones más rigurosas y vanguardistas de la neurociencia[4]. Y esto tiene implicaciones de gran alcance. Una vez que se descubrió que el cerebro está dotado de plasticidad, nuestro potencial de crecimiento intelectual y personal se volvió también maleable. Como veremos a lo largo de los próximos siete capítulos, se han encontrado numerosas formas de reconfigurar nuestro cerebro de forma que sea más positivo, creativo, resistente y productivo, y que nos permita ver más posibilidades allí donde miremos. De hecho, si los pensamientos, actividades diarias y conductas pueden moldear el cerebro, la gran pregunta que surge no es *si eso es posible*, sino *en qué medida*.

De lo posible a lo probable

¿Cuál es la secuencia numérica más larga que se puede recordar? ¿Cuánto puede crecer un ser humano? ¿Cuánto dinero puede llegar a ganarse? ¿Cuánto puede vivir alguien? El *Libro Guinness de los récords* recopila muchas de las mayores marcas conquistadas, los mayores logros jamás alcanzados. Pero se trata de un registro fósil. Solo habla de lo que se *ha* logrado, no de lo mucho que *puede* conseguirse. Por eso tiene que actualizarse constantemente: siempre se están batiendo nuevos récords y, por tanto, el libro siempre está desfasado.

Tomemos el fascinante caso del mediofondista británico Roger Bannister. En 1955, después de rigurosas pruebas y cálculos matemáticos de la anatomía humana, los expertos llegaron a la conclusión de que el cuerpo humano no podía correr 1,6 km en menos de cuatro minutos. Se trataba de una imposibilidad física para la ciencia. Pero entonces llegó Roger Bannister, que en 1954 parecía no tener reparos en demostrar que, de hecho, esa distancia podía correrse en 3:59,4. Y una vez que Bannister rompió la barrera imaginaria, se abrieron de repente las compuertas: decenas de corredores empezaron a superar esa marca de los cuatro minutos cada año, cada uno más rápido que el siguiente. ¿A qué velocidad puede correr hoy un ser humano esa distancia, nadar cien metros o completar un maratón? Sinceramente, no lo sabemos. Por eso en cada competición olímpica contenemos la respiración ante la posibilidad de un nuevo récord mundial.

La cuestión es que no conocemos los límites del potencial humano. Del mismo modo que no podemos saber cuál es la velocidad máxima a la que puede correr una persona ni predecir qué estudiante llegará a ser galardonado con un Premio Nobel, tampoco hemos descubierto los límites del enorme potencial de nuestro cerebro para desarrollarse y adaptarse a circunstancias cambiantes. Lo único que sabemos es que este tipo de cambio *es* posible. Tras esta primera parte a modo de introducción, el tema principal de este libro es cómo podemos aprovechar la capacidad de adaptación y transformación de nuestro cerebro para cosechar los beneficios de la Ventaja de la Felicidad.

Cambio positivo duradero

Si, como hemos visto, el cambio es posible, la pregunta que surge a continuación es ¿cuál es su duración? ¿Puede la aplicación de estos principios suponer una diferencia real y prolongada en nuestras vidas? La respuesta es afirmativa. Como veremos en los próximos siete capítulos existen numerosas formas que permiten aumentar nuestro nivel habitual de felicidad y adoptar una mentalidad más positiva de forma permanente. Dado que este libro trata sobre la Ventaja de la Felicidad, es más que reconfortante saber que *podemos* ser más felices, que los pesimistas *pueden* convertirse en optimistas y que los cerebros estresados y negativos pueden entrenarse para ver más posibilidades. La ventaja competitiva está al alcance de todas aquellas personas que se esfuerzan por conseguirla.

Yo mismo he llevado a cabo estudios sobre la eficacia duradera del entrenamiento en psicología positiva. Como he mencionado antes, las pruebas realizadas una semana después de la formación en KPMG confirmaron que los empleados estaban significativamente menos estresados y eran más felices y optimistas gracias a la aplicación de los siete principios. Pero, una vez que se disipó el «efecto luna de miel», ¿hubo alguna diferencia real en sus vidas? ¿O simplemente retomaban sus viejos hábitos en cuanto aumentaba la carga de trabajo? Para responder a esta pregunta, volví a visitar KPMG cuatro meses después. Por increíble que parezca, los efectos positivos del estudio seguían presentes. Era lógico que los ánimos del grupo de control mejoraran un poco a medida que la economía se recuperaba de su sombrío mínimo de diciembre de 2008. Sin embargo, los directivos que habían recibido la formación manifestaron un aumento significativo de su satisfacción vital, una mayor sensación de eficacia y menos estrés. La puntuación de satisfacción vital, que es uno de los indicadores más importantes de la productividad y el rendimiento en el trabajo, había mejorado considerablemente en quienes estaban entrenados, y, lo que es más importante, el análisis estadístico reveló que la formación recibida era responsable de esos efectos positivos. Una vez más vimos que las pequeñas intervenciones positivas podían crear cambios sostenibles a largo plazo en el ámbito laboral.

De la información a la transformación

En una ocasión hablé con un investigador del sueño que tenía datos que demostraban que, cuanto más se duerme, mejor se envejece.

—Supongo que dormirás veintitrés horas al día —bromeé, como si nunca le hubieran hecho un comentario de ese tipo.

Su rostro adquirió un aspecto serio.

—Shawn, soy investigador del sueño. Me paso la noche en vela observando cómo otros descansan, pero yo nunca duermo.

Después me reveló su edad y era cierto: aquel hombre aparentaba unos diez años más. El mero hecho de tener conocimientos sobre un tema no suele ser suficiente para modificar nuestra conducta y generar un cambio real y duradero.

En el verano de 2009 yo mismo experimenté esta trampa tan habitual. Estaba tan entusiasmado por transmitir esta investigación al mayor número de personas posible que empecé a cruzar el Atlántico varias veces al mes y, en consecuencia, a distanciarme de mis familiares y amigos, me sentía absolutamente abrumado, es decir, estaba experimentando todo lo contrario de la receta del éxito que expongo a lo largo de estas páginas. Un viaje en avión de diez horas de Zúrich a Boston fue la gota que colmó el vaso. De repente sentí un dolor en la espalda y las piernas tan insoportable que acabé tumbado en la parte trasera del avión con la ayuda de las auxiliares de vuelo. Un rápido traslado a urgencias reveló que padecía una hernia discal en la espalda tan dolorosa que me pasé el mes siguiente tumbado en cama o echado en el suelo. Tuvieron que ponerme una potente inyección epidural con cortisona para que pudiera volver a caminar. Al no poder viajar ni seguir investigando, me vi obligado a aflojar el ritmo y a dedicar por fin algo de tiempo a poner en práctica estos principios en mi propia vida. Entonces me di cuenta de lo que me había estado perdiendo. Al igual que con los ejecutivos durante la gran recesión, estos principios me ayudaron a superar mi propia crisis personal y a impulsar cambios importantes en mi vida. Siempre me sentiré agradecido por ese mes de descanso, ya que me ofreció la oportunidad de poner en práctica mis propias enseñanzas y adoptar los cambios de actitud mental y conducta que tanto había aconsejado.

La cuestión es que no basta con leer este libro. Es necesario poner atención y esfuerzo en implementar estos principios, ya que solo entonces empezarán a llegar los resultados. La buena noticia es que los beneficios son enormes. El hecho de que cada uno de los principios esté basado en años de trabajo científico riguroso significa que estas ideas se han probado y comprobado muchas veces, por lo que su eficacia está garantizada. Aunque muchos libros sobre cómo progresar en el ámbito laboral pueden resultar inspiradores, con frecuencia presentan estrategias que no han sido verificadas. Por otra parte, por muy fascinante que sea el abordaje científico, a menudo resulta imposible de entender, y mucho menos de convertir en medidas concretas. Pues bien, el objetivo de esta obra es subsanar esta carencia.

SEGUNDA PARTE

LOS SIETE PRINCIPIOS

La Ventaja de la Felicidad

Cómo la felicidad ofrece a tu cerebro y a tu empresa una ventaja competitiva

En 1543 Nicolás Copérnico publicó *De revolutionibus orbium coelestium (Sobre las revoluciones de los orbes celestes)*. Hasta entonces casi todo el mundo creía que la Tierra era el centro del universo y que el sol giraba alrededor de nuestro planeta. Pero Copérnico sostenía justamente lo contrario: la Tierra giraba alrededor del Sol. Una revelación que cambió nuestra visión del universo.

Hoy en día estamos presenciando un cambio similar en el campo de la psicología. Durante generaciones se nos hizo creer que la felicidad giraba en torno al éxito por lo que, si nos esforzábamos lo suficiente, alcanzaríamos ese éxito y entonces seríamos felices. Se pensaba que el éxito era el centro del universo laboral y que la felicidad giraba en torno a él. En la actualidad, gracias a los avances producidos en el floreciente campo de la psicología positiva, estamos constatando lo contrario: cuando somos felices —y tenemos una actitud mental y un estado de ánimo positivos—, somos más inteligentes, estamos más motivados y, por tanto, tenemos más éxito. La felicidad es el astro principal, y el éxito, su satélite.

Por desgracia, a pesar de las décadas de investigación que demuestran que esto es así, numerosas empresas y sus dirigentes siguen aferrándose obstinadamente a su creencia en el anterior orden que se sabe erróneo. Los poderes dominantes continúan afirmando que, si nos esforzamos y trabajamos duro, triunfaremos y seremos más felices en un futuro lejano. Mientras tratamos de alcanzar nuestros objetivos, la felicidad es irrelevante, un lujo del que se puede prescindir o una recompensa que solo se obtiene tras toda una vida de esfuerzo. Algunos incluso la consideran una debilidad, una señal de que no trabajamos lo suficiente. Cuando damos crédito a este mensaje equivocado no solo socavamos nuestro bienestar mental y emocional, sino también nuestras posibilidades de triunfar y cumplir objetivos.

Las personas con más éxito, las que tienen una ventaja competitiva, no piensan en la felicidad como una recompensa lejana por sus logros, ni experimentan la vida a través de un estado de ánimo neutro o negativo sino que sacan provecho de lo positivo y cosechan las recompensas a cada paso. Este capítulo te enseñará cómo lo hacen, por qué este principio les funciona y cómo puedes beneficiarte tú también de él. A su manera, la Ventaja de la Felicidad también es una revolución copernicana: nos muestra que el éxito gira en torno a la felicidad y no al revés[1].

DEFINIR LA FELICIDAD

Nadie me dirigía la palabra. Faltaban unos minutos para el inicio de mi exposición sobre la relación entre la felicidad y la productividad laboral ante un grupo de ejecutivos de la empresa coreana Samsung, y estaba esperando a que el director de Recursos Humanos me presentara al grupo. Me gusta conocer a la gente durante este breve interludio antes de una charla, pero ese día todos los asistentes tenían la mirada perdida y esquivaban mis repetidos intentos de conversación. Así que, sintiéndome abatido, fingí que ultimaba mi presentación de PowerPoint (una táctica infalible para evitar la incomodidad social en estas situaciones, aunque funciona peor en un cóctel). Por fin alguien entró en la sala y se presentó como Brian, el líder del grupo. Fue entonces cuando me enteré de que los organizadores del evento se habían olvidado de mencionarme un pequeño detalle: ninguno de los presentes hablaba inglés.

Resulta que el traductor que Samsung suele contratar para estas ocasiones estaba enfermo, así que Brian se ofreció para actuar como intérprete. Nada más empezar, se inclinó hacia mí y me dijo: «No se me dan muy bien los idiomas».

Durante las tres horas siguientes hablé en intervalos de un minuto tras los cuales daba paso a mi «intérprete» que, o bien parecía sumamente confuso, o bien se dirigía al grupo con entusiasmo generalmente durante unos tres minutos más de lo que lo había hecho yo. No tengo ni idea de la precisión con la que traducía, pero se llevaba todo el mérito de mis chistes. Dado lo accidentado del proceso, decidí dejar de hablar y animar a los ejecutivos a que intercambiaran sus impresiones entre ellos.

—Para estudiar la influencia de la felicidad en el rendimiento necesitamos una definición. Así que esa es la pregunta que os planteo: ¿qué es la felicidad? —inquirí.

Satisfecho con ese pequeño ejercicio improvisado, esperé a que Brian tradujera lo que acababa de decir. Sin embargo, en lugar de eso, se inclinó hacia mí con cara de perplejidad.

—¿No sabes lo que significa la felicidad? —preguntó nervioso.

Me quedé de piedra.

—No, digo que me gustaría que el *grupo* diera una definición de felicidad.

Cubrió el micrófono con la mano e, intentando claramente no avergonzarme, me susurró.

—Puedo buscártelo en Google.

La ciencia de la felicidad

Aunque agradecí la oferta, ni siquiera el omnisciente Google tiene una respuesta definitiva a esta pregunta. Esto se debe a que no existe un significado único de la felicidad, ya que es relativa a la persona que la experimenta. Por eso los científicos suelen referirse a ella como «bienestar *subjetivo*», ya que depende de cómo nos sentimos cada uno con nuestras propias vidas[2]. En esencia, quien mejor puede valorar tu nivel habitual de felicidad eres tú mismo. Para estudiar la felicidad de forma empírica, los científicos deben basarse en autoinformes individuales. Por fortuna, tras años de probar y perfeccionar las preguntas en encuestas dirigidas a millones de personas de todo el mundo, se han desarrollado patrones que miden la felicidad individual de forma precisa y fiable.

¿Cómo definen los científicos la felicidad? Básicamente como la experiencia de emociones positivas: una sensación de placer combinada con sentimientos más profundos de sentido y propósito. La felicidad implica un estado de ánimo positivo en el presente y una perspectiva positiva para el futuro. Martin Seligman, pionero de la psicología positiva, la ha dividido en tres componentes mensurables: placer, compromiso y significado[3]. Sus estudios han confirmado (aunque la mayoría de nosotros lo sabemos de forma intuitiva) que las personas que persiguen únicamente el placer experimentan solo una parte de los beneficios que puede aportar la felicidad, mientras que las que incluyen las tres vías tienen vidas más plenas[4]. Por tanto, quizá el término más preciso para la felicidad sea el empleado por Aristóteles: *eudaimonia*, que no se traduce directamente por «felicidad», sino por «florecimiento humano». Esta definición me satisface especialmente porque reconoce que la felicidad no consiste únicamente en emoticonos sonrientes y arco iris. *Para mí, la felicidad es la alegría que sentimos al esforzarnos en desarrollar nuestro potencial.*

El principal motor de la felicidad son las emociones positivas, ya que la felicidad es, ante todo, un sentimiento. De hecho, algunos investigadores prefieren los términos *emociones positivas* o *positividad* a *felicidad*, ya que, aunque son esencialmente sinónimos, la felicidad es un concepto mucho más vago y difícil de manejar. Barbara Fredrickson, investigadora de la Universidad de Carolina del Norte y quizá la principal experta mundial sobre el tema, describe las diez emociones positivas más comunes: alegría, gratitud, serenidad, interés, esperanza, orgullo, diversión, inspiración, asombro y amor[5]. Esto ofrece una imagen mucho más rica de la felicidad que el omnipresente emoticono sonriente, que no deja mucho espacio para los matices. No obstante, para facilitar la exposición, a lo largo de este libro se utilizan indistintamente los términos *emociones positivas, positividad* y *felicidad*. Lo llamemos como lo llamemos, nuestra incansable búsqueda de este sentimiento forma parte de nuestra humanidad única, un hecho que ha sido expresado por escritores y filósofos mucho más elocuentes que yo (incluido Thomas Jefferson en el documento fundacional de Estados Unidos). Pero, como vamos a descubrir, la felicidad es algo más que un buen sentimiento: también constituye un ingrediente indispensable para el éxito.

LA VENTAJA DE LA FELICIDAD EN EL TRABAJO

Anteriormente he mencionado el impresionante metaanálisis de investigaciones sobre la felicidad que reunió los resultados de más de doscientos estudios científicos realizados con la participación de alrededor de 275 000 personas y que descubrió que la felicidad conduce al éxito en casi todos los ámbitos de nuestras vidas, incluyendo el matrimonio, la salud, la amistad, la participación en la comunidad, la creatividad y, en particular, nuestros trabajos, carreras y negocios[6]. Existen numerosos datos que demuestran que los trabajadores felices tienen mayores niveles de productividad, venden más, se desenvuelven mejor en posiciones de liderazgo y obtienen mejores calificaciones de rendimiento, así como salarios más altos. También disfrutan de una mayor seguridad laboral y son menos propensos a solicitar una baja médica, a dimitir o a acabar quemados. Los consejeros delegados felices tienen más probabilidades de dirigir equipos de empleados felices y sanos que disfrutan de un clima de trabajo propicio para el alto rendimiento. La lista de beneficios de la felicidad en el entorno laboral es interminable.

El huevo o la gallina

Llegados a este punto, es posible que pienses: quizá la gente sea feliz *debido* a que es más productiva y gana más. Como a los estudiantes de Psicología se les enseña a repetir hasta la saciedad: «la correlación no implica causalidad». En otras palabras, los estudios a menudo solo nos dicen que dos elementos están relacionados, pero, para saber qué precede a qué, hemos de analizarlos más de cerca y averiguar qué vino antes. ¿Qué fue primero, el huevo o la gallina? ¿La felicidad viene antes que el éxito o el éxito antes que la felicidad?

Si la felicidad fuera solo el resultado final de tener éxito, el credo imperante en empresas y escuelas sería correcto: si nos centramos en la productividad y el rendimiento, incluso en detrimento de nuestro bienestar emocional y físico, al final tendremos más éxito y, por tanto, seremos más felices. Pero, gracias a los avances de la psicología positiva, este mito ha quedado desmentido. Como los autores de una encuesta pudieron afirmar de forma concluyente: «Un estudio tras otro demuestra que la felicidad *precede a* importantes resultados e indicadores de prosperidad»[7]. En resumen, basándose en la gran cantidad de datos recopilados, descubrieron que la felicidad *genera* éxito y logros, y no lo contrario. Veamos cómo sucede esto.

Una de las formas en que los psicólogos responden a la pregunta del huevo o la gallina consiste en un seguimiento de los participantes de un estudio durante largos periodos. En uno de ellos, por ejemplo, se midió el nivel inicial de emociones positivas de 272 empleados y se siguió su rendimiento laboral durante los dieciocho meses siguientes[8]. Se descubrió que, incluso después de controlar otros factores, los que eran más felices al principio acababan recibiendo mejores evaluaciones y un salario más alto posteriormente. Otro estudio descubrió que el nivel de felicidad de los universitarios de primer año predecía el nivel de sus ingresos diecinueve años después, con independencia de su nivel inicial de riqueza[9].

Uno de los estudios longitudinales más famosos sobre la felicidad proviene de un lugar insólito: los antiguos diarios de religiosas católicas[10]. Las ciento ochenta monjas integrantes de las Hermanas Educadoras de Notre Dame, todas nacidas antes de 1917, tenían la costumbre de escribir sus pensamientos en un diario. Cinco décadas más tarde, un inteligente grupo de investigadores decidió analizar las anotaciones en función de su contenido emocional positivo. ¿Sería posible que el nivel de positividad que presentaban a los veinte años predijera cómo les iría el resto de la vida? La respuesta fue afirmativa. Las hermanas cuyas anotaciones tenían un contenido más abiertamente alegre vivieron casi diez años más que aquellas con comentarios más bien negativos o neutros. A los 85 años, el 90 por ciento del cuartil de monjas más felices seguían vivas, frente a solo el 34 por ciento del cuartil menos feliz[11]. Es obvio que las monjas felices de veinte años no se sentían así porque supieran que vivirían más; su mejor salud y su mayor esperanza de vida solo podían ser el resultado de su felicidad, no la causa.

Este estudio pone de relieve otra pista que nos ayuda a responder a la pregunta del huevo o la gallina: la felicidad puede mejorar nuestra salud física, lo que a su vez nos permite trabajar más rápido y durante más tiempo y, por tanto, nos ofrece más probabilidades de éxito. Esta revelación proporciona a las empresas un incentivo adicional para preocuparse por la felicidad de sus trabajadores, ya que los empleados sanos serán más productivos en el trabajo. Diversos estudios demuestran que los empleados infelices se toman más días de baja por enfermedad y se quedan en casa una media de 1,25 días más al mes o quince días más al año por enfermedad[12]. Y, de nuevo, se ha determinado que la felicidad funciona como causa, no solo como resultado, de la buena salud. En un estudio en el que me alegro de no haber participado, los investigadores entregaron a los participantes una encuesta diseñada para medir los niveles de felicidad y luego les inyectaron una cepa del virus del resfriado[13]. Al cabo de una semana, las personas que eran más felices antes del inicio del estudio habían combatido el virus mucho mejor que las menos felices. Y no solo se sentían mejor, sino que presentaban un menor número de síntomas objetivos de enfermedad medidos por los médicos: menos estornudos, tos, inflamación y congestión. Lo que esto significa es que las empresas y los directivos que tomen medidas para cultivar un lugar de trabajo feliz no solo tendrán trabajadores más productivos y eficientes, sino también una menor tasa de absentismo y una reducción de los gastos sanitarios.

El cerebro y la felicidad

Además de los resultados obtenidos en estos estudios longitudinales, los científicos descubrieron más pruebas de que la felicidad conduce al éxito cuando empezaron a examinar cómo las emociones positivas afectan al funcionamiento de nuestro cerebro y modifican nuestra conducta. La psicología sabe desde hace tiempo que las emociones negativas limitan nuestros pensamientos y nuestro abanico de acciones, lo cual ha servido a un importante propósito evolutivo. En la prehistoria, si un tigre de dientes de sable corría hacia ti, el miedo y el estrés te ayudaban a liberar sustancias químicas que te preparaban para luchar contra él (lo que, admitámoslo, no podía salir demasiado bien) o para huir de él (una batalla que, de nuevo, podías perder). Pero ambas opciones eran mejores que no hacer nada y esperar a ser atacado. Así pues, ¿qué propósito evolutivo tendrían las emociones positivas? Hasta hace poco, la ciencia se contentaba con afirmar que la felicidad simplemente nos hace sentir bien, y ahí terminaba la indagación.

Afortunadamente todo esto ha cambiado durante los últimos veinte años. Gracias a una investigación exhaustiva, se ha descubierto que la felicidad tiene en realidad un propósito evolutivo muy importante, algo que Barbara Fredrickson ha denominado la «teoría de ampliar y construir»[14]. En lugar de limitar nuestras acciones a la lucha o la huida, como hacen las emociones negativas, las positivas amplían la cantidad de posibilidades que procesamos, haciéndonos más reflexivos, creativos y abiertos a nuevas ideas. Por ejemplo, las personas en las que se promueve —estimulando la evocación de una determinada actitud mental o emoción antes del experimento— un sentimiento de alegría o satisfacción son capaces de concebir una gama más amplia de pensamientos e ideas que las personas en las que se fomenta un sentimiento de ansiedad o ira[15]. Y cuando las emociones positivas amplían nuestro ámbito de cognición y conducta de esta manera, no solo aumentan nuestra creatividad, sino que, además, nos ayudan a construir más recursos intelectuales, sociales y físicos con los que podemos contar en el futuro.

Diversas investigaciones modernas han demostrado que este «efecto amplificador» es en realidad biológico y que la felicidad nos brinda una verdadera ventaja química competitiva. ¿De qué modo? Las emociones positivas inundan nuestro cerebro de dopamina y serotonina, sustancias químicas que, además de hacernos sentir bien, elevan los centros de aprendizaje de nuestro cerebro a niveles superiores. Nos ayudan a organizar la información nueva, a retenerla en el cerebro durante más tiempo y a recuperarla más rápidamente. Además nos ofrecen la posibilidad de crear y mantener más conexiones neuronales, lo que nos permite pensar con mayor rapidez y creatividad, ser más hábiles en el análisis complejo y la resolución de problemas, y ver e inventar nuevas formas de hacer las cosas.

Cuando estamos contentos incluso vemos mejor lo que nos rodea. Un estudio reciente de la Universidad de Toronto descubrió que nuestro estado de ánimo puede cambiar la forma en que el córtex visual —la parte del cerebro responsable de la vista— procesa la información[16]. En este experimento se fomentó en los participantes una sensación de positividad, o bien de negatividad, mediante un estímulo previo, y luego se les pidió que contemplaran una serie de imágenes. Quienes tenían un estado de ánimo negativo no procesaban todas las imágenes de las fotos, sino que omitían partes sustanciales del fondo, mientras que los que estaban de buen humor veían todos los detalles. Los experimentos de seguimiento ocular han demostrado lo mismo: las emociones positivas amplían nuestro campo de visión periférica[17].

Piensa en la ventaja que todo esto nos aporta en el ámbito laboral. A fin de cuentas, ¿a quién no le gustaría descubrir soluciones innovadoras, detectar oportunidades y saber cómo desarrollar mejor las ideas de otros? En la actual economía del conocimiento impulsada por la innovación, el éxito empresarial depende en prácticamente todos los puestos o profesiones de la capacidad de encontrar soluciones creativas y novedosas a los problemas. Por ejemplo, cuando los investigadores de Merck empezaron a estudiar los efectos de un medicamento llamado Finasteride, pretendían encontrar una cura para la hiperplasia benigna de la próstata. Sin embargo, durante las revisiones realizadas a los sujetos de la investigación, se dieron cuenta de que muchos de ellos experimentaban un extraño efecto secundario: les volvía a crecer pelo. Por fortuna, los investigadores de Merck supieron ver el producto multimillonario que se escondía en el inesperado efecto secundario y de este modo nació el fármaco Propecia.

La Ventaja de la Felicidad es la razón por la que las empresas de *software* de vanguardia disponen de futbolines en la sala de empleados, por la que Yahoo cuenta con un salón de masaje y por la que se anima a los ingenieros de Google a llevar a sus perros al trabajo. No se trata solamente de trucos de relaciones públicas. Las empresas inteligentes cultivan este tipo de entornos laborales porque, cada vez que los empleados experimentan una pequeña explosión de felicidad, se predisponen para la creatividad y la innovación, y vislumbran soluciones que de otro modo no hallarían. En palabras del famoso consejero delegado Richard Branson: «Más que cualquier otro elemento, la diversión es el secreto del éxito de Virgin». Esto no se debe únicamente a que la diversión sea algo deseable, sino a que esta conduce a un excelente resultado neto.

Gelatina de postre

Las emociones positivas nos abren los ojos y la mente a nuevas soluciones e ideas incluso a una edad muy temprana. En un interesante estudio, los investigadores pidieron a niños de cuatro años que realizaran diversas tareas de aprendizaje, como ensamblar bloques de diferentes formas[18]. Al primer grupo se le dieron instrucciones neutras: «Tenéis que encajar estos bloques tan rápido como sea posible» y al segundo grupo, además de esas mismas instrucciones, les pidieron que pensaran brevemente en algo que les hiciera felices. Ahora bien, con solo cuatro años, estos niños obviamente no disponían de una amplia gama de experiencias felices entre las que elegir; no recordaban logros profesionales ni el día de su boda ni su primer beso (o eso suponemos). De modo que lo más probable es que pensaran en algo como la gelatina que habían tomado de postre. Aun así, eso fue suficiente para marcar la diferencia. Los niños que habían evocado una sensación de felicidad superaron a los demás de forma significativa, completando la tarea mucho más rápido y con menos errores.

Los beneficios de estimular el cerebro con pensamientos positivos no terminan en la infancia. Por el contrario, diversos estudios han revelado que, en general, tanto en el ámbito académico como en el empresarial, estos mismos beneficios persisten a lo largo de nuestra vida adulta. Por ejemplo, unos estudiantes a los que se les pidió que recordaran el día más feliz de su vida justo antes de completar un examen estandarizado de Matemáticas tuvieron mejores resultados que sus compañeros[19]. Y las personas que expresaron emociones más positivas al negociar un acuerdo comercial fueron más eficaces y tuvieron más éxito que las que se mostraron más neutras o negativas[20]. Las implicaciones de estos estudios son innegables: las personas que agachan la cabeza y esperan que su trabajo les acabe aportando felicidad se colocan en una situación de gran desventaja, mientras que las que sacan provecho de la positividad siempre que pueden salen ganando.

Ofrécele una piruleta al médico

En la Facultad de Medicina, los aspirantes a médicos reciben formación para realizar diagnósticos a través de una versión del juego de rol. Se les pide que diagnostiquen a pacientes hipotéticos normalmente mediante la lectura de una lista de los síntomas actuales del paciente y su historial médico. Se trata de una habilidad que requiere una gran creatividad, ya que los errores de diagnóstico suelen deberse a una inflexibilidad en el pensamiento o a un fenómeno llamado *anclaje*. El anclaje se produce cuando a un médico le cuesta abandonar un primer diagnóstico (el punto de anclaje) incluso ante nueva información que contradice la teoría inicial. Si alguna vez has visto la serie de televisión *Dr. House,* sabrás lo importante que es la creatividad en el campo de la medicina. Los giros y vueltas de la serie exigen que el Dr. House cambie de un diagnóstico a otro a una velocidad vertiginosa (la serie exagera, desde luego, pero, en el mundo real, esos cambios son muchas veces necesarios). De modo que, para averiguar si las emociones positivas podrían influir en la capacidad de diagnóstico de los médicos, un trío de investigadores decidió enviar a un grupo de médicos experimentados de vuelta a la facultad dándoles una serie de síntomas que debían analizar[21]. Los médicos se dividieron en tres grupos: a los integrantes del primer grupo se les fomentó un sentimiento de felicidad mediante un estímulo previo, a los del segundo grupo se les dio a leer frases neutras pero relacionadas con la medicina antes del ejercicio, y a los del tercero, el grupo de control, no se les ofreció nada.

El objetivo del estudio no solo era comprobar la rapidez con la que emitían un buen diagnóstico, sino también hasta qué punto conseguían evitar el anclaje. Resultó que los médicos felices diagnosticaban correctamente mucho más rápido y mostraban mucha más creatividad. Por término medio, llegaron a un diagnóstico correcto después de haber leído solo un 20 por ciento del manuscrito —casi el doble de rápido que el grupo de control— y mostraron dos veces y media menos anclaje.

Mi parte favorita del estudio, sin embargo, es *cómo* se consiguió que los médicos se sintieran felices: ¡con dulces! No hizo falta una recompensa en metálico ni la promesa de un ascenso o una semana más de vacaciones para levantarles el ánimo lo suficiente como para que fueran el doble de eficaces y más del doble de creativos. Bastó con que les obsequiaran con unos dulces antes de comenzar la tarea (y ni siquiera llegaron a probarlos para evitar que los niveles elevados de azúcar en sangre influyeran en los resultados). Esto revela algo importante sobre la Ventaja de la Felicidad en la práctica: incluso la más mínima dosis de positividad puede ofrecer una gran ventaja competitiva.

Deseo resaltar dos implicaciones de estos resultados. En primer lugar, quizá los pacientes deberían empezar a regalarles piruletas a sus médicos, en lugar de lo contrario. En segundo lugar, y aún más importante, tal vez los hospitales deberían hacer un esfuerzo mejor coordinado para optimizar las condiciones laborales de los médicos, mejorando los beneficios sociales, añadiendo ventajas o simplemente con turnos más cortos o flexibles. Si unos dulces logran que nuestros facultativos sean más eficaces, imaginemos lo perspicaz, eficiente y creativo que podría ser el sistema sanitario si las políticas hospitalarias se centraran más en la satisfacción de los empleados (no solo de los médicos, sino también de los enfermeros, los estudiantes de Medicina y los técnicos). No es difícil darse cuenta de que este estudio y otros parecidos nos enseñan lecciones inestimables sobre cómo debemos dirigir los hospitales, así como las empresas y las escuelas.

El efecto anulador

Bryan, un vendedor de Des Moines, ya estaba de los nervios a causa de la inminente presentación que debía dar, cuando escuchó que llamaban a la puerta de su oficina. «Reunión importante a las cuatro —le recordó su jefe—. ¿Estás preparado? Es un asunto trascendental. Necesitamos ese contrato. No la cagues, colega». Mientras su jefe avanzaba por el pasillo, Bryan sintió cómo el estrés recorría todo su cuerpo. Aunque se sabía de memoria su exposición, ahora estaba tan nervioso que se pasó las siguientes horas repasándola una y otra vez, tratando de anticipar posibles errores y recordándose a sí mismo lo terrible que sería para su empresa perder ese contrato.

Poco sabía Bryan que, cuanto más enfocaba su mente en los efectos potencialmente desastrosos de una mala presentación, más se condenaba a sí mismo al fracaso. Aunque pueda parecer contraproducente para muchos hombres de negocios curtidos, ahora sabemos que lo mejor que Bryan podría haber hecho en su situación era suministrarse una rápida descarga de felicidad.

¿A qué se debe que esto funcione? A que, además de ampliar nuestras capacidades intelectuales y creativas, las emociones positivas también proporcionan un rápido antídoto contra el estrés físico y la ansiedad, lo que se ha denominado «efecto anulador»[22]. En un experimento se pidió a los participantes que pronunciaran un discurso complejo contrarreloj que, según se les dijo, sería grabado en vídeo y evaluado por sus compañeros[23]. Como puedes imaginar, esto provocó una ansiedad considerable y un aumento mensurable de la frecuencia cardíaca y la presión arterial, justo lo que Bryan sentía antes de su presentación. A continuación, los investigadores asignaron uno de cuatro vídeos diferentes entre los participantes de forma aleatoria: dos de ellos inducían sentimientos de alegría y satisfacción, uno era neutro y el cuarto era triste. Pues bien, las personas a las que se había estimulado con emociones positivas se recuperaron más rápidamente del estrés y de sus efectos físicos. Las películas alegres no solo consiguieron que se sintieran mejor, sino que además anularon los efectos fisiológicos del estrés. En otras palabras, una rápida explosión de emociones positivas amplía nuestra capacidad cognitiva, y proporciona un antídoto rápido y potente contra el estrés y la ansiedad, lo que a su vez mejora nuestra concentración y nuestra capacidad de rendir al máximo nivel.

De modo que, en lugar de aumentar el estrés de Bryan recordándole lo mucho que estaba en juego en la presentación, su jefe habría hecho mejor en destacar los aspectos positivos con unas palabras alentadoras o un recordatorio de sus principales puntos fuertes. O el propio Bryan podría haber empleado diversas técnicas para aumentar la positividad y la confianza: visualizarse a sí mismo realizando una exposición clara y convincente, recordar su participación en otra presentación comercial exitosa o dedicar un momento a una actividad desvinculada de su trabajo que le hiciera feliz, como realizar una llamada rápida a un amigo, leer un artículo divertido en Internet, ver un fragmento de dos minutos del programa cómico *The Daily Show* o dar un paseo a paso ligero alrededor de la manzana. Algunas de estas sugerencias pueden parecer demasiado sencillas o incluso ridículas en un entorno de trabajo formal, pero, dado que su valor ha demostrado ser científicamente irrefutable, lo ridículo sería prescindir de ellas. Todo el mundo tiene una o dos actividades rápidas que sabe que le harán sonreír y, por triviales que parezcan, sus beneficios merecen la pena.

Capitalizar la Ventaja de la Felicidad

Obviamente, hay personas a las que la positividad les resulta más natural que a otras. En una formación corporativa en la que había explicado en detalle la Ventaja de la Felicidad, un ejecutivo se levantó exasperado y dijo: «Bueno, eso está muy bien para la gente feliz, Shawn, pero ¿qué pasa con el resto? También queremos esa ventaja». Era una buena observación y es cierto que, si nuestro nivel de felicidad fuera inamovible, mi mensaje sería una noticia deprimente para los menos positivos. Por fortuna, no es así. Todos podemos cosechar los beneficios de la Ventaja de la Felicidad si nos esforzamos lo suficiente. Recuerda, la felicidad no es solo un estado de ánimo, sino también una ética de trabajo.

Los científicos creían que la felicidad era hereditaria casi en su totalidad (dictada por un «punto de referencia» determinado genéticamente). Pero, afortunadamente, de un tiempo a esta parte se ha descubierto que, de hecho, tenemos mucho más control sobre nuestro propio bienestar emocional de lo que se pensaba[24]. Aunque cada uno de nosotros tiene un nivel habitual de felicidad en torno al cual fluctúa a diario, con un esfuerzo coordinado puede elevar esa base de forma permanente, de modo que incluso los altibajos se produzcan a un nivel más elevado.

Cada principio de este libro contribuye a muchos de los factores que han demostrado ser más relevantes para la felicidad humana, como perseguir objetivos vitales significativos, explorar el mundo en busca de oportunidades, cultivar una mentalidad optimista y agradecida, y aferrarse a relaciones sociales enriquecedoras.

A pesar de la trascendencia de estos grandes cambios de pensamiento y conducta, es igualmente importante darse cuenta de que la Ventaja de la Felicidad también reside en los pequeños momentos de positividad que salpican nuestras vidas cada día. Como hemos visto, un breve vídeo divertido, una conversación rápida con un amigo o incluso unos dulces pueden producir aumentos significativos e inmediatos de la capacidad cognitiva y el rendimiento laboral. Como señala Barbara Fredrickson, aunque implementar grandes cambios y perseguir la felicidad duradera es sin duda un objetivo loable, al «examinar en profundidad la dinámica del proceso», hemos descubierto que «deberíamos centrarnos en cómo nos sentimos día a día»[25].

Teniendo esto en cuenta, he aquí una serie de actividades probadas que mejoran el estado de ánimo y elevan el nivel de felicidad a lo largo del día. Además de proporcionar un rápido impulso de emociones positivas, mejorando nuestro rendimiento y concentración en el momento, se ha demostrado que, si se practican de forma habitual, cada una de ellas ayuda a elevar nuestro nivel habitual de felicidad de forma permanente. Por supuesto, como la felicidad es subjetiva y no es igual para todos, cada uno de nosotros tendrá su potenciador de felicidad preferido. Puede que el tuyo sea escuchar una canción, hablar con un amigo, jugar al baloncesto, acariciar a un perro o incluso limpiar la cocina. A mi amiga Abby fregar el suelo le produce una enorme satisfacción. Se ha descubierto que la «adecuación persona-actividad» suele ser tan importante como la actividad en sí misma, de modo que, si alguno de los consejos siguientes no te convence, no te fuerces[26]. En ese caso busca un sustituto que se adapte a ti. El objetivo es simplemente levantarte el ánimo y adoptar una actitud mental más positiva para que puedas cosechar todos los beneficios de la Ventaja de la Felicidad.

Medita. La neurociencia ha descubierto que a los monjes que meditan con regularidad les aumenta el grosor del córtex prefrontal izquierdo, la parte del cerebro vinculada a la felicidad. Pero no te preocupes, no hace falta que pases años en silencio y celibato para experimentar este incremento. Prueba a observar tu respiración durante unos cinco minutos al día tratando de tener paciencia mientras haces esto. Si notas que tu mente se distrae, vuelve a centrarte en la respiración con suavidad. Aunque requiere práctica, la meditación constituye una de las actividades más poderosas para potenciar la felicidad. Se ha demostrado que en los minutos inmediatamente posteriores experimentamos sentimientos de calma y satisfacción, así como una mayor conciencia y empatía. También se ha observado que la meditación regular puede remodelar el cerebro de forma permanente con un aumento de los niveles de felicidad, una reducción del estrés e incluso una mejor función inmunitaria[27].

Encuentra una actividad que te ilusione. Un estudio descubrió que solo con *pensar en* ver su película favorita, los participantes presentaban un aumento en los niveles de endorfinas de un 27 por ciento[28]. A menudo, la parte más divertida de una actividad es la anticipación. Si no puedes permitirte unas vacaciones ahora mismo y ni siquiera salir una noche con tus amigos, anota un plan que te resulte gratificante en el calendario, aunque vaya a tener lugar dentro de un mes o de un año. Después, cuando necesites un impulso de felicidad, recuérdatelo a ti mismo. Anticipar recompensas futuras puede activar los centros de placer del cerebro tanto como lo hace la propia gratificación.

Realiza actos de bondad conscientes. Una larga serie de investigaciones empíricas, incluido un estudio con más de dos mil participantes, ha demostrado que los actos de altruismo —dar a amigos y extraños por igual— reducen el estrés y contribuyen en gran medida a mejorar la salud mental[29]. Sonja Lyubomirsky, destacada investigadora y autora de _The How of Happiness_, ha descubierto que las personas a las que se les pide que realicen cinco actos de bondad al día dicen sentirse mucho más felices que los grupos de control y que esa sensación perdura durante varios días, mucho después de que el ejercicio haya concluido[30]. Si deseas probarlo tú mismo, elige un día de la semana y dedícate a llevar a cabo cinco actos de bondad. Pero, si te interesa aprovechar los beneficios psicológicos, asegúrate de hacerlo de forma intencionada y consciente: no vale mirar atrás a las últimas veinticuatro horas y recordar tus acciones («Ah, sí, le sujeté la puerta a aquel tipo que salía del banco. Eso estuvo bien»). No tienen por qué ser grandes gestos. Una de mis acciones preferidas es pagar el peaje de otro conductor que se encuentre detrás de mí en la autopista Mass Pike. En mi opinión, ser capaz de contrarrestar los efectos negativos del estrés inducido por el tráfico son dos dólares bien invertidos.

Infunde positividad en tu entorno. Como veremos en el siguiente capítulo, el entorno físico puede ejercer un enorme impacto en nuestra actitud mental y sensación de bienestar. Aunque no siempre tengamos un control total sobre nuestro medio, podemos hacer esfuerzos específicos para infundirle positividad. Piensa en tu oficina: ¿qué sentimientos te inspira? Las personas que se rodean de fotos de sus seres queridos no solo están decorando el escritorio, sino que se aseguran un chute de emoción positiva cada vez que miran en esa dirección. Sacar tiempo para salir al exterior en un día agradable también supone una gran ventaja; un estudio reveló que pasar veinte minutos al aire libre cuando hace buen tiempo aumenta el estado de ánimo positivo, amplía la capacidad de pensamiento y mejora la memoria de trabajo[31]. Los jefes más inteligentes animan a sus empleados a respirar aire fresco al menos una vez al día, y cosechan los beneficios con un mayor rendimiento del equipo.

También podemos cambiar nuestro entorno para mantener a raya las emociones negativas. Si los teletipos bursátiles te ponen de mal humor cada vez que los ves, apaga el canal CNBC. Diversos estudios han demostrado que cuantos menos programas negativos de televisión vemos, en especial si son violentos, más felices somos. Esto no significa aislarse del mundo real o ignorar los problemas. La psicología ha descubierto que las personas que ven menos la televisión valoran *mejor* los riesgos y beneficios de la vida que quienes se exponen a las historias de crímenes, tragedias y muertes que aparecen noche tras noche en las noticias de las diez[32]. Esto se debe a que estos individuos tienen menos contacto con fuentes de información sensacionalistas o unilaterales y, por tanto, ven la realidad con más claridad.

Haz ejercicio. Es probable que hayas oído que el ejercicio libera endorfinas, unas sustancias químicas que generan un sentimiento de satisfacción, si bien ese no es su único beneficio. La actividad física puede potenciar el estado de ánimo y el rendimiento laboral de muchas otras maneras, mejorando la motivación y la sensación de control, reduciendo el estrés y la ansiedad, y ayudándonos a fluir, esa sensación de implicación total que tenemos cuando somos más productivos. Un estudio ha demostrado lo poderoso que puede resultar el ejercicio. Se asignaron diferentes estrategias de afrontamiento entre tres grupos de pacientes deprimidos: un grupo tomó antidepresivos, otro hizo ejercicio durante 45 minutos tres veces por semana y otro combinó ambas cosas[33]. Al cabo de cuatro meses, los tres grupos experimentaron mejoras similares en su grado felicidad. Que el ejercicio resultara tan útil como los antidepresivos ya es un hecho destacable, pero la historia no acaba aquí.

Al cabo de seis meses se examinó a los grupos a fin de evaluar su tasa de recaídas. El 38 por ciento de los pacientes que habían tomado únicamente medicación había experimentado una recaída. A los del grupo combinado les fue solo un poco mejor, con una tasa de recaída del 31 por ciento. La mayor sorpresa, sin embargo, llegó del grupo del ejercicio, ya que su tasa de recaída fue tan solo del 9 por ciento. En resumen, la actividad física no solo levanta el ánimo de forma increíble, sino que además es duradera. Ya sea que camines, montes en bicicleta, corras, juegues, te estires o saltes con un palo saltarín, lo importante es que comiences a moverte.

Gasta dinero (pero no en cosas). Contrariamente a lo que se suele afirmar, el dinero *puede* comprar la felicidad, pero solo si se emplea para *hacer* y no tanto para *tener*. En su libro *Luxury Fever*, Robert Frank explica que, si bien la sensación de bienestar que nos producen los objetos materiales es frustrantemente efímera, gastar dinero en experiencias, sobre todo con otras personas, produce emociones positivas más significativas y duraderas[34]. Por ejemplo, cuando unos investigadores entrevistaron a más de 150 personas sobre sus compras recientes, descubrieron que el dinero gastado en actividades, como asistir a conciertos o cenar con amigos, producía mucho más placer que las compras materiales, ya se tratara de zapatos, televisores o relojes caros[35].

Gastar dinero en otras personas, lo que se denomina *gasto prosocial*, también incrementa la felicidad. En un experimento que contó con la participación de 46 estudiantes, los investigadores les dieron a cada uno veinte dólares que debían gastar[36]. Pues bien, los que recibieron la orden de emplear ese dinero en los demás (por ejemplo, invitando a comer a un amigo, comprando un juguete para su hermana pequeña o haciendo un donativo a una organización benéfica) se sentían más felices al final de la jornada que los que habían recibido instrucciones de gastar el dinero en sí mismos.

¿Cuáles son tus hábitos de gasto? Dibuja dos columnas en un papel (o tómate diez minutos en el trabajo para crear una ingeniosa hoja de cálculo) y haz un seguimiento de tus compras durante el mes próximo. ¿Inviertes más en objetos o en experiencias? A final de mes, repasa cada columna y piensa en el placer que te ha proporcionado cada adquisición y durante cuánto tiempo. Puede que pronto te des cuenta de que te interesa redistribuir el dinero de la columna «tener» hacia la columna «hacer».

Ejercita tus puntos fuertes distintivos. Todo el mundo es bueno en algo: tal vez ofrezcas excelentes consejos, se te den bien los niños pequeños, o prepares unas tortitas de arándanos riquísimas. Cada vez que usamos una habilidad, sea la que sea, experimentamos una explosión de positividad. Si necesitas un estímulo de felicidad, vuelve a poner en práctica un talento que no hayas usado desde hace tiempo.

Pero aún más gratificante que usar una habilidad es ejercitar un punto fuerte distintivo, un rasgo profundamente arraigado en nosotros. Hace poco un equipo de psicólogos catalogó las veinticuatro fortalezas personales transculturales que más contribuyen a la prosperidad humana y a continuación elaboró una encuesta exhaustiva que identifica los cinco puntos fuertes más importantes o «distintivos» de cada persona[37]. (Si deseas descubrir cuáles son tus cinco puntos fuertes, visita www.viasurvey.org y rellena la encuesta de forma gratuita). Cuando se pidió a 577 voluntarios que eligieran uno de sus puntos fuertes distintivos y lo usaran de una forma nueva cada día durante una semana, se sintieron mucho más felices y menos deprimidos que los grupos de control[38]. Y estos beneficios perduraron: incluso después de concluir el experimento, sus niveles de felicidad se mantuvieron elevados durante seis meses. Se ha demostrado que, cuanto más ejercites tus puntos fuertes distintivos en la vida diaria, más feliz serás.

Uno de los míos es el «amor por el aprendizaje», y me siento claramente peor los días que no encuentro una oportunidad para usar esta fortaleza, de modo que busco formas de incorporar el aprendizaje a algunas de mis tareas diarias rutinarias. Por ejemplo, por motivos de trabajo tengo que viajar casi trescientos días al año, y el continuo trasiego de aeropuertos y hoteles puede llegar a lastrar mi salud mental. Aunque me encantaría visitar un museo en cada ciudad, no suelo tener tiempo para ello. De modo que he decidido aprender un hecho histórico propio de los lugares nuevos en los que me encuentre. Incluso este pequeño ejercicio cognitivo supone una enorme diferencia en mi actitud mental durante mis viajes por el mundo. Así pues, te animo a rellenar la encuesta para averiguar cuáles son tus puntos fuertes e intentar incorporar al menos uno de ellos a tu vida cotidiana.

A medida que vayas integrando estos ejercicios de felicidad en tu vida diaria, empezarás a *sentirte* mejor y notarás que esa mayor positividad hace que seas más eficaz, te sientas más motivado y aumentes tu productividad, además de ofrecerte oportunidades para alcanzar mayores logros. Pero la Ventaja de la Felicidad no termina ahí. Al cambiar tu forma de trabajo y de liderazgo, también se incrementa el éxito de tu equipo y de toda tu organización.

Poner el caballo delante del carro: liderar con la Ventaja de la Felicidad

Cualquiera puede enviar ondas de positividad a su entorno laboral. Pero lo que he descubierto en mi trabajo con directivos y empresas es que esto es aún más cierto en el caso de los líderes o de las personas en una posición de autoridad, principalmente porque *(a)* determinan las políticas de la empresa y dan forma a la cultura del lugar de trabajo, *(b)* a menudo se espera de ellos que den ejemplo a sus empleados y *(c)* suelen interactuar con más gente a lo largo del día. Lamentablemente, los líderes modernos acostumbran a despreciar la idea de que centrarse en la felicidad puede acarrear unos buenos resultados netos. Los jefes y directivos suelen premiar a los empleados que más tiempo aguantan sin descansos ni vacaciones y a los que no «malgastan» su tiempo socializando. Son pocos los que animan a sus trabajadores a dedicar una pequeña parte de su jornada laboral a practicar deporte o meditar, o que les permiten salir treinta minutos antes una tarde a la semana para practicar voluntariado comunitario, a pesar de que, como demuestran diversas investigaciones, el fruto de la inversión en cada una de estas actividades es enorme.

Sin embargo, aún más equivocados están los líderes que desprecian incluso las actividades que implican relativamente poco tiempo. La mayoría de las personas con las que trabajo admiten que se sentirían avergonzadas si su jefe apareciera justo cuando se están riendo con un vídeo de YouTube, están hablando por teléfono con su hijo de cinco años o están compartiendo un chiste con otros compañeros en el pasillo. Y, sin embargo, como hemos visto, todas estas prácticas proporcionan exactamente el tipo de descargas rápidas positivas que pueden mejorar nuestro rendimiento en el trabajo. Y los jefes que desincentivan la positividad de sus empleados están en doble desventaja, ya que suelen ser personas especialmente negativas. En resumen, renunciar a la positividad en nombre de la gestión del tiempo y la eficiencia en realidad nos ralentiza.

Los mejores líderes usan la Ventaja de la Felicidad como herramienta para motivar a sus equipos y maximizar el potencial de sus empleados. Todos sabemos cómo podría concretarse esto a nivel organizativo. Google es famoso por tener patinetes en el pasillo, videojuegos en la sala de descanso y comida *gourmet* en la cafetería. El fundador de Patagonia instauró una política de «Que mi gente vaya a hacer surf» (si te apetece —les dice a los empleados—, coge una tabla de surf del armario de la oficina y ve a atrapar olas). Los datos no pueden ser más claros en cuanto a que estas políticas, así como otras más convencionales que fomentan la felicidad, tales como las matriculaciones en gimnasios, las prestaciones sanitarias y las guarderías de empresa, producen grandes dividendos. Coors Brewing Company, por ejemplo, registró 6,15 dólares de rentabilidad por cada dólar gastado en el programa deportivo de la empresa[39]. Toyota experimentó un aumento instantáneo de la productividad en su Centro de Recambios de Norteamérica cuando instauró un entrenamiento basado en la fuerza para sus empleados[40]. Pero también es cierto que no es necesario implementar cambios radicales de política para capitalizar la Ventaja de la Felicidad. Como hemos visto, incluso los momentos más pequeños de positividad en el lugar de trabajo pueden mejorar la eficacia, la motivación, la creatividad y la productividad.

Una forma de hacer esto consiste simplemente en ofrecer reconocimiento y estímulo con frecuencia. Como demuestran diversos estudios, los directivos que lo ponen en práctica observan un aumento sustancial de la productividad de sus trabajadores y no en una cantidad poco relevante. Un estudio descubrió que los equipos de proyecto con jefes alentadores rendían un 31 por ciento más que los equipos cuyos jefes eran menos positivos y generosos con los elogios[41]. De hecho, cuando el reconocimiento es específico e intencionado, resulta incluso más motivador que el dinero[42].

Se puede ofrecer reconocimiento de forma tradicional: un correo electrónico de felicitación o una palmadita en la espalda por un trabajo bien hecho. Pero también se puede echar mano de la creatividad. Uno de mis ejemplos preferidos es el que cita el consultor empresarial Alexander Kjerulf sobre una empresa automovilística danesa que instituyó la «Orden del Elefante»[43]. El elefante en cuestión es un peluche de medio metro de alto que cualquier empleado puede regalar a otro como recompensa por un trabajo ejemplar. Los beneficios no solo están en la entrega y recepción del merecido obsequio, sino también después. Como explica Kjerulf: «Otros empleados que pasan por aquí se fijan inmediatamente en el elefante y dicen: "Eh, tienes el elefante. ¿Qué has hecho para conseguirlo?", lo que, por supuesto, significa que las buenas historias y las mejores prácticas se cuentan y se repiten muchas veces».

Chip Conley, consejero delegado de una cadena de hoteles *boutique* de gran éxito, deja un espacio al final de sus reuniones ejecutivas para que uno de los directivos hable durante un minuto sobre un empleado que merezca reconocimiento[44]. Puede tratarse de un compañero o de alguien de rango inferior, de un directivo o de un trabajador de la limpieza. Después de haber explicado la razón por la que ese empleado merece reconocimiento, otro ejecutivo se ofrece voluntario para llamar, enviar un correo electrónico o visitar a esa persona y decirle lo bien que desempeña su función. No se trata solamente de un detalle, sino que los beneficios son de gran alcance. Evidentemente, el empleado que recibe la felicitación se siente de maravilla, al igual que la persona que lo ha propuesto y el que ofrece el elogio. A todos los demás también les mejora el ánimo: oyen hablar de ese trabajo bien hecho en su empresa y durante los días siguientes piensan en otros empleados con buen rendimiento a quienes les gustaría mencionar en la próxima reunión.

Tan importante como *lo que* se dice a los empleados es *cómo* se transmite: los mejores líderes saben que dar instrucciones en un tono enfadado y negativo perjudica a sus subordinados incluso antes de iniciar la tarea. Un estudio realizado en la Yale School of Management lo ilustra a la perfección[45]. Se formaron equipos de estudiantes voluntarios que debían realizar gestiones empresariales dirigidas a ganar dinero para una empresa imaginaria. A continuación, entraba el «director», que en realidad era un actor que debía dirigirse a cada equipo en uno de estos cuatro tonos: con «entusiasmo alegre», «calidez serena», «pereza deprimida» o «irritabilidad hostil». De los cuatro grupos, ¿cuáles crees que además de volverse más positivos demostraron ser mucho más eficaces que el resto, lo que se traducía en que sus empresas obtuvieran más beneficios?

Piensa por un momento en cuál de estos cuatro tonos empleas con más frecuencia. Puede que te sorprendas, ya que a menudo no somos conscientes de los mensajes que enviamos. Recuerdo una ocasión, durante una charla, en la que una mujer del público no dejaba de mirarme con el ceño fruncido, si bien más tarde fue una de las personas que guardó cola para decirme lo mucho que le había gustado la presentación. La verdad es que me sorprendió y pensé en la cantidad de negatividad que esa mujer estaría transmitiendo a sus empleados a diario sin saberlo. Así que la próxima vez que interactúes con un colega o un subordinado directo trata de adoptar un tono y una expresión facial más positivos. Esto no significa que debas ser falso y ocultar tus verdaderos sentimientos o esbozar una sonrisa incómoda en el rostro. En todo caso, cuanto más te esfuerces de verdad en evitar un tono apático o enojado, más se beneficiará el rendimiento de tu equipo.

Esto no solo sucede en los entornos corporativos. En ámbitos considerados incluso más estoicos que la Norteamérica empresarial —como el de las fuerzas armadas—, los líderes que expresan abiertamente su positividad sacan el máximo partido de sus equipos. Se ha descubierto que en la Marina estadounidense los premios anuales a la eficacia y la preparación se conceden con mucha más frecuencia a los escuadrones cuyos comandantes se muestran claramente alentadores[46]. Por otra parte, los escuadrones que obtienen las peores puntuaciones suelen estar dirigidos por comandantes con un comportamiento negativo, controlador y distante. Incluso en un entorno en el que podría pensarse que el estilo de liderazgo de tipo autoritario sería el más eficaz, la positividad se impone.

La línea Losada

Naturalmente siempre habrá detractores y escépticos que, si bien admiten que la felicidad puede hacernos el trabajo más agradable, se resisten a creer que puede proporcionarnos una ventaja competitiva real y cuantificable. Es una lástima. Puede que supongan que centrarse en la felicidad en un entorno empresarial serio resulta forzado, o que es una pérdida de tiempo y esfuerzo, o tal vez crean que el estímulo y el reconocimiento deben usarse como guardianes del alto rendimiento, no como herramientas para impulsarlo. Lo cierto es que, para algunos líderes, la positividad resulta menos natural que para otros. Como respondió un ejecutivo de un banco londinense ante la sugerencia que le planteé para fomentar una mayor positividad en su entorno laboral: «Es una gran idea, pero nunca la pondré en práctica». Para ayudar a que estas personas también se beneficien de la Ventaja de la Felicidad suelo aconsejarles que tengan en mente el número 2,9013. Puede parecer una cifra aleatoria, pero una década de investigación sobre equipos de alto y bajo rendimiento realizada por el psicólogo y consultor empresarial Marcial Losada ha demostrado su importancia[47]. Según la extensa modelización matemática de Losada, 2,9013 es la proporción entre interacciones positivas y negativas necesarias para que un equipo corporativo tenga éxito. Esto significa que se necesitan unos tres comentarios, experiencias o expresiones positivas para contrarrestar los efectos de una negativa. Cuando se baja por debajo de este punto de inflexión, ahora conocido como la línea Losada, el rendimiento se resiente rápidamente. Cuando se supera —lo ideal, según los estudios, es una proporción de 6 a 1—, los equipos rinden al máximo.

No se trata solamente de una fórmula matemática misteriosa. El propio Losada observó innumerables ejemplos de ello en la práctica. Por ejemplo, en una ocasión colaboró con una empresa minera global que sufría pérdidas de proceso superiores al 10 por ciento. Como era de esperar, descubrió que su ratio de positividad era de solo 1,15[48]. Pero, después de que los jefes de equipo recibieran instrucciones para incrementar la retroalimentación positiva y fomentar las interacciones positivas, la ratio media de sus equipos aumentó a 3,56. Y, a su vez, dieron pasos de gigante en la productividad y el rendimiento mejoró en más de un 40 por ciento.

Aunque en un principio se había mostrado escéptico, el consejero delegado de la empresa no pudo sino regocijarse por tan «destacada transformación». Según le confesó a Losada: «Has desatado nudos que nos aprisionaban: hoy nos miramos unos a otros de otra manera, confiamos más entre nosotros y hemos aprendido a discrepar sin ser desagradables. No solo nos preocupamos de nuestro éxito personal, sino también del de los demás. Y lo que es más importante, obtenemos resultados tangibles».

La ratio de Losada se une a la cada vez más larga lista de pruebas que respaldan la Ventaja de la Felicidad y es otra de las formas en que la ciencia de vanguardia ha provocado una revolución copernicana en el lugar de trabajo. Una vez que aceptemos este nuevo orden en el universo laboral —que la felicidad es el centro alrededor del cual orbita el éxito—, podremos cambiar nuestra forma de trabajar, de interactuar con nuestros colegas y de dirigir nuestros equipos para ofrecer a nuestras carreras profesionales y a nuestras organizaciones una ventaja competitiva.

El punto de apoyo y la palanca

Mejorar el rendimiento cambiando la actitud mental

M E ENAMORÉ DE LA PSICOLOGÍA el día que mi hermana se cayó de la cama.

Yo tenía siete años y estaba jugando con mi hermana Amy en la parte superior de nuestras literas. Por aquel entonces, Amy era dos años más pequeña (por cierto, todavía lo es), y eso implicaba que ella tenía que obedecerme. Yo quería jugar a la guerra (soy de Texas), así que alineé a todos mis G. I. Joes y soldaditos en mi lado de la litera contra todos sus My Little Ponies y unicornios en el otro lado. Yo confiaba en el resultado: no hace falta ser un experto en historia militar para saber que los unicornios casi nunca han derrotado a los soldados en un campo de batalla.

Sin embargo, hay distintas versiones de lo ocurrido en el momento culminante del combate. Dado que yo soy quien está relatando esta historia, contaré la versión real. Mi hermana se excitó demasiado y sin contar con mi ayuda se cayó de la litera de arriba. Oí un golpe en el suelo y me asomé con gran inquietud por el lateral de la cama para ver qué le había ocurrido.

Amy había aterrizado en el suelo sobre manos y rodillas, a cuatro patas. Yo estaba de los nervios. Primero, porque mi hermana era y es mi mejor amiga. Pero lo más importante era que mis padres me habían encomendado que jugáramos de forma tranquila y segura, ya que ellos se iban a echar una larga siesta invernal. Al mirar el rostro de mi hermana, me di cuenta de que estaba a punto de emitir un gemido de dolor y sufrimiento que amenazaba con despertarlos. La crisis es la madre de toda invención, de modo que hice lo único que se le ocurrió a mi frenético cerebrito de siete años. Dije: «¡Amy, espera! Espera, espera. ¿Has visto cómo has aterrizado? Ningún ser humano aterriza así, a cuatro patas. ¡Tú eres un unicornio!».

Yo claramente estaba haciendo trampas, ya que sabía que no había nada que mi hermana deseara más en el mundo que la gente se diera cuenta de que ella no era Amy, una niña de cinco años, sino Amy, el unicornio especial. El gemido se congeló en la garganta de mi hermanita, mientras la confusión se apoderaba de su rostro. El conflicto que estaba viviendo era palpable en sus ojos mientras su cerebro intentaba decidir si centrarse en el dolor físico que sentía o en la emoción que experimentaba por su nueva identidad como unicornio. Ganó lo segundo. En lugar de romper a llorar y despertar a mis padres con las consiguientes consecuencias negativas, se le dibujó una sonrisa en el rostro y se subió orgullosa a la cama con toda la gracia de una cría de unicornio.

Mi hermana y yo no teníamos ni idea de que aquello con lo que tropezamos a la tierna edad de cinco y siete años estaría a la vanguardia de una revolución científica que se produciría dos décadas más tarde. Pero no aprendimos que se puede mentir y manipular a alguien para que sea feliz frente al dolor y el sufrimiento, nuestro aprendizaje fue mucho más poderoso: una verdad científica sobre el cerebro humano.

Aunque nunca hubiéramos empleado estas palabras, mi hermana y yo empezamos a darnos cuenta de que nuestros cerebros son como procesadores individuales que dedican una cantidad finita de recursos a experimentar el mundo.

Puesto que los recursos de nuestro cerebro son limitados, tenemos que elegir entre usar esos recursos finitos para enfocarnos en el dolor, la negatividad, el estrés y la incertidumbre, o bien para ver lo que nos rodea desde la perspectiva de la gratitud, la esperanza, la resiliencia, el optimismo y el significado. En otras palabras, aunque por supuesto no podemos cambiar la realidad solamente con la fuerza de voluntad, podemos usar el cerebro para modificar la forma en que *procesamos* el mundo, y eso a su vez transforma nuestra manera de reaccionar ante él. La felicidad no consiste en mentirnos a nosotros mismos o hacer la vista gorda ante lo negativo, sino en ajustar nuestro cerebro con objeto de encontrar la forma de trascender nuestras circunstancias.

La fórmula arquimédica

Arquímedes, el científico y matemático más importante de la antigua Grecia, afirmó: «Dadme una palanca lo bastante larga y un punto de apoyo en el que colocarla, y moveré el mundo».

Dos mil doscientos años después, sentado en una residencia universitaria de alumnos de primer año observando cómo estos jóvenes se preparaban para un examen, tuve mi propia revelación: nuestros cerebros también funcionan según la fórmula de Arquímedes.

Tomemos, por ejemplo, un balancín. El punto de apoyo de un balancín está situado en el centro exacto entre los dos asientos. Si dos niños de 45 kilos se sientan a la misma distancia cada uno del punto de apoyo en asientos opuestos, se equilibrarán mutuamente (hasta que empiecen a moverse). Ahora, imagina a dos niños, uno de 45 kilos y otro de 68, en la misma situación. El más menudo quedará suspendido en el aire hasta que el más corpulento empuje con los pies desde el suelo o (como hacen a veces los niños) salte de improviso y deje a su compañero chocar contra el suelo.

Pero ¿y si desplazamos el punto de apoyo? Si movemos el punto central o punto de apoyo hacia el niño robusto, resultará más fácil elevarlo del suelo y, si seguimos moviendo el punto de apoyo en esa dirección, al final será como si el niño más ligero pesara más que su compañero más corpulento. Si movemos el punto de apoyo lo bastante cerca del niño más grande, el niño menudo podrá bajarse de su asiento y con un solo dedo usar la palanca del balancín para subir a su amigo. En otras palabras, desplazando el punto alrededor del cual se aplica la energía podemos hacer que el balancín deje de ser una balanza para convertirse en una poderosa palanca.

Ese era exactamente el argumento de Arquímedes. Si tenemos una palanca lo bastante larga y una buena base —un punto de apoyo—, podemos mover el mundo entero.

Pues bien, en aquella ocasión, me percaté de que nuestros cerebros funcionan exactamente igual. La capacidad que tenemos de maximizar nuestro potencial se basa en dos importantes factores: (1) la longitud de nuestra palanca, es decir, cuánto poder potencial y posibilidades creemos que tenemos, y (2) la posición de nuestro punto de apoyo: la actitud mental con la que generamos la capacidad de cambio.

En la práctica, esto significa que, tanto si eres un estudiante que desea mejorar sus notas como si eres un ejecutivo joven que aspira a mejorar su sueldo o un profesor que quiere resultar más inspirador a sus alumnos, no necesitas esforzarte tanto para generar energía y producir resultados. Nuestro potencial, como vimos en la primera parte, no es fijo. Cuanto más movemos nuestro punto de apoyo (o mentalidad), más se alarga nuestra palanca y, por tanto, más fuerza generamos. Si desplazamos el punto de apoyo hacia una mentalidad negativa, nunca nos elevamos del suelo. Si, por el contrario, movemos el punto de apoyo hacia una mentalidad positiva, la fuerza de la palanca se magnifica y es capaz de elevarlo todo.

En pocas palabras, cambiando el punto de apoyo de nuestra actitud mental y alargando nuestra palanca de posibilidades, cambiamos aquello que es posible cambiar. No es el peso del mundo lo que determina nuestros logros, sino nuestro punto de apoyo y nuestra palanca.

Si MUEVES EL PUNTO DE APOYO, LA REALIDAD CAMBIA

En mi último año de universidad asistí a una clase llamada «La revolución einsteiniana», impartida por uno de los profesores más entusiastas que he conocido, Peter Galison. El primer día del curso, todos los alumnos de Humanidades de la clase temblaban ante la difícil carga de trabajo que les esperaba. Recuerdo susurrar a uno de mis amigos durante la introducción a la primera clase: «Si esto le llevó a Einstein veinte años, ¿cómo se supone que vamos a conseguirlo nosotros antes del parcial?». Pero, de alguna manera, Galison tomó uno de los temas más complicados de la física y lo hizo cobrar vida.

Según la teoría de la relatividad especial de Einstein, muchas de las leyes aparentemente inviolables del universo se alteran en función del observador. Como resultado, de repente algunas imposibilidades asombrosas en un mundo aparentemente «objetivo y fijo» se vuelven posibles. Tomemos, por ejemplo, dos personas, una inmóvil y otra que se mueve a una velocidad cercana a la de la luz. El sentido común podría dictar que ambos envejecerán al mismo ritmo, pero, en realidad, la persona que permanece quieta envejece más rápido, ya que el tiempo se dilata con el movimiento en comparación con un observador inmóvil. En otras palabras, el tiempo, que antes se creía fijo e inmutable, es en realidad relativo al movimiento. Según Einstein, todo, desde la longitud hasta la distancia y el tiempo, es relativo. Si esto te parece increíble, imagina la impresión que causó en el ordenado mundo de la física clásica.

La relatividad no acaba con la mera física. Cada segundo de nuestra propia experiencia debe medirse a través de un cerebro relativo y subjetivo. En otras palabras, la «realidad» no es más que la comprensión relativa que nuestro cerebro tiene del mundo en función de desde dónde y cómo lo observamos. Lo más importante es que podemos cambiar esta perspectiva en cualquier momento y desde este modo transformar nuestra experiencia del mundo que nos rodea. A esto me refiero cuando hablo de mover nuestro punto de apoyo. Nuestra actitud mental, y a su vez nuestra experiencia del mundo, nunca están grabadas en piedra, sino que cambian todo el tiempo. Si esto te sorprende, piensa en lo desconcertante que fue para un grupo de hombres de 75 años verse de pronto retrocediendo en el tiempo.

Volver atrás

Si hay algo de lo que creíamos estar seguros es de que el tiempo se mueve en una sola dirección. Esa era la opinión predominante hasta que mi mentora, Ellen Langer, la refutó con un golpe brillante.

En 1979, Langer diseñó un experimento de una semana de duración con un grupo de hombres de 75 años[1]. Los participantes sabían muy poco sobre la naturaleza del experimento, salvo que pasarían una semana en un centro de retiro y que no podían llevar fotos, periódicos, revistas ni libros posteriores a 1959.

A su llegada, los reunieron en una habitación y les dijeron que durante la semana siguiente debían fingir que estaban en el año 1959, una época en la que estos hombres solo tenían 55 años. Para reforzar el escenario, debían vestirse y actuar como lo hacían en aquella época, y se les entregaron carnets de identidad con fotos de ellos mismos a mitad de la cincuentena. A lo largo de la semana, se les pidió que hablaran del presidente Eisenhower y de distintos acontecimientos de su vida acaecidos en aquella época. Algunos comenzaron a referirse a sus antiguos trabajos en tiempo presente, como si nunca se hubieran jubilado. En las mesitas se exhibían números de *Life* y del *Saturday Evening Post* de 1959. En resumen, todo estaba diseñado para hacerles ver el mundo a través del prisma de la edad de 55 años.

Langer es una psicóloga que se sale de la norma. Durante casi cuarenta años ha desafiado las expectativas de la comunidad científica de una forma que nadie se esperaba. Fiel a su estilo, en este caso tenía una hipótesis verdaderamente radical. Quería demostrar que nuestra «construcción mental» —la forma en que nos concebimos a nosotros mismos— influye directamente en el proceso de envejecimiento físico. Langer lo explicaba con otras palabras, pero, en esencia, argumentaba que, moviendo el punto de apoyo y la palanca de estos hombres de 75 años, podría cambiar la realidad «objetiva» de su edad.

Y eso es exactamente lo que sucedió. Antes del retiro, estos hombres fueron sometidos a pruebas en todos los aspectos que suponemos se deterioran con la edad: fuerza física, postura, percepción, cognición y memoria a corto plazo. Después del retiro, la mayoría de ellos habían mejorado en todas las categorías: eran mucho más flexibles, tenían mejor postura corporal e incluso más fuerza en las manos. Su vista media también mejoró en casi un 10 por ciento, al igual que su ren-

dimiento en las pruebas de memoria. En más de la mitad de
ellos, la inteligencia, que durante mucho tiempo se creyó que
permanecía fija desde la adolescencia, también mejoró. Igualmente se modificó su aspecto físico. Se mostraron fotografías
de los participantes antes y después del experimento a personas que no los conocían y se les pidió que adivinaran su edad.
Según estas valoraciones objetivas, aquellos hombres parecían, de media, tres años más jóvenes que cuando llegaron.
Esto contradecía todo lo que creíamos comprender sobre la
fisiología y el envejecimiento, y reveló nuevas implicaciones
radicales sobre el poder de la mentalidad para moldear la realidad.

Como descubriremos en este capítulo, nuestra «realidad»
externa es mucho más maleable de lo que creemos, y mucho
más dependiente de los ojos a través de los que la vemos. Con
la actitud mental adecuada, nuestra capacidad de moldear
esta realidad —y a su vez los resultados de nuestras acciones— aumenta exponencialmente.

Ejecutivos cantores, placebos y camareras de hotel

Cuando me detuve a observar a los setenta directores generales y ejecutivos que se habían reunido para mi charla en
la compañía UBS de Stamford, Connecticut, descubrí que
muchos de ellos me miraban con escepticismo. La empresa
estaba sufriendo una reestructuración masiva con despidos,
batallas legales y un precio de las acciones un 80 por ciento
por debajo de su máximo. Y allí estaba yo, pidiendo a aquella
sala llena de banqueros cansados de batallas que cantaran
«Row, Row, Row Your Boat» («Rema, rema, rema tu barca»)
una y otra vez (al menos en esa ocasión me acordé de especi-
ficar que lo hicieran mentalmente y no en voz alta, un detalle

que olvidé mencionar en una intervención anterior en Wall Street, en la que comprendí rápidamente el verdadero significado de no tener oído musical).

Las instrucciones eran sencillas: «Cierra los ojos y empieza a entonar la canción en tu cabeza. Cuando llegues al final, vuelve a empezar. Sigue así hasta que yo diga "basta"». Así lo hicieron, aunque de vez en cuando los asistentes más cínicos echaban un vistazo para asegurarse de que no les estaba tomando el pelo ni aplicando descargas eléctricas de forma clandestina. En realidad, yo no dejaba de mirar el reloj. Al final, les pedí que dejaran de cantar, abrieran los ojos y anotaran cuánto tiempo creían que había durado el ejercicio en minutos y segundos. Un hombre calculó que habían sido dos minutos, mientras que otro estaba seguro de que habían sido cuatro. Según una mujer que se encontraba al fondo de la sala habían sido 45 segundos. Total, que eran setenta personas y escuché setenta respuestas diferentes, desde treinta segundos hasta cinco minutos. Todos los allí presentes estaban convencidos de que su estimación era correcta, pero lógicamente solo había una respuesta válida, que en esa ocasión eran exactamente setenta segundos.

He realizado este experimento en casi cuarenta países y siempre escucho una gran diversidad de respuestas (Shanghái gana en cuanto a la variedad: ¡de veinte segundos a siete minutos!). La cuestión, por supuesto, es que lo que a unos les parece un abrir y cerrar de ojos para otros es una eternidad. Dependiendo de su actitud mental, cada persona experimenta la realidad objetiva del tiempo de forma diferente. Tal vez a quienes piensen que la canción (o el ejercicio o ambas cosas) es estúpida y aburrida, y están impacientes por volver al trabajo, el ejercicio les resulte más largo, mientras que aquellos que estén interesados e implicados en la charla o simplemente disfruten de ese breve periodo de relajación les parezca más corto. Y como todos sabemos, el tiempo vuela cuando nos divertimos.

La razón por la que me gusta este ejercicio es porque la psicología ha demostrado que la mentalidad no solo cambia lo que sentimos sobre una experiencia, sino que también modifica los *resultados* objetivos de esa experiencia. Cualquiera que haya oído hablar del efecto placebo ya sabe lo poderoso que resulta. Innumerables estudios revelan que, cuando a los pacientes se les suministra una pastilla de azúcar diciéndoles que ayudará a aliviar algún síntoma, a menudo lo hace, a veces con tanta eficacia como el fármaco real. En un artículo del *New York Times* titulado «Placebos Prove So Powerful Even Experts Are Surprised» («Los placebos son tan poderosos que incluso los expertos están sorprendidos»), los médicos describen estudios en los que un producto capilar falso hizo crecer el pelo en personas con calvicie, y una «cirugía falsa» redujo la hinchazón en rodillas doloridas[2]. De hecho, una revisión empírica de estudios con placebo descubrió que «los placebos son entre un 55 y un 60 por ciento tan eficaces como la mayoría de fármacos efectivos, tales como la aspirina y la codeína, en el control del dolor». Ese simple cambio de pensamiento —es decir, la creencia de que se está tomando un medicamento real— es lo bastante poderoso como para hacer que el síntoma objetivo desaparezca realmente.

También está lo que podría considerarse el efecto placebo inverso, que en muchos sentidos es aún más fascinante. En uno de mis experimentos favoritos de todos los tiempos, unos investigadores japoneses vendaron los ojos a un grupo de estudiantes y les dijeron que les estaban frotando el brazo derecho con hiedra venenosa[3]. Seguidamente los trece estudiantes padecieron síntomas clásicos de la hiedra venenosa en el brazo: picor, forúnculos y enrojecimiento. Nada reseñable hasta que descubres que la planta empleada para el estudio era en realidad un inofensivo arbusto. En realidad, las creencias de los alumnos eran lo bastante fuertes como para generar los efectos biológicos de la hiedra venenosa, aunque no los hubiera tocado.

Después los investigadores frotaron el otro brazo de los estudiantes con hiedra venenosa real diciéndoles que era una planta inofensiva. A pesar de que los trece estudiantes eran fuertemente alérgicos a ese tipo de hiedra, ¡solo dos de ellos sufrieron la erupción propia del contacto con la planta! (Me encanta este experimento, pero lo más asombroso es el hecho de que los investigadores consiguieran permiso para restregar con hiedra venenosa a individuos con ese grado de alergia. Yo tuve que esperar meses a que el departamento me diera permiso para pedir la participación de alumnos de Harvard en un juego de mímica).

¿Cómo es posible que nuestra percepción relativa de lo que sucede, o de lo que creemos que sucederá, afecte a lo que acaba sucediendo? Una respuesta es que el cerebro está organizado para actuar sobre lo que prevemos que sucederá a continuación, algo que los psicólogos llaman *teoría de la expectativa*. El doctor Marcel Kinsbourne, neurocientífico de la New School for Social Research de Nueva York, explica que nuestras expectativas generan patrones cerebrales que pueden ser tan reales como los creados por los acontecimientos del mundo real[4]. En otras palabras, la expectativa de un suceso hace que se active el mismo complejo conjunto de neuronas que si el suceso tuviera lugar realmente, lo cual provoca una cascada de reacciones en el sistema nervioso que conduce a toda una serie de consecuencias físicas reales.

La implicación de esto en el entorno laboral es que las creencias pueden cambiar realmente los resultados concretos de nuestro esfuerzo y nuestro trabajo. Esto no es solo una teoría, sino que lo han demostrado varios estudios científicos serios. En uno de ellos realizado hace unos años, Ali Crum, uno de mis antiguos alumnos y ahora colega investigador de la Universidad de Yale, se asoció con Ellen Langer para llevar a cabo un experimento con el personal de limpieza de siete hoteles diferentes[5]. A la mitad de los empleados les explicaron cuánto ejercicio hacían al día gracias a su trabajo, cuántas calorías quemaban con sus actividades diarias, el gran parecido entre pasar la aspiradora y una sesión de cardio, etc. La otra mitad, el grupo de control, no recibió tan buenas noticias.

Al final del experimento al cabo de varias semanas, Crum y Langer descubrieron que quienes creían que estaban ejercitándose mientras trabajaban habían perdido peso y además su colesterol había descendido. Estas personas no habían trabajado más horas ni habían hecho más ejercicio que el grupo de control. La única diferencia radicaba en cómo sus cerebros concebían la labor que desempeñaban. Este punto es tan importante que vale la pena repetirlo: *la construcción mental de nuestras actividades cotidianas, más que la actividad en sí, define nuestra realidad.*

¿Un día de más de veinticuatro horas?

Teniendo en cuenta lo que ahora sabemos sobre la naturaleza relativa del tiempo, pregúntate lo siguiente: ¿serías más eficiente y productivo (por no decir feliz) si cambiaras tu percepción de las horas de tu jornada laboral? En un escenario en el que la realidad puede experimentarse de múltiples maneras, dependiendo de dónde coloques el punto de apoyo, la pregunta no es «¿Por qué un día solo tiene veinticuatro horas?», sino «¿Cómo puedo usar mi experiencia *relativa* de la jornada laboral de la mejor manera posible?».

Las personas con más éxito adoptan una mentalidad que no solo hace que su jornada laboral sea más llevadera, sino que también las ayuda a trabajar durante más tiempo, con mayor ahínco y más rápido que sus compañeros con una actitud negativa. En esencia, estas personas emplean su mentalidad positiva para controlar (en términos relativos) el propio tiempo. Para ellas, veinticuatro horas al día, siete días a la semana es solo una medida objetiva del reloj-calendario: toman las mismas unidades de tiempo que todo el mundo y usan su actitud mental para ser más eficientes y productivas.

Recuerda la última reunión interminable a la que te viste obligado a asistir (probablemente no tendrás que esforzarte mucho). Es posible que durante los tres primeros minutos concluyeras que no se iba a cumplir el objetivo específico de la reunión o tal vez ni siquiera te importara ese objetivo. Las dos siguientes se convirtieron de repente en una tremenda pérdida de tiempo, un drenaje de energía y productividad, y seguramente de motivación. ¿Y si, en lugar de eso, decidieras ver la reunión como una oportunidad y crearas tu propia meta? ¿Y si te obligaras a aprender tres cosas nuevas antes del final? Si eso no es posible a partir del contenido real de la reunión (y seamos sinceros, muchas reuniones ofrecen una proporción bastante baja de contenido útil en relación con los minutos que pasas sentado), sé más creativo: ¿qué puedes aprender del orador sobre cómo realizar (o no) una buena presentación? ¿Cómo expondrías esa idea de otra manera? ¿Cuál es el mejor modo de gestionar las preguntas difíciles de los compañeros? ¿Cuál es el color de fondo apropiado para las diapositivas de PowerPoint?

Ahora piensa en otras tareas cotidianas que te resulten tan tediosas como las reuniones. Creo que te darás cuenta de que, cuanto más las consideres un trabajo pesado, más se convertirán en eso. Yo mismo observé cómo mi cerebro por poco cae en esa trampa cuando me encontraba inmerso en la investigación relativa a este capítulo. En general, me encanta leer libros de psicología en cafeterías y luego hablar de los conceptos que exponen con mis colegas y alumnos. Mi cerebro considera eso «diversión» y «tiempo de juego». Pero, dado que tenía un plazo para terminar este libro y necesitaba empaparme de esos estudios para la investigación, de repente mi mentalidad cambió. La lectura de libros de psicología se había convertido en un «trabajo», y mi cerebro empezó a evitar una actividad que suele encantarme. Sentía como si mi mente se hubiera quedado atascada en arenas movedizas frente a tareas que antes desempeñaba con rapidez y alegría.

Me di cuenta de que había llegado el momento de mover el punto de apoyo. Pensé en cómo estaba definiendo mentalmente la tarea («trabajo rutinario») y cambié esa definición por («lectura enriquecedora»). También modifiqué el lenguaje que empleaba para describir dicha actividad a otras personas. Después de contarles a algunos amigos que estaba en Starbucks leyendo por placer, empecé a darme cuenta de que, de hecho, así era. Cambiar mi concepción de las limitaciones temporales también resultó útil. Tal Ben-Shahar ha señalado que el vocablo *deadline* ('fecha límite' y, literalmente, línea de muerte) es un término especialmente negativo en inglés. ¡Es cierto! A él le gusta más usar el término *lifeline* (literalmente, 'línea de vida', cuya connotación es más positiva). En mi caso, el entusiasmo renovado por mi trabajo llegó cuando ignoré por completo la sensación de restricción y me enfoqué solamente en el valor intrínseco derivado de la actividad en sí en lugar de en «el plazo de entrega previsto». También me ayudó dejar de fijarme en cómo «usaría» el material que estaba leyendo más adelante. Cuando reconectamos con la satisfacción que nos producen los «medios» en lugar de centrarnos únicamente en los «fines», adoptamos una mentalidad más favorable para disfrutar y obtener mejores resultados (me complace informar que, de hecho, entregué el manuscrito a tiempo, por si te lo estás preguntando).

Del mismo modo que nuestra visión del trabajo influye en la experiencia real que tenemos de él, también lo hace nuestra visión del descanso. Si consideramos que el tiempo libre, el tiempo de ocio o el tiempo en familia es improductivo, entonces nos parecerá una pérdida de tiempo. Por ejemplo, muchos de los líderes empresariales y estudiantes de Harvard con los que trabajo muestran los síntomas de la «maldición del adicto al trabajo». Conciben el tiempo que pasan fuera del trabajo como un obstáculo para su productividad, de modo que lo desaprovechan. Como señaló un consejero delegado de una empresa de telecomunicaciones de Malasia: «Quería ser productivo porque eso me hace feliz, así que me propuse maximizar el tiempo que pasaba trabajando. Pero, como me di cuenta más tarde, había definido de una forma demasiado estrecha lo que era *ser productivo*. Empecé a sentirme culpable cuando hacía cualquier otra cosa que no fuera trabajar. Ninguna otra actividad, ni el ejercicio, ni pasar tiempo con mi mujer ni relajarme era algo productivo. De modo que nunca tenía tiempo para recargar las pilas, lo que significaba que, irónicamente, cuanto más trabajaba, más se resentía mi productividad».

Como vimos en el capítulo anterior, permitirnos practicar actividades que nos resulten agradables puede mejorar enormemente nuestro rendimiento laboral. Pero, para obtener resultados, no basta solo con realizarlas, igual que sucedía con los camareros de hotel que se limitaban a desempeñar sus tareas sin pensar en el ejercicio que estaban haciendo. Cuando tu cerebro concibe la cena familiar, el *Sudoku*, el *Fútbol Fantasy* o una conversación telefónica con un amigo como una «pérdida de tiempo», no será capaz de aprovechar sus beneficios inherentes. Pero, si cambias el punto de apoyo y empiezas a considerar ese tiempo libre como una oportunidad para aprender y practicar algo nuevo, recargar las pilas y conectar con los demás, podrás aprovechar el poder de ese tiempo de descanso y regresar más fuerte que antes.

LA PALANCA DE LA POSIBILIDAD

Al igual que la forma de pensar sobre el trabajo afecta al rendimiento, también lo hace tu visión sobre tus propias habilidades. Lo que quiero decir es que, cuanto más creas en tu propia capacidad de tener éxito, más probable será que lo logres. A algunos, esto les puede parecer una patraña exageradamente inspiradora (y la verdad es que esta idea ha sido difundida por algunas fuentes poco fiables a lo largo de los años). Pero en las últimas décadas se ha producido una explosión de datos científicos serios que apoyan esta idea.

Diversos estudios demuestran que el simple hecho de creer que podemos provocar un cambio positivo en nuestras vidas aumenta la motivación y el rendimiento laboral; nuestro éxito, en esencia, se convierte en una profecía autocumplida. Un estudio en el que participaron 112 contables principiantes descubrió que aquellos que creían que podían lograr lo que se proponían eran quienes, diez meses después, obtenían las mejores puntuaciones de sus supervisores[6]. Sorprendentemente, la creencia en la propia capacidad era un indicador del rendimiento laboral incluso mayor que su nivel real de habilidad o formación.

Y lo que es más importante, nuestras creencias sobre nuestras capacidades no son necesariamente innatas, sino que pueden variar, ya que nuestra forma de pensar está casi siempre en constante cambio. En un estudio realizado por Margaret Shih y sus colegas de Harvard, se sometió a un grupo de mujeres asiáticas a pruebas matemáticas similares en dos ocasiones distintas[7]. La primera vez se recordó a las participantes que por el hecho de ser mujeres no eran tan buenas en matemáticas como los hombres, según la idea comúnmente aceptada. La segunda vez se les pidió que se centraran en su identidad como asiáticas, que suelen tener fama de ser genios de las matemáticas en comparación con otros grupos étnicos. El resultado: estas mujeres obtuvieron mejores resultados en la segunda situación que en la primera. Aunque su coeficiente intelectual no había cambiado ni tampoco la dificultad de las preguntas, en el segundo caso creían más en su capacidad y eso fue suficiente para marcar una diferencia sustancial en su rendimiento.

Poco después de las elecciones presidenciales de 2008 en Estados Unidos surgió un fascinante ejemplo de la vida real. Décadas de investigación han demostrado que la internalización de los estereotipos raciales contribuye a la brecha educativa entre estudiantes negros y blancos (por ejemplo, los alumnos afroamericanos obtienen peores resultados que los blancos en los exámenes estandarizados cuando se les pide que rellenen previamente un formulario en el que revelan su raza). Un equipo de investigadores se preguntó si el ascenso de un afroamericano al cargo más alto de este país podría atenuar este fenómeno, por lo que propusieron un test estandarizado de veinte preguntas a más de cuatrocientos estadounidenses antes de las elecciones y de nuevo justo después[8]. En el primer test, en general los negros obtuvieron efectivamente peores puntuaciones que los blancos, pero, en el segundo, sus resultados mejoraron tan drásticamente que la diferencia de rendimiento se atenuó por completo. Como afirmaba el *New York Times*, «el inspirador modelo de conducta que proyectaba el Sr. Obama» borró la desconfianza en la propia valía que había obstaculizado el rendimiento de los alumnos negros. Aunque se tratara de un solo estudio y seguramente sus efectos fueran temporales, es un ejemplo ilustrativo de hasta qué punto nuestras creencias pueden afectar a nuestras capacidades.

En la empresa de formación en liderazgo IDology, los formadores suelen plantear una pregunta a sus clientes: «¿Qué identidad llevas hoy?». Si tienes dudas sobre ti mismo, habrás mermado tu productividad incluso antes de empezar. De modo que, cuando te enfrentes a una tarea difícil o a un reto, ofrécete una ventaja competitiva inmediata centrándote en todas las razones por las que vas a tener éxito, en lugar de fracasar. Recuérdate a ti mismo tus habilidades más relevantes y no aquellas de las que careces. Piensa en alguna ocasión en la que te hayas encontrado en una circunstancia parecida en el pasado y hayas obtenido buenos resultados. Años de investigación han demostrado que un enfoque específico y coordinado en tus puntos fuertes durante una tarea complicada produce los mejores resultados.

Puedes usar esta técnica en cualquier situación. ¿Tienes que preparar la cena de Acción de Gracias, pero te preocupa que la comida no resulte tan exquisita como te gustaría? Céntrate en el hecho de que se te da bien gestionar el tiempo y seguir instrucciones. ¿Tienes que ocuparte de una presentación importante, pero crees que no sabes hablar en público? Céntrate en lo preparado que estás y en lo mucho que has investigado sobre el tema. Esto no significa ignorar tus puntos débiles, repetir afirmaciones vacías o asumir tareas que exceden tus capacidades, sino enfocarte en tus recursos personales mientras avanzas por el pasillo. ¿Recuerdas tus puntos fuertes distintivos del capítulo anterior? Elige uno que se aplique al reto concreto del momento. Cuando voy a dar una charla sobre un tema nuevo y no estoy seguro de cómo será recibido, intento centrarme en el hecho de que soy bastante bueno en «leer» a la gente y en cómo esa cualidad me ayuda a conectar con el público. La calidad de mis charlas es claramente diferente cuando me acuerdo de adoptar este enfoque que cuando caigo en la trampa de lamentarme por mi escasa capacidad de memorización o mi tendencia a caminar de un lado a otro.

Aprovechar la inteligencia

Más importante que creer en nuestras propias capacidades es creer que podemos mejorarlas. Pocas personas han demostrado esta teoría de forma más convincente que la psicóloga de Stanford Carol Dweck, cuyos estudios demuestran que el hecho de que una persona crea o no que su inteligencia es maleable repercute de forma directa en su desempeño. Dweck descubrió que las personas pueden dividirse en dos categorías: las de «mentalidad fija» consideran que sus capacidades ya están establecidas, mientras que las de «mentalidad de crecimiento» creen que pueden mejorar sus cualidades básicas mediante el esfuerzo. Una mentalidad de crecimiento no descarta la capacidad innata, simplemente reconoce, como explica Dweck, que «aunque las personas pueden diferir en todos los sentidos —en sus talentos y aptitudes iniciales, así como en sus intereses o temperamentos—, todo el mundo puede cambiar y crecer a través de la práctica y la experiencia»[9]. Sus investigaciones han demostrado que las personas con una mentalidad fija pierden oportunidades de mejora y rinden por debajo de sus posibilidades de forma sistemática, mientras que las que tienen una «mentalidad de crecimiento» experimentan cómo sus capacidades van siempre en aumento.

En un estudio, Dweck y sus colegas evaluaron a 373 estudiantes al comienzo del séptimo curso para averiguar si tenían una mentalidad fija o de crecimiento[10]. Los investigadores hicieron un seguimiento de su rendimiento académico durante los dos años siguientes y descubrieron que la mentalidad empezaba a tener un efecto cada vez mayor en los resultados de Matemáticas a medida que iban atravesando el séptimo y octavo curso. La nota media de aquellos con una visión fija de la inteligencia se mantuvo estable, mientras que los que tenían una perspectiva de crecimiento experimentaron una trayectoria ascendente en su nota media. Los investigadores sugieren una serie de razones por las que una mentalidad de crecimiento impulsa a los estudiantes hacia un mayor éxito, pero básicamente se reduce a la motivación. Cuando creemos que nuestro esfuerzo tendrá una recompensa positiva, nos esforzamos más en lugar de rendirnos a la impotencia.

Las creencias resultan tan poderosas debido a que dirigen nuestros esfuerzos y acciones. En otro de sus estudios realizado en Hong Kong, Dweck demostró que una mentalidad de crecimiento lleva a las personas a maximizar su potencial, mientras que una mentalidad fija nos frena. En la Universidad de Hong Kong, las clases, los libros de texto y los exámenes se imparten en inglés, por lo que es necesario dominar el idioma para tener éxito. Pero muchos estudiantes no lo hablan con soltura al inicio de curso, de modo que, como dice Dweck, «tendría sentido que hicieran algo al respecto sin demora»[11]. Su equipo de investigadores planteó la siguiente pregunta a estos estudiantes: «Si la Facultad ofreciera un curso para estudiantes que necesitan mejorar su nivel de inglés, ¿te apuntarías?».

También evaluaron la mentalidad de cada alumno: ¿creían que su inteligencia era fija y no podía cambiarse? ¿O pensaban que podían mejorarla? Resultó que los estudiantes con una mentalidad de crecimiento fueron los que contestaron «un sí rotundo» a la oportunidad de asistir al curso de Inglés, mientras que los que tenían una mentalidad fija optaron en general por saltárselo. Quienes creían en su propia capacidad de cambiar tuvieron un modo de actuar que maximizó su rendimiento universitario. Los demás, ante la misma oportunidad, la desaprovecharon.

Una vez que nos damos cuenta de hasta qué punto nuestra realidad depende de cómo la vemos, resulta menos sorprendente que nuestras circunstancias externas determinen tan solo un 10 por ciento de nuestra felicidad total[12]. Por eso, Sonja Lyubomirsky, líder en el estudio científico del bienestar, ha escrito que prefiere la expresión «creación o construcción de la felicidad» a la más popular «búsqueda», ya que «se ha demostrado que está en nuestra mano forjarla nosotros mismos»[13]. Como han revelado los estudios sobre mentalidad mencionados, esto es aplicable a los resultados positivos y el éxito en cualquier otro ámbito. Si cambiamos la forma en que nos percibimos a nosotros mismos y a nuestro trabajo, podemos mejorar drásticamente nuestros resultados.

USAR EL PUNTO DE APOYO Y LA PALANCA
PARA ENCONTRAR TU VOCACIÓN

La psicóloga de Yale Amy Wrzesniewski ha dedicado su labor investigadora a estudiar el modo en que las ideas que tenemos de nuestro trabajo afectan a nuestro rendimiento. Tras muchos años y cientos de entrevistas con trabajadores de todas las profesiones posibles ha descubierto que los profesionales suelen encuadrarse en una de las siguientes tres «orientaciones laborales» o actitudes mentales sobre el trabajo. Según su investigación solemos considerar el trabajo como un simple empleo, una carrera profesional o una vocación[14]. Las personas con un simple «empleo» consideran el trabajo como una tarea, y su sueldo, como la recompensa. Trabajan por obligación y esperan con impaciencia el tiempo libre fuera del ámbito laboral. Por su parte, las personas que perciben su trabajo como una carrera profesional no solo trabajan por necesidad, sino también para progresar y tener éxito. Se implican en su trabajo y quieren hacerlo bien. Por último, las personas con vocación consideran el trabajo como un fin en sí mismo; su labor no les satisface por las recompensas externas, sino porque sienten que contribuye a un bien mayor, les permite expresar sus capacidades, y les aporta sentido y propósito. No es de extrañar que aquellos con una orientación vocacional sientan una mayor gratificación laboral y trabajen con más diligencia y durante más tiempo a causa de ello. En consecuencia, estas personas suelen tener más probabilidades de progresar.

Para aquellos que ya ven su trabajo como una vocación se trata de magníficas noticias. Pero los que no lo hacen no tienen por qué desesperar. El hallazgo más interesante de Wrzesniewski no es solo que la gente perciba su trabajo de una de estas tres formas, sino que en el fondo no importa qué tipo de trabajo se ejerza. Descubrió que hay médicos que ven su trabajo como un simple empleo, y conserjes que lo consideran una vocación. De hecho, en un estudio en el que participaron 24 auxiliares administrativos, cada orientación estaba representada en tercios prácticamente iguales, a pesar de que sus situaciones objetivas (descripción del trabajo, salario y nivel de estudios) eran casi idénticas.

Esto significa que la orientación vocacional puede tener tanto que ver con la mentalidad como con la labor que se realiza. En otras palabras, los empleados insatisfechos pueden encontrar formas de mejorar su vida laboral que no impliquen dimitir, cambiar de trabajo o de empresa, o marcharse para encontrarse a sí mismos. Los psicólogos organizativos lo denominan *rediseño del trabajo*, pero en esencia consiste en ajustar la mentalidad[15]. Como dice Wrzesniewski, «se abren nuevas posibilidades para el significado del trabajo» simplemente por la forma en que «lo construye el individuo»[16].

¿Cómo funciona esto? Si no te es posible implementar cambios reales en tu trabajo cotidiano, pregúntate qué sentido y qué gozo potenciales existen ya en lo que haces. Imagina a dos conserjes de la escuela primaria local. Uno se centra únicamente en la porquería que debe limpiar cada noche, mientras que otro cree que está contribuyendo a generar un entorno más limpio y saludable para los alumnos. Ambos desempeñan las mismas tareas cada día, pero sus diferentes mentalidades determinan su satisfacción laboral, su sensación de realización y, en última instancia, lo bien que hacen su trabajo.

En mi trabajo de consultoría con empresas animo a los empleados a reescribir la «descripción de su trabajo» con lo que Tal Ben-Shahar llama una *descripción vocacional*. Les invito a pensar en cómo podrían redactarse las tareas de forma que atrajeran a otros a solicitar el puesto. El objetivo no es tergiversar su labor, sino sacar a la luz el sentido que puede derivarse de ella. Luego les pido que piensen en sus propios objetivos personales en la vida. ¿Cómo pueden vincularse sus cometidos diarios con una meta más amplia? Se ha descubierto que incluso las tareas más pequeñas pueden adquirir un mayor significado cuando están relacionadas con objetivos y valores personales. Cuanto más consigamos alinear nuestras actividades diarias con nuestra visión personal, más veremos el trabajo como una vocación.

Prueba el siguiente ejercicio: gira una hoja de papel horizontalmente y en el lado izquierdo escribe una tarea que estés obligado a realizar en tu trabajo y que te parezca carente de sentido. Luego pregúntate: ¿cuál es el propósito de esta tarea? ¿Qué pretende conseguir? Dibuja una flecha hacia la derecha y escribe la respuesta. Si lo que has escrito sigue pareciéndote poco relevante, pregúntate de nuevo: ¿a qué conduce este resultado? Dibuja otra flecha y anótalo. Sigue así hasta que llegues a un punto que tenga sentido para ti. De este modo, puedes conectar cada pequeño cometido con una visión más amplia, con un objetivo que te mantenga motivado y lleno de energía. Si eres profesor de Derecho y odias el trabajo administrativo, dibuja una flecha hasta que puedas conectarlo con algo que sí te importe, como proporcionar los recursos necesarios para triunfar a una nueva generación de jóvenes abogados. Chip Conley, el hotelero innovador que he mencionado en el anterior capítulo, usa una estrategia parecida para implicar a sus empleados. Le gusta decir a cada uno de ellos: «Olvídate del nombre del puesto que ocupas. ¿Cómo lo llamarían nuestros clientes si lo describieran según el impacto que tiene en sus vidas?»[17]. Cuando se establecen estas conexiones más amplias, las tareas rutinarias no solo resultan más apetecibles, sino que además se realizan con mucha más dedicación y, como resultado, se obtiene un mayor rendimiento.

No estamos salvando a los delfines

El verano pasado ofrecí una charla en una empresa de la lista Fortune 500 en Nueva York. Antes de mi exposición, un alto directivo me presentó a los ochenta comerciales allí reunidos y les explicó la razón de que me hubieran invitado. Como aún no había oído mi propuesta, improvisó unas palabras sobre la importancia de la formación: «Mirad, sé que estáis aquí para ganar dinero y os sentís frustrados porque el sueldo se ha reducido en los dos últimos trimestres. Así que no penséis que esta charla es una simple sesión sobre la felicidad, por encima de todo, estas estrategias os ayudarán a ganar más dinero. Para ser sinceros, lo que nos interesa es el dinero: aquí no estamos salvando a los delfines».

Algunos de los presentes se rieron irónicamente, pero yo no fui uno de ellos. Este ejecutivo había predispuesto a sus empleados para el fracaso sin darse cuenta. Este es el mensaje que había transmitido en realidad: «Salvar a los delfines es importante y tiene un efecto positivo en el mundo, mientras que vuestro trabajo no tiene sentido ni valor más allá de ganar mucho dinero». Les recordó a todos ellos que tenían un empleo y no una vocación.

Su ocurrencia sobre los delfines tuvo un impacto inmediato en la sala. Contemplar cómo se desinflaba el ánimo del grupo fue una experiencia turbadora y humillante. Muchos de los empleados que momentos antes parecían entusiasmados con la idea de hablar de la felicidad en el trabajo, de repente dieron muestras sutiles pero palpables de decepción, disgusto, frustración, vergüenza o desinterés. La forma más rápida de desvincular a un trabajador es decirle que el único sentido de su tarea es el sueldo que le reporta.

Esto no quiere decir que todos los trabajos tengan el mismo significado, sino que incluso una ocupación rutinaria puede tener sentido si encuentras una buena razón para dedicarte a ella, como sentirte productivo al final de la jornada, demostrar a la gente que eres inteligente o eficiente, hacerle la vida más fácil a un cliente, mejorar tus habilidades o aprender de un error. He conocido a estudiantes de secundaria que empaquetaban la compra en el supermercado H-E-B, cerca de mi casa en Waco, como si esa labor fuera su vocación. Desde luego, no deseaban desempeñar esa tarea toda su vida, pero, mientras la realizaban, la aprovechaban al máximo. Y he trabajado con empresarios que han creado empresas valoradas en cien millones de dólares que veían su trabajo como una ocupación que les desgastaba. Por mucho que tengas el mejor trabajo del mundo, si no le encuentras sentido, no lo disfrutarás, ya seas director de cine o un creador de juego de la NFL.

CAMBIAR EL PUNTO DE APOYO Y LA PALANCA DE QUIENES TE RODEAN

Como hemos visto, unas pocas palabras pueden modificar la actitud mental de una persona, lo que a su vez puede ampliar sus logros. Lo único que necesitaron los camareros de hotel para perder peso fue una breve charla sobre la actividad física que realizaban durante su trabajo. A las mujeres asiáticas les bastó que un investigador les recordara su inteligencia innata para sobresalir en un examen de Matemáticas. Estos estudios muestran cómo la forma de pensar repercute en los resultados, pero también cómo podemos tener un impacto en la mentalidad de los demás. A veces, unas cuantas palabras clave aquí y allá pueden marcar la diferencia.

Consideremos pues el poder que tenemos para influir de forma positiva o negativa en el desempeño de quienes nos rodean. Por ejemplo, en un estudio, los ancianos a los que se había recordado que suele producirse un deterioro cognitivo con la edad obtuvieron peores resultados en las pruebas de memoria que los que no recibieron tal recordatorio[18]. ¿Cuántos directivos bienintencionados se disparan a sí mismos en el pie cuando, de forma similar, hacen hincapié en los puntos débiles de sus empleados? Por el contrario, como hemos visto, cuando un directivo expresa abiertamente su fe en la capacidad de alguien a su cargo, no solo mejora el estado de ánimo y la motivación de ese empleado, sino que también incrementa sus probabilidades de éxito.

Incluso la forma en que describimos tareas aparentemente sencillas puede influir en nuestro proceder. En un experimento se pidió a los participantes que jugaran al «Juego de Wall Street» o al «Juego de la Comunidad», una tarea diseñada para medir la disposición a cooperar en diferentes condiciones[19]. Si bien se trataba del mismo juego, los individuos que pensaban desde una perspectiva comunitaria cooperaban mejor que quienes pensaban desde el punto de vista de Wall Street. Lo que esperamos de la gente (y de nosotros mismos) se manifiesta en las palabras que empleamos, y esas palabras pueden ejercer un poderoso efecto en los resultados finales. Esto significa, como se verá en los próximos capítulos, que los mejores directivos y líderes consideran cada interacción como una oportunidad para predisponer a sus empleados para la excelencia.

El efecto Pigmalión

Según el poeta romano Ovidio, cuando el escultor Pigmalión observaba un trozo de mármol era capaz de ver la escultura contenida en su interior. En concreto, Pigmalión tenía una visión de su ideal, el cenit de todas sus esperanzas y deseos: una mujer a la que llamó Galatea. Un día empezó a cincelar el mármol y lo fue moldeando según su visión. Cuando terminó su obra, dio un paso atrás para contemplarla. Era hermosa. Galatea era más que una mujer: aquella estatua representaba toda esperanza, todo sueño, toda posibilidad, todo significado. Era la belleza misma. Pigmalión se enamoró de forma irremediable.

Pigmalión no era tonto. No estaba enamorado de una mujer de piedra, sino de la posibilidad de que su ideal cobrara vida. Así que le pidió a Venus, diosa del amor, que le concediera un deseo y convirtiera su ideal en realidad. Y así lo hizo, al menos según el mito.

En el siglo xx se llevó a cabo uno de los experimentos psicológicos más conocidos de la historia. Un equipo de investigadores dirigido por Robert Rosenthal sometió a pruebas de inteligencia a los alumnos de una escuela de primaria[20]. Los investigadores comunicaron a los profesores de cada clase qué alumnos —por ejemplo, Sam, Sally y Sarah— habían resultado ser, según los datos obtenidos, superestrellas académicas, es decir, los que tenían un mayor potencial de desarrollo. Les pidieron a los profesores que no mencionaran los resultados del estudio a estos niños adelantados y que les dedicaran el mismo tiempo que a los demás (de hecho, se les advirtió de que serían vigilados para asegurarse de que no lo hicieran). A final de año, todos los alumnos volvieron a realizar las pruebas y, en efecto, Sam, Sally y Sarah mostraron una capacidad intelectual fuera de serie.

Esta sería una historia predecible, excepto por un giro final al estilo del escritor O. Henry. Cuando Sam, Sally y Sarah realizaron las pruebas al principio del experimento, resultaron ser absolutamente *normales*. Los investigadores habían elegido sus nombres al azar y luego habían mentido a los profesores sobre su capacidad. Pero, después del experimento, se habían convertido de hecho en superestrellas académicas. ¿Cuál era la causa de que estos alumnos corrientes se hubieran vuelto extraordinarios? Aunque los profesores no les habían dicho nada directamente a estos niños y habían dedicado el mismo tiempo a todos los alumnos, tuvieron lugar dos hechos cruciales: la creencia de los profesores en el potencial de estos estudiantes se había transmitido de forma involuntaria y no verbal. Y lo que es más importante, los implicados habían asimilado estos mensajes no verbales que acabaron haciéndose en realidad.

Este fenómeno se denomina efecto Pigmalión y se produce cuando nuestra creencia en el potencial de otra persona hace que ese potencial cobre vida. Tanto si tratamos de descubrir el talento en una clase de segundo de primaria como en los trabajadores que han asistido a la reunión matutina, el efecto Pigmalión puede manifestarse en cualquier parte. Las expectativas que tenemos sobre nuestros hijos, compañeros de trabajo y cónyuges —se expresen o no— pueden hacer que esas expectativas se hagan realidad.

Motivar a un equipo con el efecto Pigmalión

En los años sesenta, el profesor de empresariales del MIT Douglas McGregor expuso el famoso planteamiento de que los directivos actúan a partir de una de las siguientes teorías de motivación humana: la teoría X afirma que los empleados trabajan porque se les paga y eludirán sus tareas si no están controlados. La teoría Y sostiene lo contrario: que los empleados trabajan por motivos intrínsecos, que lo hacen más y mejor cuando no reciben órdenes y que se esfuerzan movidos por la satisfacción que les produce el trabajo bien hecho.

Es interesante que cuando los investigadores intentan estudiar qué ocurre cuando se expone a los trabajadores X (o Y) a líderes con una visión contraria se topan con un escollo sumamente revelador: muy pocos directivos tienen empleados encuadrados en la teoría opuesta. Los directivos que creen en la teoría X tienen subordinados que necesitan supervisión constante, mientras que los directivos que defienden la teoría Y tienen empleados que desempeñan su labor por amor al trabajo. Resulta que, con independencia de cuáles fueran sus motivaciones antes de estar vinculados a estos directivos, los empleados suelen convertirse en el tipo de trabajador que su jefe espera que sean.

He aquí el efecto Pigmalión en acción. Este es un claro ejemplo de profecía autocumplida: la gente actúa como esperamos que actúe, lo que significa que las expectativas de un líder sobre lo que cree que motivará a sus empleados a menudo acaban haciéndose realidad. Cuanto más asumía aquel ejecutivo de Fortune 500 que sus empleados estaban únicamente motivados por su sueldo y no trabajaban para «salvar a los delfines», más se acercaba la motivación de estos a la teoría X, estando cada vez más lejos del trabajo significativo. De hecho, pocas veces he visto a un trabajador optimista y motivado bajo la supervisión de un directivo pesimista y apático. Según sean los líderes, así serán sus empleados.

Naturalmente, el efecto Pigmalión puede ser una herramienta muy poderosa en los negocios. De modo que, si eres un líder, ya sea de tres personas o de trescientas, recuerda que el poder de influir en los resultados no reside solo en quién forma parte de tu equipo, sino en cómo lo impulsas. Cada lunes, formúlate las siguientes preguntas: (1) ¿Creo que la inteligencia y las habilidades de mis empleados no son fijos, sino que pueden mejorarse con esfuerzo? (2) ¿Creo que mis empleados desean realizar ese esfuerzo, al igual que quieren encontrar sentido y satisfacción en su trabajo? (3) ¿Cómo transmito estas creencias con mis palabras y acciones cotidianas?

La capa de Superman

En algunos estados de Norteamérica las capas de Superman que se venden en Halloween están obligadas a incluir una advertencia de que en realidad no ayudan a volar. Suena gracioso, pero constituye un recordatorio útil de la única salvedad del principio del punto de apoyo y la palanca. Aunque es importante cambiar nuestro punto de apoyo hacia una mentalidad más positiva, no debemos ir demasiado lejos; en otras palabras, debemos tener cuidado de no albergar expectativas poco realistas sobre nuestro potencial. Aunque gran parte de nuestra experiencia es relativa y depende de la actitud mental, sigue habiendo lógicamente limitaciones concretas (como la gravedad, por ejemplo). Pero esto nos lleva de vuelta a la pregunta planteada en el capítulo «El cambio es posible» (página 43): ¿cómo sabemos cuál es nuestro potencial y qué tipo de límites debemos ponerle? Imaginemos, por ejemplo, unas zapatillas de correr que digan: «No trates de correr 1,6 km en menos de cuatro minutos, ya que podrías lesionarte».

Estas advertencias pueden resultar a veces necesarias. El problema surge cuando estrechan nuestros horizontes de forma artificial. Mi campo de estudio trata de contrarrestar estos límites ilusorios observando los casos que ya los han superado y destacan por encima de la media. Nos interesa llevar los límites de lo posible tan lejos como *sea posible*, no limitarlos del modo en que sugieren tantos jefes, padres, profesores o medios de comunicación desalentadores. Está claro que creer que podemos volar no nos hará volar. Pero, si no creemos, no tendremos ninguna posibilidad de despegar del suelo. Y, como ha demostrado la ciencia, cuando creemos que podemos hacer más y conseguir más (o cuando otros lo creen por nosotros), esa suele ser precisamente la razón por la que *acabamos* obteniendo más logros.

El núcleo de este desafío reside en dejar de pensar que el mundo es fijo cuando lo cierto es que la realidad es relativa. Hemos visto cómo hombres de 75 años hacían retroceder sus relojes biológicos, cómo unas pocas palabras y creencias pueden mejorar los resultados de los exámenes y cómo algunos empleados encuentran una vocación donde otros ven solamente un empleo. Sin embargo, esto no es más que un pequeño atisbo de todas las formas en que nuestra mentalidad puede moldear el mundo objetivo que nos rodea. Los siguientes capítulos nos mostrarán precisamente cómo podemos cultivar una mentalidad positiva y aprovechar esta positividad para ascender en nuestros trabajos, nuestras carreras profesionales y nuestras organizaciones.

El efecto *Tetris*

Entrenar el cerebro para aprovechar las posibilidades

U NA FRÍA MAÑANA en Massachusetts, allá por septiembre de 2005, salí de la residencia Wigglesworth (sí, ese es su nombre real) y estuve a punto de robar un coche de policía. Hay que reconocer que mi impulso tenía todos los visos de ser una mala decisión profesional, sobre todo porque parte de mi trabajo consistía en ser un modelo positivo y contribuir a enseñar el sentido de la responsabilidad a jóvenes estudiantes impresionables. ¿Qué me llevó a querer obrar de esa manera? Por increíble que parezca, el culpable fue un videojuego llamado *Grand Theft Auto* al que había estado jugando la noche anterior hasta las cuatro de la mañana.

Durante cinco horas seguidas mi cerebro se había acostumbrado al siguiente patrón: encontrar un coche fácil de robar, emprender una persecución a alta velocidad, obtener la recompensa (en este caso, dinero falso). Por supuesto, no era más que un estúpido videojuego, y no debería haber influido en absoluto en mi conducta en el mundo real. Pero, después de pasar tantas horas jugando, cuando me desperté a la mañana siguiente, mi cerebro seguía atascado en esa forma de pensamiento. Por eso salí a la avenida Massachusetts y exploré mi entorno en busca de un coche desprotegido. Para deleite momentáneo de mi cerebro, el mejor vehículo que encontré para mis fines delictivos —un coche de policía— estaba aparcado por casualidad a menos de metro y medio de donde me encontraba. ¡Sí! Antes de que la parte racional de mi cerebro tuviera tiempo de reaccionar, me encontré actuando según el patrón que había estado practicando la noche anterior. La adrenalina se disparó por todo mi cuerpo cuando agarré la brillante manilla del coche patrulla de la policía de Cambridge. En realidad, el hecho de que hubiera un agente de policía sentado en el asiento delantero no suponía ningún problema. Solo tenía que pulsar X en el mando y el agente saldría del coche de forma automática. Pero la visión de mi reflejo en la ventana me sacó bruscamente del mundo de *Grand Theft Auto* y me ayudó a recuperar la razón.

Esta es una historia real, aunque felizmente no cometí ningún delito. (¿Te imaginas el juicio? «Asesor de Harvard se excusa ante el tribunal: "Mi cerebro se había quedado atascado en Vice City, no pude evitarlo"»). Sin embargo, aunque obviamente no tenía ningún deseo real de perpetrar un robo aquella mañana, en ese momento solo me era posible seguir el patrón al que me había acostumbrado. Y como descubrí pronto, esto no es del todo infrecuente y tiene que ver con la forma en que nuestros cerebros están programados para funcionar en el mundo real.

Encajar piezas

En septiembre de 2002, un británico de veintitrés años llamado Faiz Chopdat fue encarcelado durante cuatro meses por negarse a apagar su teléfono móvil en un vuelo que había salido de Egipto con destino a Inglaterra. La tripulación le había pedido varias veces sin éxito que apagara el teléfono, ya que podría interferir con el sistema de comunicación del avión. La razón: estaba jugando al *Tetris*.

El *Tetris*, como sabrás, es un juego sencillo en apariencia. De la parte superior de la pantalla van cayendo diferentes piezas compuestas de cuatro bloques que el jugador puede rotar o desplazar hasta llegar abajo. Cuando se crea una línea horizontal continua por toda la pantalla, esa línea desaparece. El único objetivo del juego es organizar las piezas hasta crear tantas líneas ininterrumpidas como sea posible. Suena aburrido, pero, como Chopdat descubrió por las malas, puede llegar a ser sorprendentemente adictivo.

En un estudio del Departamento de Psiquiatría de la Facultad de Medicina de Harvard, los investigadores pagaron a veintisiete estudiantes a cambio de que jugaran al *Tetris* varias horas al día durante tres días seguidos[1]. Cuando les cuento esto a mis alumnos, les parece inaudito haber perdido la oportunidad de jugar a videojuegos a cambio de dinero. «Esperad a conocer los efectos secundarios», les advierto.

Durante varios días después del estudio, algunos de los participantes no dejaban de soñar con piezas que caían del cielo. Otros las veían por todas partes, incluso durante las horas de vigilia. Sencillamente, veían el mundo como si estuviera formado por secuencias de piezas de *Tetris*.

Un adicto al *Tetris* escribió sobre su propia experiencia en el *Philadelphia City Paper*: «Caminando por los pasillos del supermercado Acme local, tratando de decidir entre comprar Honey Nut o los nuevos Frosted Cheerios, me doy cuenta de lo bien que encajaría un grupo de cajas de cereales en el hueco de la fila de abajo. Estoy corriendo obstinadamente alrededor de la pista de atletismo de la YMCA muerto de aburrimiento, y acabo concentrado en la pared de ladrillos calculando en qué dirección tendría que girar esos ladrillos ligeramente más oscuros para que encajen con la fila desigual de ladrillos situados unos metros más abajo en la pared. Al salir a tomar el aire después de varias horas de trabajo, me froto los ojos llorosos y enrojecidos, y me pregunto al contemplar el horizonte de Filadelfia: "Si pongo el edificio Victory de lado, ¿encajaría en el hueco entre los rascacielos One Liberty y Two Liberty Place?"»[2]. Los jugadores no tardaron en llamar a este extraño fenómeno el efecto *Tetris*.

¿Qué estaba pasando? ¿Acaso los adictos al *Tetris* sufren episodios pasajeros de locura? En absoluto. El efecto *Tetris* se debe a un proceso físico totalmente normal que el juego continuado desencadena en los cerebros de los jugadores. Se quedan atrapados en algo que se llama *imagen residual cognitiva*. ¿Te suenan esos puntos azules o verdes que te nublan la vista durante unos segundos después de que te saquen una foto con *flash*? Esto sucede debido a que el *flash* ha grabado una imagen momentánea en tu campo visual, de modo que, cuando miras a tu alrededor, ves ese mismo patrón de luz —esa imagen residual— por todas partes. Cuando estos estudiantes jugaron al *Tetris* durante un periodo prolongado, también se quedaron atascados con algo que les nublaba la vista, en este caso, un patrón cognitivo que les hacía ver piezas de *Tetris* de forma involuntaria dondequiera que miraran (igual que *Grand Theft Auto* me incitaba a ver coches candidatos para ser robados). No se trata solo de un problema de visión: jugar horas y horas al *Tetris* modifica el cableado del cerebro. En concreto, como descubrieron estudios posteriores, el juego constante creaba nuevas rutas neuronales, unas conexiones que modificaron la forma de ver las situaciones de la vida real de estos estudiantes.

Sin duda, esto sería una gran noticia para ellos si estuvieran entrenándose para un torneo de *Tetris*. Pero resultó ser un hábito sumamente desadaptativo cuando realizaban actividades no relacionadas con este juego y, admitámoslo, muy pocos trabajos valoran el hecho de jugar al *Tetris* de forma obsesiva. Así son nuestros cerebros: se atascan muy fácilmente en patrones de visión del mundo, algunos más beneficiosos que otros. Obviamente el efecto *Tetris* no solo tiene que ver con los videojuegos, sino que, como vamos a explicar con más detalle, es una metáfora de la manera en que nuestro cerebro controla la forma en que vemos el mundo que nos rodea.

EL EFECTO *TETRIS* EN EL TRABAJO

Todo el mundo conoce a alguien atrapado en alguna versión del efecto *Tetris*, esto es, una persona que se muestra incapaz de romper un patrón de pensamiento o conducta. A menudo, este patrón resulta ser negativo: ese amigo que, al entrar en un sitio, siempre encuentra un motivo para quejarse. Ese jefe que se centra en aquello en lo que sigue fallando un empleado en lugar de en los aspectos que está mejorando. Ese colega que se espera lo peor antes de cada reunión, con independencia de las circunstancias. Ya conoces a ese tipo de personas. Puede que incluso seas una de ellas.

En mi trabajo con empresas de Fortune 500 he aprendido algo muy valioso: por lo general, estas personas no *intentan* ser difíciles o gruñonas. Sus cerebros son realmente extraordinarios a la hora de explorar el entorno en busca de puntos negativos, detectando de inmediato las molestias, el estrés y los problemas. Y no es de extrañar, dado que, al igual que los jugadores de *Tetris*, sus cerebros han sido perfeccionados y entrenados para ello durante años de práctica. Por desgracia, nuestra sociedad solo fomenta este tipo de entrenamiento. Piensa en ello: en el mundo laboral, así como en nuestra vida personal, a menudo se nos recompensa por darnos cuenta de los problemas que hay que resolver, de las tensiones que hay que controlar y de las injusticias que hay que corregir. A veces esta habilidad puede resultar sumamente útil. El problema es que, si nos quedamos atascados en esa pauta, percatándonos siempre de lo negativo, incluso un paraíso puede llegar a convertirse en un infierno. Y lo que es peor, cuanto más nos esforzamos en buscar lo negativo, más nos perdemos lo positivo, aquellas cosas de la vida que nos aportan mayor felicidad y que a su vez promueven el éxito. La buena noticia es que también podemos entrenar el cerebro para que pueda centrarse en la búsqueda de lo positivo, aquellas posibilidades latentes en cada situación, y de este modo convertirnos en expertos en capitalizar la Ventaja de la Felicidad.

En una de mis charlas en Australia salí a tomar el aire durante una pausa y me encontré con dos empleados que también estaban descansando. Uno miró al cielo y exclamó «¡Qué bien, ha salido el sol!». El otro señaló: «Ojalá no hiciera tanto calor». Ambas afirmaciones se basaban en la realidad. *Hacía* sol y *era* un día caluroso. Pero la segunda persona estaba cayendo en un hábito que debilitaría su productividad y rendimiento en cuanto volviera a entrar en la oficina. Literalmente, no era capaz de ver lo positivo de su vida y de su trabajo: las oportunidades, las posibilidades, las ocasiones de crecimiento y, en consecuencia, no tenía la más mínima opción de sacar provecho de ellas. Este punto no es para nada intrascendente. Escudriñar el mundo constantemente en busca de lo negativo acarrea un gran coste, ya que reduce la creatividad, eleva los niveles de estrés y disminuye la motivación y la capacidad de alcanzar objetivos.

El efecto *Tetris* en el hogar

El año pasado, mientras trabajaba con la empresa global de contabilidad fiscal KPMG con objeto de ayudar a sus auditores y gestores fiscales a ser más felices, empecé a darme cuenta de que muchos empleados sufrían un desafortunado problema, ya que se pasaban entre ocho y catorce horas al día revisando formularios fiscales en busca de equivocaciones, y de este modo sus cerebros se habían acostumbrado a encontrar fallos. Aunque eran muy buenos en su trabajo, el hábito de detectar errores y peligros potenciales había comenzado a extenderse a otras áreas de su vida.

Al igual que los jugadores de *Tetris* que de repente veían piezas por todas partes, estos contables vivían cada día como si se tratara de una auditoría fiscal, es decir, buscando lo negativo. Como puedes imaginar, esto no resultaba nada agradable y, de hecho, estaba deteriorando sus relaciones laborales y familiares. En las evaluaciones de rendimiento solo se fijaban en los defectos de los miembros de su equipo y nunca en los puntos fuertes. Cuando regresaban a sus hogares, solo prestaban atención a los aprobados de sus hijos, nunca a los sobresalientes. Cuando comían en un restaurante, solo eran capaces de advertir que las patatas estaban poco hechas y nunca que el filete estaba en su punto. Un auditor fiscal me confesó que había estado muy deprimido durante el último trimestre. Mientras tratábamos de descubrir la causa, mencionó de pasada que un día, durante un descanso en el trabajo, había preparado una hoja de cálculo Excel con una lista de todos los errores que su mujer había cometido durante las últimas seis semanas. Imagínate la reacción de ella (que quizá pronto sería su exmujer) cuando se presentó en casa con esa lista de faltas en un intento de mejorar las cosas.

Los auditores fiscales no son los únicos que se ven atrapados en este tipo de patrón. Los abogados son igual de vulnerables, si no más, razón por la cual diversos estudios han descubierto que tienen 3,6 veces más probabilidades de sufrir una depresión clínica que el resto de población activa[3] (cuando mencioné esa estadística en un hospital de California, los médicos, poco aficionados a las demandas por negligencia profesional, estallaron en aplausos). Esto podría parecer un hallazgo relativamente sorprendente, dado que los abogados tienen altos niveles de educación, remuneración y estatus, pero, en realidad, teniendo en cuenta el tipo de exigencias a las que se enfrentan durante la jornada, no resulta tan extraño.

El problema comienza en la Facultad de Derecho, donde los niveles de angustia se disparan en cuanto los estudiantes se sientan en clase y comienzan a aprender las técnicas del análisis crítico[4]. ¿A qué se debe esto? A que, como explica un estudio de la revista *The Yale Journal of Health Policy, Law, and Ethics*: «Las Facultades de Derecho enseñan a los estudiantes a buscar fallos en los argumentos, y los entrenan para desarrollar el espíritu crítico en lugar de la aceptación»[5]. Y, aunque no cabe duda de que se trata de «una habilidad crucial para la práctica de la abogacía», cuando empieza a filtrarse en sus vidas personales más allá de la sala de justicia puede tener «importantes consecuencias negativas». Entrenados para estar atentos a los fallos de cada argumento y las grietas de cada caso, comienzan a «sobrestimar la importancia y la persistencia de los problemas que detectan», lo cual constituye el camino más rápido hacia la depresión y la ansiedad, trastornos que a su vez interfieren en su capacidad para desempeñar su tarea.

A lo largo de los años he hablado con numerosos abogados que admitían tímidamente que, cuando llegaban a casa del trabajo, tenían la costumbre de «tomar declaración» a sus hijos. («Pero, si como sugiere tu coartada estuviste en el cine hasta las 10:30, haz el favor de explicarle al tribunal cómo llegaste quince minutos más tarde del horario límite»). Otros me han contado que han llegado a ver el tiempo de calidad que pasan con sus cónyuges desde una perspectiva de horas cuantificadas y facturables. Incluso en sus momentos de ocio, los abogados podrían decirte exactamente cuánto dinero acaban de malgastar hablando del color del nuevo papel de la pared. Al igual que los contables, sus cerebros se atascan en un patrón. Y así sucede en cualquier profesión o trabajo. Nadie es inmune. Los deportistas no pueden dejar de competir con sus amigos o familiares. Las trabajadoras sociales que se ocupan del maltrato doméstico acaban desconfiando de los hombres. Los *traders* evalúan el riesgo inherente de todo lo que emprenden. Los directivos no pueden dejar de microgestionar la vida de sus hijos.

Hay que admitir que el hecho de estar estancado en estos patrones puede conducir a que alguien tenga mucho éxito en un aspecto concreto de su trabajo. Los auditores fiscales *deberían* buscar errores. Los deportistas *deberían* ser competitivos. Los *traders deberían* realizar un riguroso análisis de riesgos. El problema surge cuando estos individuos no pueden «compartimentar» sus habilidades. Y cuando esto sucede, no solo pierden la Ventaja de la Felicidad, sino que su mentalidad pesimista y de búsqueda de fallos les hace mucho más vulnerables a la depresión, el estrés, la mala salud física e incluso el abuso de sustancias.

Esta es la esencia del efecto *Tetris* negativo: un patrón cognitivo que *disminuye* nuestros niveles de éxito. Pero el efecto *Tetris* no tiene por qué ser desadaptativo. Del mismo modo que nuestro cerebro puede estar programado de una forma que nos frena, podemos reeducarlo para que busque todo lo bueno de la vida y nos ayude a ver más posibilidades, a sentir más energía y a tener más éxito. El primer paso reside en comprender hasta qué punto lo que vemos es solo una cuestión de enfoque. Como dijo una vez William James: «Mi experiencia es aquello a lo que decido prestar atención».

EL CEREBRO COMO FILTRO DE *SPAM*

A diario somos bombardeados por multitud de estímulos que compiten por nuestra atención. Considera todo aquello a lo que nuestro cerebro tiene que prestar atención, incluso cuando realizamos una actividad relativamente pasiva, como estar sentados en un Starbucks. No es posible escuchar la música de fondo, disfrutar del sabor del café, prestar atención a la conversación de la mesa de al lado y fijarse en los atuendos de los clientes que pululan por el local mientras pensamos en la tarea que debemos desempeñar en el trabajo ese mismo día, qué vamos a preparar para cenar y cómo vamos a conseguir pagar esa gran reforma que estamos llevando a cabo en nuestro hogar. Para hacer frente a esta sobrecarga, nuestro cerebro tiene un filtro que solo deja pasar a nuestra conciencia la información más pertinente.

Este filtro es muy parecido al bloqueador de *spam* del correo electrónico. El filtro *antispam* sigue ciertas reglas que le indican que elimine los mensajes nocivos e irrelevantes sin tener que verlos o procesarlos. Pues bien, lo mismo sucede en nuestro cerebro. Los científicos calculan que solo recordamos una de cada cien informaciones que recibimos; el resto se filtra y se almacena en el archivo de *spam* del cerebro[6]. Todo esto podría funcionar bien si pudiéramos confiar en que nuestro filtro neural de *spam* sabe exactamente qué es lo mejor para nosotros. Por desgracia, eso no es posible. Los filtros de *spam*, ya sea en nuestra cabeza o en nuestro correo electrónico, solo buscan aquello para lo que han sido programados. Si el filtro de nuestro cerebro está programado para eliminar lo positivo, esos datos dejarán de existir para nosotros igual que los mensajes en cadena y los anuncios publicitarios desaparecen de nuestra bandeja de entrada. Como estás a punto de descubrir, vemos aquello que buscamos y nos perdemos el resto.

Gorilas y Prius

En uno de los experimentos más conocidos de la psicología, los voluntarios ven un vídeo en el que dos equipos de baloncesto —uno con camisetas blancas y otro con negras— se pasan el balón[7]. Mientras tanto, los espectadores tienen que contar el número de pases que realiza el equipo blanco. A los veinticinco segundos del vídeo, una persona disfrazada de gorila recorre la pantalla de derecha a izquierda durante cinco segundos, mientras los miembros del equipo siguen lanzando el balón. A continuación, se pide a los voluntarios que anoten el número de pases que han contado y que respondan a una serie de preguntas adicionales tales como: ¿notaste algo inusual en el vídeo?, ¿viste a alguien en el vídeo además de a los seis jugadores de baloncesto?, ¿te has fijado en el gorila gigante?

Increíblemente, cuando los psicólogos lo probaron con más de doscientas personas (antes de que se convirtiera en un vídeo viral de YouTube que todo el mundo ha visto), casi la mitad de ellas (el 46 por ciento) no se percataron de la presencia del gorila. Después del experimento, cuando los investigadores se lo señalaron, muchas se negaron a creer que no habían notado algo tan obvio y pidieron volver a ver el vídeo. Esa segunda vez en la que buscaban al gorila no era posible que les pasara desapercibido. ¿Por qué no lo vieron la primera vez? Porque estaban tan concentradas en contar pases que sus filtros neuronales simplemente habían desechado la visión del gorila en su carpeta de *spam*.

Este experimento pone de manifiesto lo que los psicólogos denominan *ceguera por inatención*, es decir, nuestra incapacidad para ver lo que tenemos delante si no nos centramos directamente en ello. Este aspecto de la biología significa que podemos pasar por alto un número asombrosamente grande de aspectos que podrían considerarse «obvios». Por ejemplo, existen estudios que muestran que, cuando la gente aparta la vista de un investigador durante treinta segundos y luego vuelve a prestarle atención, un gran número de personas no se da cuenta de que su interlocutor lleva puesta una camisa de otro color. Otros experimentos han revelado que, cuando se para a peatones en la calle y se les pregunta algo, muchos de ellos ni siquiera se dan cuenta de que su interlocutor ha sido remplazado rápidamente, de modo que han seguido hablando con alguien distinto[8]. Básicamente, solemos pasar por alto aquello que no estamos buscando.

Esta percepción selectiva es también la razón por la que, cuando buscamos algo, lo vemos por todas partes. Seguro que te ha pasado un millón de veces. Escuchas una canción una vez y, de repente, parece que siempre está sonando en la radio. Te compras unas zapatillas nuevas y compruebas que todo el mundo lleva exactamente las mismas en el gimnasio. Recuerdo que el día que decidí comprarme un Toyota Prius las calles se llenaron de ellos: uno de cada cuatro coches era un Prius azul (exactamente el color que quería comprar). ¿Habían decidido todos los habitantes de mi ciudad comprar Prius azules ese mismo día? ¿Se habían enterado los concesionarios de que estaba algo indeciso y habían inundado estratégicamente mi entorno con sus productos para sellar mi decisión? Por supuesto que no. Nada había cambiado, salvo mi enfoque.

Prueba este pequeño experimento. Cierra los ojos y visualiza el color rojo. Ahora abre los ojos y mira a tu alrededor. ¿Te salta el rojo por todas partes? Suponiendo que los duendes no hayan repintado tus muebles mientras tenías los ojos cerrados, el incremento de percepción se debe únicamente a tu cambio de enfoque. Diversos estudios han demostrado que, ante la misma situación, dos personas pueden ver cosas diferentes, dependiendo de lo que esperen ver. No se trata solo de que interpreten el mismo suceso de forma distinta, sino de que realmente ven cosas dispares en su campo visual[9]. Por ejemplo, según otro estudio, dos personas pueden observar la misma fotografía de un amigo y apreciar dos expresiones completamente distintas en su rostro[10]. Esto no solo afecta a nuestras relaciones sociales. Estar programados para ver siempre a la gente de forma negativa puede perjudicarnos también en el ámbito laboral. Piensa en las consecuencias de interpretar la expresión de un cliente potencial como desinterés cuando en realidad está transmitiendo satisfacción o de considerar la actitud de un colega como arrogancia cuando en realidad está mostrando amabilidad.

Esto es lo que les ocurría a los dos empleados a los que escuché hablar en Australia. El tiempo atmosférico presentaba dos aspectos que podían experimentarse a partes iguales: el sol y el calor. Al primero le resultaba imposible pasar por alto el sol, mientras que el segundo no pretendía ser cascarrabias: el calor insoportable era lo único que percibía.

Aunque siempre hay diferentes formas de interpretar algo, no todos los modos de ver son iguales. Como sabemos por las personas atrapadas en un efecto *Tetris* negativo, las consecuencias pueden acabar resultando debilitantes tanto para nuestra felicidad como para nuestro rendimiento laboral. Por otro lado, imagina una forma de ver que captura constantemente lo positivo de cada situación. Ese es el objetivo de un efecto *Tetris* positivo: en lugar de crear un patrón cognitivo que busca lo negativo y bloquea el éxito, entrena nuestro cerebro para que explore el mundo en busca de oportunidades e ideas que permitan incrementar nuestro nivel de éxito.

EL PODER DEL EFECTO *TETRIS* POSITIVO

Cuando nuestro cerebro busca lo positivo y se centra de forma constante en ello, nos beneficiamos de tres de las herramientas más importantes de las que disponemos: la felicidad, la gratitud y el optimismo. El papel que desempeña la felicidad debería ser obvio: cuanto más te fijes en lo positivo que te rodea, mejor te sentirás, y ya hemos visto las ventajas que aporta al rendimiento. El segundo mecanismo en juego es la gratitud, ya que, cuantas más oportunidades para la positividad veamos, más agradecidos nos sentiremos. El psicólogo Robert Emmons, que ha dedicado casi toda su carrera profesional al estudio de la gratitud, ha descubierto que pocas cosas en la vida son tan importantes para nuestro bienestar[11]. Innumerables estudios han demostrado que las personas agradecidas son más enérgicas, emocionalmente inteligentes e indulgentes y son menos propensas a la depresión, la ansiedad o la soledad. Y no es que esas personas sientan agradecimiento solo *porque* sean más felices, sino que la propia gratitud ha demostrado ser una *causa* significativa de resultados positivos. Cuando los investigadores eligen voluntarios al azar y los entrenan para mostrarse más agradecidos durante unas semanas, estos se vuelven más felices y optimistas, se sienten más conectados socialmente, disfrutan de un sueño de mejor calidad e incluso sufren menos dolores de cabeza que los grupos de control.

El tercer motor del efecto *Tetris* positivo es el optimismo. Esto tiene sentido de forma intuitiva: cuanto más se fije tu cerebro en lo positivo, más esperarás que continúe esta tendencia y, por tanto, más optimista serás. Y resulta que el optimismo es un indicador tremendamente poderoso del rendimiento laboral. Se ha demostrado que las personas optimistas se fijan más objetivos (y más difíciles) que las pesimistas, se esfuerzan más por alcanzarlos, se muestran más implicadas ante las dificultades y superan los obstáculos con mayor facilidad[12]. Los optimistas también afrontan mejor las situaciones de gran estrés y tienen una mayor capacidad de mantener altos niveles de bienestar en tiempos difíciles, habilidades cruciales todas ellas para un buen rendimiento en un entorno laboral exigente.

Como vimos brevemente en el último capítulo, esperar resultados positivos hace que sea más probable que se produzcan. Pocas personas han demostrado esto de forma tan inteligente como el investigador Richard Wiseman, que se propuso descubrir por qué parece que algunos de nosotros siempre tengamos suerte, mientras que a otros nunca les va bien[13]. Como habrás adivinado, resulta que no existe tal cosa —en un sentido científico, al menos— como la suerte. La única diferencia (y es grande) es si las personas *creen* que tienen suerte o no, es decir, si esperan vivir situaciones positivas o negativas.

Wiseman pidió a unos voluntarios que leyeran un periódico y contaran cuántas fotos contenía. Las personas que afirmaban tener suerte tardaban apenas unos segundos en realizar esta tarea, mientras que las que no la tenían necesitaban una media de dos minutos. ¿Por qué? Lo cierto es que en la segunda página del periódico aparecía el siguiente mensaje en letras grandes: «Deja de contar, hay 43 fotos en este periódico». La respuesta, en resumen, estaba más clara que el agua, pero los desafortunados tenían muchas más probabilidades de no verla, mientras que los afortunados solían fijarse en ella. Además, a mitad del periódico había otro mensaje que decía: «Deja de contar, dile al experimentador que has visto esto y gana 250 dólares».

Las personas que habían afirmado tener mala suerte en la vida volvieron a pasar por alto esta oportunidad. Atascados en un efecto *Tetris* negativo, eran incapaces de ver lo que para los demás estaba tan claro, y su desempeño (y sus carteras) se resintieron por ello. Lo extraordinario del estudio de Wiseman es que la *misma* posibilidad de obtener una gran recompensa estaba presente en el entorno de todo el mundo, solo era cuestión de darse cuenta o no.

Piensa en las consecuencias que esto tiene en tu éxito profesional, que depende casi por completo de tu capacidad de detectar y aprovechar las oportunidades. De hecho, el 69 por ciento de los estudiantes de secundaria y de los universitarios afirman que las decisiones sobre su carrera dependieron de encuentros fortuitos[14]. La diferencia entre las personas que aprovechan estas oportunidades y las que las ven pasar (o las pierden por completo) es una cuestión de enfoque. Cuando alguien está atrapado en un efecto *Tetris* negativo, su cerebro es literalmente incapaz de verlas. Pero, armado de positividad, el cerebro permanece abierto a las posibilidades. Los psicólogos llaman a esto *codificación predictiva*: predisponerte para esperar un resultado favorable induce al cerebro a reconocerlo cuando se produce[15].

Un ejecutivo con el que trabajé me habló de la iniciativa puesta en marcha por un teatro de su ciudad. La cuestión del vestuario suponía una gran pérdida económica, ya que los trajes se usaban una sola vez y después resultaban inútiles. En lugar de lamentarse de que fuera un coste fijo ineludible, los propietarios reformularon la situación y buscaron posibilidades. En primer lugar, empezaron a alquilar los trajes, creando un negocio secundario rentable. También donaron parte de las ganancias de esos alquileres a una organización local sin ánimo de lucro que lucha contra el maltrato infantil. Gracias a su optimismo, pudieron hacer un uso brillante de aquellos trajes y también producir un rendimiento económico y social. Ayudaron a la comunidad a prosperar al tiempo que aumentaban los ingresos del teatro.

Imagina la típica oficina de gestión de trámites. La realidad objetiva del lugar físico siempre será la misma: paredes, moqueta, grapadora, ordenador. Pero, como sucede con todo lo demás, cómo veamos ese espacio dependerá de nosotros. Algunas personas percibirán un entorno opresivo asfixiante y deprimente, y otras, un lugar energizante y motivador. En otras palabras, para unos será una celda (aunque ojalá tu lugar de trabajo no tenga barrotes en las ventanas), y para otros, una oficina. ¿Quién crees que tiene más probabilidades de prosperar en ese ambiente? ¿Quién descubrirá más oportunidades de crecimiento y éxito? ¿Quién verá el anuncio en el periódico que regala 250 dólares o sabrá convertir una derrota inicial en un negocio secundario rentable?

Ahora que sabemos lo poderoso que puede resultar el efecto *Tetris* positivo, necesitamos saber exactamente cómo entrenar nuestro cerebro para que deje entrar estos mensajes que hacen que seamos más adaptables y creativos, estemos más motivados, y nos permiten detectar y aprovechar mejor las oportunidades que se nos presentan en el ámbito laboral y en el tiempo de ocio.

INSTALARSE EN UN EFECTO *TETRIS* POSITIVO

Del mismo modo que se necesitan varios días de práctica intensiva para dominar un videojuego, entrenar el cerebro para que pueda percibir más oportunidades requiere una práctica dirigida a centrarse en lo positivo. La mejor manera de comenzar es elaborar una lista diaria de todo lo positivo que te aporta tu trabajo, tu carrera profesional y tu vida. Puede parecer una tontería o algo ridículamente simple —y de hecho la actividad en sí es sencilla—, pero más de una década de estudios empíricos han demostrado el profundo efecto que tiene en el funcionamiento del cerebro. Cuando escribes una lista de «tres cosas buenas» que te han ocurrido durante el día, tu cerebro se ve obligado a examinar las últimas veinticuatro horas en busca de posibles sucesos positivos: hechos que han suscitado pequeñas o grandes risas, sentimientos de logro en el trabajo, una conexión reforzada con tu familia, un rayo de esperanza para el futuro. En solo cinco minutos al día, el cerebro se entrena para ser más hábil en detectar y centrarse en las posibilidades de crecimiento personal y profesional, así como en aprovechar las oportunidades y responder a ellas. Al mismo tiempo, dado que solo podemos centrarnos en un número limitado de aspectos a la vez, el cerebro desplaza a un segundo plano, incluso fuera de nuestro campo visual, las pequeñas molestias y frustraciones que solían ocupar un lugar preponderante.

Este ejercicio tiene capacidad de permanencia. Un estudio reveló que los participantes que escribieron tres cosas buenas cada día durante una semana se sentían más felices y menos deprimidos al mes, a los tres meses y a los seis meses de seguimiento[16]. Más sorprendente aún: incluso después de dejar el ejercicio, seguían siendo significativamente más felices y mostraban mayores niveles de optimismo. Cuanto mejores se volvían en explorar su entorno en busca de aspectos positivos que anotar, mayor número veían sin intentarlo siquiera allí donde miraran. Tus anotaciones diarias no tienen que ser profundas ni complicadas, pero sí específicas. Puedes mencionar la deliciosa comida tailandesa para llevar que has cenado, el abrazo de oso de tu hijo al final de un largo día o el merecido reconocimiento de tu jefe en el trabajo.

Una variación del ejercicio de las tres cosas buenas consiste en escribir brevemente tus impresiones sobre una experiencia positiva en un diario. Sabemos desde hace tiempo que desahogarse sobre las dificultades y el sufrimiento puede proporcionar un agradable alivio, pero los investigadores Chad Burton y Laura King han descubierto que escribir un diario de experiencias *positivas* tiene al menos un efecto igual de poderoso. En un experimento pidieron a los participantes que escribieran acerca de una experiencia positiva durante veinte minutos tres veces por semana y luego compararon el resultado con el de un grupo de control que se dedicó a escribir sobre temas neutros[17]. Pues bien, el primer grupo no solo experimentó mayores picos de felicidad, sino que además tres meses después presentaba menos síntomas de enfermedades.

Además de todos estos beneficios, también notarás que las actividades propuestas en los dos capítulos anteriores empiezan a resultarte más naturales. Por ejemplo, desarrollar el efecto *Tetris* positivo promueve que los líderes ofrezcan ánimo y reconocimiento con más frecuencia, lo que hace que sus equipos superen la línea Losada. Además, contribuye a que el sentido y el propósito de tu trabajo sea más evidente, de modo que puedas empezar a conectar con tu vocación. También facilita la adopción de un tono de voz expresivo y positivo a la hora de ofrecer instrucciones, lo cual potencia la creatividad y la capacidad de resolución de problemas de tus empleados. Y además te hace más feliz, lo que significa que tu cerebro funcionará a un nivel superior durante más tiempo.

Práctica, práctica, práctica

Naturalmente, este tipo de efecto *Tetris* solo se consigue con constancia. Como sucede con cualquier habilidad, cuanto más practicamos, más fácil y natural nos resulta. Dado que la mejor forma de garantizar el seguimiento de una actividad deseada es convertirla en un hábito (obtendrás más información sobre este tema en el principio 6), aquí la clave reside en ritualizar la tarea. Por ejemplo, dedica el mismo momento del día a escribir tu lista de gratitud y procura que los elementos necesarios sean fácilmente accesibles (en mi mesilla de noche tengo un pequeño bloc de notas y un bolígrafo específicamente para este fin).

Cuando trabajaba con empleados de American Express, los animaba a que programaran una alerta de Microsoft Outlook a las once de la mañana todos los días para acordarse de anotar sus tres cosas buenas. Los banqueros con los que trabajé en Hong Kong preferían escribir su lista cada mañana antes de consultar el correo electrónico. Por su parte, los consejeros delegados a los que formé en África optaban por expresarlas cada noche sentados a la mesa con sus hijos. No importa cuándo lo hagas, siempre que sea con regularidad.

Cuanto más impliques a los demás, más se multiplicarán los beneficios. Cuando los consejeros delegados africanos enseñaron la actividad a sus hijos, no solo descubrieron más aspectos por los que estar agradecidos, sino que también alcanzaron una mayor implicación con el ejercicio. Algunos de ellos me contaron que, cuando habían tenido un día terrible en el trabajo e intentaban saltarse la rutina de las tres cosas buenas, sus hijos se negaban a cenar hasta completar el ejercicio. Este tipo de apoyo social aumenta enormemente las posibilidades de que estos hábitos positivos se mantengan. Por eso aconsejo a los líderes empresariales que realicen estos ejercicios con sus cónyuges al acostarse o durante el desayuno antes de irse a trabajar. Una ventaja de esto es que, a medida que adquieren más destreza en captar los elementos positivos que les rodean, comienzan a ver más aspectos por los que estar agradecidos en sus matrimonios. Además, estos ejercicios funcionan tanto con niños de guardería como con universitarios y tanto con mandos intermedios o propietarios de pequeñas empresas como con líderes de grandes compañías y analistas de Wall Street. Lo que cuenta no es la edad, ni a qué te dedicas, sino el entrenamiento y la constancia.

Gafas tintadas de rosa

He aquí una pregunta habitual que suelen formularme cuando hablo de las virtudes del efecto *Tetris* positivo: «Si me centro solo en lo positivo, ¿no estaré ciego ante los problemas reales? No se puede dirigir una empresa con gafas de color de rosa».

En cierto sentido, esto es cierto. Mirar el mundo a través de un prisma que filtra por completo lo negativo acarrea ciertos problemas. Por eso me gusta ofrecer una versión ligeramente revisada de la metáfora: las gafas tintadas de rosa. Como su nombre sugiere, las gafas tintadas de rosa dejan entrar en nuestro campo de visión los problemas realmente importantes, al tiempo que mantienen nuestra atención en lo positivo. De modo que al ejecutivo que me planteó esa cuestión le diría que no solo *puede* dirigir una empresa con gafas tintadas de rosa, sino que *debería* hacerlo. La ciencia ha demostrado que buscar lo positivo tiene demasiadas ventajas tangibles como para descartarlo como mero optimismo o ilusión.

Aun así, ante la pregunta planteada: ¿se puede llegar a exagerar la positividad? La respuesta es afirmativa. Como se ha hecho demasiado evidente en los últimos años, el optimismo irracional es la razón por la que se forman las burbujas de mercado, que acaban estallando de forma inevitable. Nos lleva a comprar casas que no podemos permitirnos y a vivir por encima de nuestras posibilidades. Hace que los líderes empresariales edulcoren el presente y acaben desprevenidos para el futuro. No nos deja ver los problemas que debemos solucionar o las áreas que debemos mejorar (los estudios sobre «ilusiones positivas» concluyen que el optimismo se vuelve una actitud desadaptativa cuando nos lleva a sobrestimar enormemente nuestras capacidades actuales)[18]. También hay ocasiones en las que el pesimismo resulta útil, como cuando nos impide hacer esa inversión insensata, dar ese paso profesional arriesgado o jugar con nuestra salud. Mostrarse crítico también puede ser de ayuda no solo para las personas y las empresas, sino para la sociedad en su conjunto, sobre todo cuando nos impulsa a reconocer las desigualdades y a trabajar para corregirlas.

La clave, por tanto, no es excluir completamente lo negativo todo el tiempo, sino tener un sentido del optimismo razonable, realista y sano. La mentalidad ideal no ignora el riesgo, pero prioriza lo positivo no solo porque nos hace más felices, sino porque es precisamente lo que crea *más* beneficios. Si tenemos que elegir entre ver el mundo a través de unas gafas tintadas de rosa o caminar siempre bajo una nube negra, la decisión está clara. En los negocios y en la vida, el optimista razonable ganará siempre.

Cuando habituamos al cerebro a un efecto *Tetris* positivo, no solo mejoramos nuestras posibilidades de ser felices, sino que además ponemos en marcha una cadena de acontecimientos que nos ayuda a cosechar todos los beneficios de un cerebro positivo. Centrarse en lo bueno no consiste solamente en superar al gruñón que llevamos dentro para ver el vaso medio lleno. Se trata de abrir nuestra mente a las ideas y oportunidades que nos ayudarán a ser más productivos, eficaces y exitosos en el trabajo y en la vida. Las posibilidades, como los 250 dólares gratis, están ahí, a la vista. ¿Vas a pasarlas por alto o prefieres entrenar tu cerebro para verlas?

La caída constructiva

Aprovechar las caídas para coger impulso

CUANDO ERA ESTUDIANTE a menudo me animaban a vender mi cuerpo. El Departamento de Psicología ofrecía dinero a las personas dispuestas a ser sujetos de investigación y, como yo casi siempre andaba escaso de fondos, me convertí en un conejillo de Indias de experimentos que iban de la mera humillación hasta el engaño en toda regla: interacciones sociales incómodas, repetidas resonancias magnéticas y agotadoras pruebas de capacidades mentales y físicas. Pero el experimento más memorable de todos fue uno aparentemente benigno llamado «Ayudar a los ancianos».

El estudio duraba tres horas y prometía una recompensa de veinte dólares. Para empezar, dos asistentes de investigación me entregaron un juego de reflectores de bicicleta con correas de velcro y un par de *culottes* blancos y ajustados. Uno de ellos me dijo ceremoniosamente: «Por favor, ponte estos reflectores en cada una de las articulaciones del cuerpo y también los pantalones cortos. Y, bueno, nos hemos quedado sin camisetas blancas, así que tendremos que prescindir de esa prenda. ¿Quieres continuar?».

¿Por veinte dólares? Estaba claro que me habían subestimado. Al cabo de unos minutos, ataviado con sensores reflectantes que me cubrían los codos, las muñecas y las rodillas, salí con el aspecto de un robot con el torso desnudo. Entonces me explicaron el estudio: los investigadores estaban examinando las caídas más frecuentes que sufren las personas mayores con objeto de tratar de evitar posibles lesiones. Dado que no era viable pedir a unos ancianos que sufrieran repetidas caídas, habían reclutado a universitarios. Para mí tenía todo el sentido del mundo.

Me pidieron que caminara a oscuras por una pasarela acolchada en la que una cámara de vídeo grabaría la posición de los reflectores en mis articulaciones. Mientras tanto, se presentaría alguna de las siguientes situaciones: (1) el suelo se deslizaría repentinamente hacia la izquierda y yo me estrellaría contra el lado derecho de la pasarela; (2) el suelo se deslizaría repentinamente hacia la derecha, por lo que perdería el equilibrio y me estrellaría contra el lado izquierdo de la pasarela; (3) una cuerda atada a mi pierna derecha se soltaría por detrás, lanzándome de bruces contra la pasarela, y (4) si nada de eso ocurría, cuando llegara al final de la pasarela se suponía que debía tirarme al suelo. Esto último sonaba especialmente ridículo: ¿qué clase de persona mayor se lanza al suelo de forma deliberada?

Pero me jugaba veinte dólares, así que, durante la hora siguiente, me caí una vez cada treinta segundos. Al llegar a ciento veinte caídas, aparecieron los asistentes de investigación y admitieron con una risita tímida que se habían olvidado de insertar el vídeo en el aparato. Tendrían que volver a grabar todas las caídas. «¿Quieres continuar?». Volví a asentir.

Otras ciento veinte caídas después me encontraba magullado, maltrecho y agotado. Con todo el equipo que llevaba puesto, el mero hecho de levantarme de las colchonetas requería una enorme cantidad de energía, y ese calvario había pasado una dolorosa factura a mi cuerpo. Cuando por fin salí al pasillo, a los ayudantes de investigación se les había unido un profesor de aspecto distinguido al que habían convocado para analizar una irregularidad importante: el experimento nunca había durado tanto.

Resultó que el estudio no tenía nada que ver con «ayudar a los ancianos» (nota para mí mismo: *nunca* hay que fiarse del nombre de un estudio del Departamento de Psicología.) En realidad, estos investigadores estaban estudiando la motivación y la resiliencia. Querían profundizar en cuestiones como: ¿cuánto dolor e incomodidad puede tolerar alguien antes de rendirse? ¿Cuánto soportaría hasta alcanzar la recompensa que se había propuesto obtener? En mi caso, la respuesta fue: mucho. El profesor había acudido al hospital un sábado debido a que yo era el único participante que había aguantado las tres horas completas. Mientras me explicaban todo aquello, no pude evitar preguntarme si debía sentirme estúpido por haber soportado ese maltrato por unos míseros veinte dólares. Pero, antes de que pudiera decir nada, el profesor me entregó diez billetes nuevos de veinte dólares. «Es lo menos que podemos hacer por haberte sometido a esta prueba —me dijo—. Cuanto más te levantas de las colchonetas y sigues adelante, mayor es la recompensa. Tú has ganado el gran premio: doscientos dólares».

Fue muy amable por su parte. Pero más memorables que el generoso premio fueron las lecciones que aprendí sobre la naturaleza de la resiliencia: cómo levantarnos cuando nos caemos. Una década más tarde estaba volviendo a poner en práctica una forma de «Ayudar a los ancianos» con decenas de miles de líderes empresariales de todo el mundo. En medio de la mayor recesión económica de nuestro tiempo, los ejecutivos tenían la sensación de que el suelo se había abierto bajo sus pies, los inversores sentían que les habían arrancado los cimientos, y los empleados de todos los niveles se sentían sin capacidad operativa debido a fuerzas que escapaban a su control. En todos los continentes a los que viajaba, el estribillo era el mismo: cuando me flaquean las fuerzas después de tantas caídas, ¿cómo puedo encontrar la energía para levantarme?

En mis tiempos de conejillo de Indias universitario no habría tenido una buena respuesta para ellos, pero esta vez sí: se trata de una estrategia que descubrí por primera vez en 2006 al observar a los más resilientes de aquellos estudiantes de Harvard y que consiste en caer de forma constructiva.

Trazar el camino hacia el éxito

El cerebro humano crea y revisa constantemente mapas mentales que nos ayudan a orientarnos en este mundo complejo y cambiante, como un cartógrafo incansable y entusiasta. Esta tendencia ha ido arraigándose en nosotros a lo largo de miles de años de evolución: para sobrevivir debemos crear mapas físicos de nuestro entorno, trazar estrategias para satisfacer las necesidades de alimento y sexo, y prever los posibles efectos de nuestras acciones. Pero estos mapas no solo resultan cruciales para nuestra supervivencia en la naturaleza, sino que también nos permiten tener éxito y prosperar en el mundo de los negocios.

Si estás hablando con un cliente, por ejemplo, y estás tratando de decidir si proponerle una oferta baja o alta, tu cerebro habrá creado de forma inconsciente (y a veces consciente) un mapa de la situación con dos caminos posibles, e intentará prever adónde conducirá cada uno de ellos: una oferta a la baja quizá derive en una contraoferta, que finalmente te conducirá al destino final de la aceptación de la oferta; por el contrario, una oferta alta puede hacer que el cliente se ofenda y, en última instancia, acabe llevando su negocio a otra parte. Todas las decisiones humanas implican este tipo de planificación mental: empiezan con un punto «estoy aquí» (el *statu quo*), desde el que se despliegan una variedad de rutas, cuyo número depende de la complejidad de la decisión y de tu lucidez en ese momento. Las decisiones más acertadas se toman cuando pensamos con suficiente claridad y creatividad como para reconocer todos los caminos disponibles y anticipar con exactitud adónde nos conducirán. El problema radica en que, cuando estamos estresados o en crisis, solemos pasar por alto el camino más importante de todos: el ascendente.

En todo mapa mental que sucede a una crisis o adversidad existen tres caminos. El primero sigue dando vueltas alrededor de donde estás actualmente (es decir, el suceso negativo no crea ningún cambio y acabas justo donde empezaste). El segundo acarrea consecuencias más negativas (es decir, estás mucho peor después del suceso negativo; esta opción es la razón por la que tenemos miedo a los conflictos y los desafíos). El último, al que llamo el tercer camino, nos conduce desde el fracaso o el revés a un lugar en el que somos aún más fuertes y capaces que antes de la caída. Sin duda, encontrar esa vía en tiempos difíciles no resulta sencillo. En una crisis económica o de otro tipo solemos formar mapas mentales incompletos e, irónicamente, nos cuesta distinguir el camino más positivo y productivo. De hecho, cuando nos sentimos impotentes y desesperanzados, dejamos de creer en su existencia, de modo que ni siquiera nos molestamos en tratar de encontrarlo. Pero esta es precisamente la senda que *deberíamos* buscar, porque, como veremos, la capacidad de encontrar ese tercer camino supone la diferencia entre quienes se sienten paralizados por el fracaso y quienes se elevan por encima de él.

Un estudio tras otro demuestra que, si somos capaces de concebir el fracaso como una oportunidad de crecimiento, es más probable que experimentemos ese crecimiento. Si, por el contrario, creemos que una caída es lo peor del mundo, acaba convirtiéndose precisamente en eso. Jim Collins, autor de *Good to Great*, nos recuerda que «no somos prisioneros de nuestras circunstancias, de nuestros reveses, de nuestra historia, de nuestros errores, ni de las derrotas más asombrosas que nos puedan haber ocurrido por el camino. Nos liberan nuestras decisiones»*. Al examinar nuestro mapa mental en busca de oportunidades positivas y rechazar la creencia de que cada caída en la vida solo nos lleva a una caída aún mayor, tomamos conciencia del mayor poder posible: la capacidad de ascender no *a pesar de* los reveses, sino *gracias* a ellos. En este capítulo aprenderás cómo lograrlo.

Crecimiento postraumático

En la sociedad actual resulta demasiado fácil pasar por alto el tercer camino. Un ejemplo especialmente destacado es el hecho de que, cuando los soldados se dirigen al combate, los psicólogos suelen avisarles de que o bien seguirán siendo «normales» a su regreso, o bien retornarán con un trastorno de estrés postraumático. Lo que esto hace, de hecho, es ofrecer a estos soldados un mapa mental con solamente dos caminos: la normalidad y la angustia psíquica. Sin embargo, aunque el TEPT es, por supuesto, una consecuencia grave y bien documentada de la guerra (y aunque una contienda bélica puede resultar una experiencia tan espe-

---

* Collins, Jim, *Empresas que caen y por qué otras sobreviven*, Deusto, Barcelona, 2011. *(N. de la T.)*

luznante que retornar siendo «normal» tal vez sea una promesa sumamente atractiva), otro gran conjunto de investigaciones demuestra la existencia de un tercer camino mucho mejor: el crecimiento postraumático.

Agresión física, ataque cardíaco, cáncer de mama, combate militar, desastre natural, desplazamiento de refugiados, duelo, enfermedad crónica, trasplante de médula ósea... Si esto parece un fragmento aleatorio de una lista alfabética de las peores pesadillas que nos pueden ocurrir, es porque básicamente es así. Pero también constituye una lista de sucesos que, según se ha observado, estimulan un profundo crecimiento positivo en muchísimas personas[1]. Se ha denominado a esta experiencia *crecimiento postraumático* para distinguirla del término más conocido de *estrés postraumático*. Cuando me encontré por primera vez con este nuevo conjunto de investigaciones, me disgusté bastante. ¿Por qué no había oído hablar de ello antes? Sentí que el mundo había estado censurando una investigación que no solo era sorprendente, sino que además podía mejorar miles de vidas. Y no estamos hablando de unos pocos estudios marginales, sino de un gran número de estudios respetables.

Durante las dos últimas décadas, el psicólogo Richard Tedeschi y sus colegas han convertido en su misión personal el estudio empírico del crecimiento postraumático. Aunque Tedeschi admite que la idea en sí es antigua —seguro que conoces el dicho «lo que no te mata te hace más fuerte»—, explica que «solo en los últimos veinticinco años poco más o menos este fenómeno, la posibilidad de que surja algo positivo tras haber afrontado una situación sumamente complicada, ha sido objeto de teorización sistemática e investigación empírica»[2]. Gracias a este estudio, hoy podemos afirmar con certeza y no solo de forma anecdótica que un enorme sufrimiento o trauma puede conducir realmente a un gran cambio positivo en una amplia gama de experiencias. Tras los atentados del 11 de marzo de 2004 en Madrid, por ejemplo, los psicólogos descubrieron que muchos residentes experimentaban un crecimiento psicológico positivo[3]. Lo mismo sucede con la mayoría de las mujeres diagnosticadas de cáncer de mama[4]. ¿Qué tipo de crecimiento positivo? Un incremento de la espiritualidad, la compasión por los demás, la franqueza e incluso, con el tiempo, la satisfacción general con la vida. Tras el trauma, las personas también manifiestan más fortaleza personal y confianza en sí mismas, así como una mayor gratitud e intimidad en sus relaciones sociales[5].

Por supuesto, esto no es aplicable a todo el mundo. Así pues, ¿qué distingue a las personas que crecen a raíz de estas experiencias de las que no lo hacen? Si bien hay una serie de mecanismos implicados, no es sorprendente que la actitud mental ocupe un lugar central. La capacidad de encontrar el camino ascendente depende en gran medida de cómo una persona interpreta las cartas que le han tocado, por lo que las estrategias que más a menudo conducen al crecimiento postraumático incluyen la reinterpretación positiva de la situación o el acontecimiento, el optimismo, la aceptación y los mecanismos de afrontamiento que incluyen abordar el problema de frente (en lugar de intentar evitarlo o negarlo). Como un grupo de investigadores explica «parece que no es el tipo de suceso en sí lo que influye en el crecimiento postraumático, sino más bien la experiencia subjetiva de ese suceso»[6]. En otras palabras, las personas que mejor consiguen sobreponerse son aquellas que no se definen a sí mismas por lo que les ha ocurrido, sino por lo que pueden aprender de la situación. Son quienes aprovechan realmente la adversidad para encontrar el camino que deben seguir. No hablan solo de «recuperación», sino de «crecimiento»[7].

¡Eureka, hemos fallado!

Aunque, por fortuna, muchos de nosotros no hemos experimentado traumas graves, todos hemos afrontado adversidades de un tipo u otro en alguna etapa de nuestras vidas: errores, obstáculos, fracasos, decepción, sufrimiento. Contamos con un gran número de palabras que describen los diversos grados de dificultad a los que podemos enfrentarnos en cualquier momento de nuestra trayectoria personal o profesional. Y, sin embargo, cada contratiempo va acompañado de alguna oportunidad de crecimiento y podemos entrenarnos a nosotros mismos para verlas y aprovecharlas. Como a mi mentor Tal Ben-Shahar le gusta decir: «Las cosas no ocurren necesariamente para bien, pero algunas personas son capaces de sacar lo mejor de aquello que les ha sucedido».

Las personas más exitosas no ven la adversidad como un obstáculo, sino como un peldaño hacia la grandeza. De hecho, los fracasos tempranos suelen ser el combustible de las ideas que acaban transformando industrias, generando beneficios récord y reinventando carreras profesionales. Todos hemos oído los ejemplos habituales: Michael Jordan apartado del equipo de baloncesto de su instituto, Walt Disney despedido por el director de un periódico por no ser lo bastante creativo, los Beatles rechazados por un ejecutivo discográfico que les dijo que «los grupos de guitarras están acabados». De hecho, muchos de los mantras ganadores de estas personas describen esencialmente la noción de caer: «He fracasado una y otra vez en mi vida —dijo Jordan en una ocasión—, y por eso tengo éxito». Robert F. Kennedy señaló más o menos lo mismo: «Solo quienes se atreven a fracasar estrepitosamente pueden conseguir grandes cosas». Y Thomas Edison también afirmó en una ocasión que había fracasado en su camino hacia el éxito. Por esta misma razón, muchos inversores de capital riesgo solo contratan a directivos que ya tengan experiencia en fracasos empresariales. Un currículum con pocas manchas no resulta tan prometedor como uno que incluya derrotas y crecimiento. Así que, en vez de poner «un muro alrededor de un fracaso como si fuera radiactivo», explica un asesor, las empresas deberían celebrar «fiestas del fracaso»[8].

Coca-Cola aplica este credo con gran eficacia. En 2009 su consejero delegado no empezó la reunión anual de inversores pregonando los múltiples éxitos de la empresa, sino enumerando todos sus fracasos ¿Has oído hablar de bebidas como OK Soda, Surge o Choglit? Seguramente no. El objetivo de destacar aquellos fracasos era hacer saber a los inversores que a veces se cometen errores y a veces se pierde dinero, pero que de estos fracasos se extraen valiosas lecciones y todas ellas han contribuido a los continuos triunfos de Coca-Cola.

Harvard Business Review señala que las compañías más inteligentes incluso cometen errores a propósito solo para estimular el tipo de resolución creativa de problemas que conduce a las ideas y soluciones más innovadoras[9]. Por ejemplo, durante el apogeo de Bell Telephone, la empresa solía exigir fianzas a sus clientes de «alto riesgo», pero en una ocasión dejó entrar a propósito a cien mil de estos clientes para comprobar quiénes pagarían sus facturas a tiempo a pesar de todo y quiénes no. Con esta información, la empresa logró diseñar un proceso de selección mucho más eficaz, que acabó sumando millones de dólares en ingresos. Como concluyen los autores de *Harvard Business*, cometer errores como este es «una forma poderosa de acelerar el aprendizaje y aumentar la competitividad».

Por eso, aunque parezca contradictorio, los psicólogos recomiendan fracasar pronto y a menudo. En su libro *The Pursuit of Perfect*, Tal Ben-Shahar escribe que «solo podemos aprender a afrontar el fracaso al experimentarlo y vivirlo.

Cuanto antes nos enfrentemos a las dificultades y los inconvenientes, mejor preparados estaremos para encarar los obstáculos inevitables que se presenten en nuestro camino»[10]. Diversos estudios lo han confirmado. En un experimento en el que noventa personas asistieron a un programa de formación de *software*, a la mitad de los participantes se les enseñó a evitar los errores, mientras que la otra mitad recibió una orientación que contemplaba cometer errores durante la formación[11]. Y, ¡oh sorpresa!, el grupo al que se había animado a equivocarse mostró una mayor sensación de autoeficacia, y dado que habían aprendido a solucionar fallos, también fueron mucho más rápidos y precisos en el uso posterior del *software*.

CÓMO EL TERCER CAMINO PERMANECE OCULTO

Lamentablemente, el camino que conduce desde el fracaso hacia el éxito no siempre resulta fácil de encontrar. En medio de una crisis podemos quedarnos tan atrapados en la tristeza que nos produce nuestra situación actual que nos olvidamos de que existe otra vía. Lo observé de primera mano cuando la crisis financiera de 2008 se llevó por delante a toda una plantilla. Recuerdo un día en particular. Me encontraba en un rascacielos de Manhattan que tenía vistas al vacío que habían dejado los atentados del 11 de septiembre siete años atrás. Quizá ese escalofriante recuerdo era motivo suficiente para sentir reparo en hablar sobre la psicología de la felicidad a un grupo de vicepresidentes de una empresa mundial de tarjetas de crédito. Y cuando entré en la sala, en la que era evidente que cundía el desánimo, mis dudas no hicieron más que multiplicarse. En lugar de las sonrisas de confianza y el contacto visual directo que todo orador espera recibir de su audiencia, me encontré con rostros cenicientos y un silencio absoluto. Aún faltaba media hora para mi intervención y los empleados estaban en una pausa de su reunión matinal. Normalmente durante este tipo de recesos todo el mundo está tecleando furiosamente en una Blackberry, bebiendo café y charlando con al menos cuatro personas. Pero aquella vez no era así.

El jefe de Recursos Humanos me llevó aparte y se dirigió a mí ansiosamente entre susurros. Me contó que hacía unos momentos se había informado al grupo de la respuesta al colapso económico prevista por la empresa, que incluía una amplia reestructuración, cambios drásticos en las responsabilidades laborales y despidos masivos. Me confesó que estas personas todavía conservaban sus puestos de trabajo, pero que muchas perderían a valiosos miembros del equipo y a colegas, y que la carrera profesional de ninguna de ellas sería la misma que había sido al amanecer. Antes de que pudiera procesar por completo ese terremoto, me di cuenta de que me estaban sujetando un micrófono a la camisa. Aquella fue una de las pocas ocasiones en las que he temido hablar de la felicidad.

Durante las semanas y meses siguientes, me paseé por los pasillos de las empresas de Fortune 500 en Hong Kong, Tokio, Singapur, Sídney, Londres y Nueva York, y mis charlas tenían lugar tras anuncios de recortes drásticos de primas y reducciones de plantilla prácticamente a la mitad. En cada empresa encontré a no pocos directivos y empleados tan paralizados por el miedo que eran incapaces de actuar. Sus mapas mentales parecían atascados en el sombrío presente o, peor aún, se centraban únicamente en caminos descendentes hacia lugares como el desempleo o la quiebra.

Una afligida directora de una pequeña empresa manufacturera de Seattle me contó que, aunque su equipo solía ser famoso por sus animadas reuniones, ahora lo que veía en esos encuentros eran «ojos de zombi» y bocas mudas. Otro directivo de una empresa de construcción de Johannesburgo se lamentaba de que su equipo de ventas, normalmente extrovertido, evitara las llamadas de los clientes para no tener que darles nuevas malas noticias. No contemplaban un futuro positivo ni para esos clientes ni para ellos mismos, de modo que ¿para qué molestarse? También estuve en la sede central de una firma financiera internacional, donde caminé por la pasarela ubicada sobre la amplia sala de operaciones financieras, conocida por tener el tamaño de cuatro campos de fútbol. Normalmente llena hasta los topes y vibrando de energía y actividad, aquella vez la gigantesca sala estaba envuelta en un silencio inquietante. La gente se paseaba por las mesas vacías con la cabeza gacha, esquivando el contacto visual y, según me pareció, evitando el trabajo totalmente.

Justo cuando más se necesitaba un esfuerzo adicional, las personas con las que me iba encontrando parecían paralizadas, como si se hubieran rendido. ¿Qué estaba pasando?

Indefensión aprendida

Para entender la psicología del fracaso y el éxito en el mundo empresarial moderno, tenemos que retroceder brevemente a la «edad de Acuario»* en Estados Unidos. En los años sesenta, Martin Seligman aún no era el padre fundador de la psicología positiva, sino un humilde licenciado que investigaba lo contrario de la felicidad en el laboratorio de su universidad.

---

* Expresión que alude al apogeo de los movimientos *hippy* y de la Nueva Era en los años sesenta y setenta. *(N. de la T.)*

Otros investigadores más veteranos del mismo laboratorio de Seligman estaban llevando a cabo algunos experimentos que combinaban sonidos como el de una campana con pequeñas descargas para ver cómo acabarían reaccionando los sujetos del experimento (en este caso, perros) ante el sonido de la campana[12]. Una vez completado este condicionamiento, los investigadores pondrían a cada perro en una «caja de evitación activa», que es una caja grande con dos compartimentos separados por una pared baja. En uno de ellos, los perros recibirían descargas, pero, en el otro, se encontrarían a salvo, ya que podrían saltar fácilmente la barrera que separaba ambos compartimentos. Los investigadores preveían que, en cuanto los perros oyeran la campana, saltarían de inmediato a la mitad segura de la caja para esquivar la subsiguiente descarga. Pero eso no es lo que sucedió.

Según cuenta Seligman, recuerda que un día entró en el laboratorio y oyó quejarse a los investigadores. «Son los perros —se lamentaban—. No hacen nada. Les pasa algo». Antes de empezar el experimento, estos animales habían sido capaces de saltar la barrera sin problemas, pero durante el experimento habían permanecido tumbados. Mientras los investigadores contemplaban lo que parecía un experimento fallido, Seligman se dio cuenta del valor de lo que acababan de descubrir: sin querer, habían enseñado a los perros a sentirse desvalidos. Anteriormente habían aprendido que, en cuanto sonara la campana, recibirían una descarga pasara lo que pasara. De modo que, ahora, en esa nueva situación, no trataban de saltar a la mitad segura de la caja, pues creían que no había nada que pudieran hacer para eludir las descargas. Al igual que los trabajadores de la empresa de construcción de Johannesburgo, básicamente pensaban: «¿Para qué molestarse?».

Tras décadas de estudio del comportamiento humano, Seligman y sus colegas descubrieron que los mismos patrones de indefensión que observó en aquellos perros son increíblemente comunes en los humanos. Cuando fracasamos, o cuando la vida nos asesta un golpe, podemos llegar a sentirnos tan desesperanzados que simplemente nos rendimos. El hecho es que, en nuestro mundo empresarial moderno a menudo sometido a un estrés excesivo, las áreas de trabajo son las nuevas cajas de evitación activa, y los trabajadores, los nuevos canes. De hecho, un estudio demuestra hasta qué punto los humanos nos parecemos a estos animales. Los investigadores condujeron a dos grupos de personas a una habitación donde los expusieron a un fuerte ruido indicándoles que debían averiguar cómo apagarlo pulsando diferentes botones en un panel[13]. El primer grupo probó todas las combinaciones posibles, pero nada funcionó para detener aquel estruendo (¡otro ejemplo de experimentos psicológicos enrevesados!). Al segundo grupo, que actuó como control, se le asignó un panel con botones que sí lograron acallar el ruido. A continuación, a ambos grupos se les encomendó una segunda tarea: fueron ubicados en una nueva habitación equivalente a una caja de evitación activa y se les volvió a someter a un ruido desagradable.

Esta vez ambos grupos podían detener el ruido fácilmente simplemente moviendo una mano de un lado a otro, al igual que los perros podían desplazarse con facilidad al otro lado de la caja. El grupo de control se dio cuenta de esto rápidamente y consiguió silenciarlo. Pero el grupo que había sido expuesto a un ruido imparable al principio se limitó a *dejar las manos quietas*, sin molestarse siquiera en moverlas ni tratar de que el ruido cesara. Como señaló uno de los investigadores: «Era como si hubieran asimilado que eran incapaces de apagar el ruido, de modo que ni siquiera lo intentaban, aunque todo lo demás —el momento y el lugar— hubiera cambiado. La sensación de impotencia ante el ruido se mantuvo durante ese nuevo experimento»[14].

Latigazo económico

Aunque solo sea por su explosivo desarrollo urbano, Shanghái es una ciudad digna de admiración. A mediados de la década de los noventa, gran parte de esta urbe en la que viven diecinueve millones de personas era todavía tierra de cultivo. Pero, a medida que la inversión extranjera afluía a China y el desarrollo despegaba, los edificios de oficinas de veinte plantas, antaño los más altos de la ciudad, se vieron de repente empequeñecidos por los gigantes de cien plantas que abarrotaban el horizonte y parecían prometer una prosperidad cuyo fin no alcanzaba la vista.

Cuando viajé por primera vez a Shanghái, en el verano de 2008, esa promesa había quedado en suspenso no solo en China, sino en todo el mundo. Allí donde iba, desde la planta 104 del edificio de oficinas del distrito financiero de Pudong hasta la sala de operaciones de la Bolsa de Nueva York, me encontraba con gente atenazada por el estrés. Ante la imposibilidad de prever hacia dónde se dirigiría el tsunami financiero, eran presa de la desesperación y se sentían incapaces de seguir avanzando. Yo no entendía del todo qué les mantenía atrapados en la inacción, hasta que un directivo me dijo sin rodeos: «Las fuerzas del mercado están fuera de mi control. Los precios de las acciones están fuera de mi control. Las decisiones de mis superiores están fuera de mi control. Así que no puedo hacer nada. Parece que las aguas suben más cada día».

De lo que me he dado cuenta gracias a las muchas empresas con las que me he relacionado en los dos últimos años es de que el colapso de 2008 y sus réplicas habían inculcado una forma de indefensión aprendida —la creencia en la inutilidad de la acción— en un gran número de trabajadores por todo el mundo. Pero el problema es que, cuando excluimos las opciones ascendentes de nuestros mapas mentales y, lo que es peor, eliminamos nuestra motivación para buscarlas, acabamos minando nuestra capacidad para afrontar el reto que tenemos delante.

Y esto no acaba aquí. Cuando la gente se siente impotente en un área de su vida, no solo se rinde en ese aspecto, sino que a menudo «sobreaprende» la lección y la aplica a otras situaciones. Se convencen de que un camino sin salida debe ser la prueba de que todas las demás rutas son igualmente vías muertas. Un contratiempo en el trabajo puede llevarnos a una sensación de desánimo en nuestra relación, o una desavenencia con un amigo puede disuadirnos de establecer vínculos con nuestros colegas, y así sucesivamente. Cuando esto ocurre, el sentimiento de impotencia se descontrola e impide que tengamos éxito en todos los ámbitos de nuestra vida. Se trata de la definición misma del pesimismo y la depresión: un mapa de la situación con únicamente callejones sin salida y una ruta segura hacia el fracaso. No hay que esforzarse mucho para ver este ciclo negativo a mayor escala social: la indefensión aprendida es endémica en las escuelas de los barrios pobres, en las cárceles y en otros lugares. Cuando la gente no cree que existe un camino ascendente, prácticamente no tiene más remedio que seguir tan abajo como se encuentra.

ENCONTRAR EL CAMINO ASCENDENTE

Seguramente hayas oído la historia de los dos vendedores de zapatos que fueron enviados a África a principios del siglo xx para explorar oportunidades de negocio. Cada uno de ellos envió un telegrama por separado a su jefe. Uno decía: «Situación desesperada. No usan zapatos». El otro decía: «¡Gloriosa oportunidad! Aún no tienen zapatos».

Lo más probable es que hoy ambos vendedores enviaran correos electrónicos parecidos si fueran destinados a Alaska a comercializar aires acondicionados o al desierto de Gobi a vender trajes de baño. La cuestión, por supuesto, es que, ante la adversidad, algunas personas dejan de buscar posibles formas de convertir los fracasos en oportunidades o lo negativo en positivo, mientras que otras —las más exitosas de entre nosotros— saben que no es la adversidad en sí, sino lo que hacemos con ella lo que determina nuestro destino. Algunos se sienten impotentes, mientras que otros se recomponen, capitalizan sus puntos fuertes y siguen adelante.

Historia de dos brókeres

Vamos a imaginarnos a dos brókeres a los que llamaremos Ben y Paul. Ambos cobran sueldos de seis cifras más primas. Los dos llevan muchos años en sus puestos y esperan continuar muchos años más. Y entonces llega el tsunami financiero que los arrastra a ambos. Paul está desolado: su modo de vida está en juego (al igual que el Mercedes por encargo). Y cada día que pasa trae peores noticias, lo que supone una invitación continua a hundirse más en la desesperación. Ben, por su parte, aunque al principio está igual de disgustado, opta por ver el suceso como una oportunidad para reevaluar sus objetivos y emprender un nuevo proyecto. Ambos tienen bagajes parecidos, experiencias profesionales casi idénticas y resultados muy diferentes. Todos conocemos a personas que han reaccionado ante la adversidad como Paul. Pero la historia de

Ben es igual de real. Ben Axler era director asociado en la división de banca de inversión de Barclays cuando lo despidieron de forma inesperada[15]. En lugar de compadecerse de sí mismo, decidió que no había mejor momento que el presente para dar el giro profesional con el que había estado soñando, y creó un fondo de cobertura. En resumen, Ben aprovechó su mala suerte para convertirla en una oportunidad. Y aquella oportunidad resultó ser favorable, ya que, a pesar de la recesión económica, consiguió numerosos clientes y terminó siendo más feliz y con mejor posición económica que antes, todo ello gracias a que fue capaz de encontrar el tercer camino.

La crisis como catalizadora

Por fortuna, al igual que las crisis personales pueden sentar las bases de un crecimiento individual positivo, las económicas también pueden hacerlo. A menudo impulsan a las empresas hacia un mayor éxito. De hecho, muchas de las grandes empresas del siglo XX —Hewlett-Packard y Texas Instruments, entre ellas— nacieron durante la Gran Depresión. Del mismo modo, las principales empresas estadounidenses han aprovechado a menudo las recesiones para reevaluar y mejorar sus prácticas empresariales. Como señalaba *Time* en 1958 (aunque su mensaje es igual de relevante en la actualidad): «Por cada empresa que reduce sus operaciones, otra descubre nuevas formas de funcionar que deberían haber estado vigentes durante años, pero que se pasaron por alto durante la época de auge económico»[16]. Los problemas de la economía obligan a las empresas a encontrar formas creativas de reducir costes e inspiran a los directivos a retomar el contacto con los empleados y las operaciones sobre el terreno. El presidente de una empresa admitió que atravesar un período de crisis había resultado ser de un valor inestimable: «Descubrimos que podíamos poner en marcha todo tipo de reformas para mejorar nuestro funcionamiento. Ahora estos reajustes funcionan tan bien que no volveríamos a la antigua forma de proceder, aunque la recesión terminara mañana»[17]. Puede que esto se escribiera hace más de cincuenta años, pero un vistazo al modo en que las empresas más exitosas se han recuperado de la última debacle nos confirma que sigue teniendo vigencia en la actualidad.

Los mejores líderes no son los que muestran su verdadero rostro en los años de bonanza, sino en los momentos difíciles. Aunque la reacción natural de un líder ante una crisis financiera puede ser mantener un perfil bajo y esperar a que las cosas mejoren, el *Wall Street Journal* subraya que este es exactamente el enfoque equivocado; en su lugar, los directivos deben redoblar sus esfuerzos, porque «las crisis pueden ser catalizadores de creatividad»[18]. Los líderes que se paralizan ante los obstáculos que se les presentan pierden esta gran oportunidad. La sensación de impotencia no solo reducirá su propio rendimiento, sino también el bienestar de los empleados y los beneficios de la empresa.

Por otra parte, los líderes que se sienten inspirados por los retos y motivados por los fracasos cosechan todo tipo de increíbles recompensas. Por ejemplo, cuando otros directivos se esforzaban por mantener sus empresas a flote, Indra Nooyi, consejera delegada de PepsiCo, vio en la recesión una oportunidad para viajar por todo el mundo y levantar el ánimo y reforzar la confianza de sus empleados en persona. Y esta decisión dio sus frutos: no solo elevó la moral general y el rendimiento de su empresa, sino que, en 2009, *Fortune* la eligió la mujer más poderosa del mundo de los negocios.

La cuestión es que, cuando nos enfrentamos con algún obstáculo o con un fracaso, ceder a la impotencia nos mantiene abajo, mientras que buscar el camino de las oportunidades nos ayuda a levantarnos. Teniendo esto en cuenta, he aquí algunas estrategias que resultan útiles para encontrar ese tercer camino en nuestras carreras y vidas profesionales.

Cambia tu escenario contrafactual

Considera el siguiente escenario que he presentado a líderes empresariales en países de todo el mundo siempre con el mismo efecto. Imagina que entras en un banco donde hay otras cincuenta personas. De pronto entra en escena un atracador que dispara su arma una sola vez y la bala te alcanza en el brazo derecho.

Si al día siguiente describieras este suceso a tus amigos y compañeros de trabajo, ¿lo calificarías de afortunado o desafortunado? Cuando planteo esta misma pregunta a los ejecutivos que asisten a mis sesiones de formación, la respuesta suele dividirse (ruidosamente) en torno a un 70/30: el 70 por ciento afirma que se trata de un acontecimiento sumamente desafortunado, mientras que el 30 por ciento restante cree haber tenido mucha suerte. Ya es bastante ilustrativo que un mismo suceso pueda inspirar interpretaciones tan distintas, pero la verdadera revelación llega cuando les pido que expliquen cómo han llegado a sus conclusiones.

Los miembros del grupo negativo alegan razones como estas:

«El atracador podría haber entrado en cualquier banco y en cualquier momento. Este tipo de incidentes no suceden casi nunca. ¿Por qué habré tenido la mala suerte de estar ahí? ¡Y encima para que me dispararan!».

«Tengo un balazo en el brazo; eso es un hecho objetivamente desafortunado».

«Entré en el banco perfectamente sano y salí en ambulancia. No sé qué pensarás tú, Shawn, pero esa no es mi idea de un suceso afortunado».

Una de mis respuestas preferidas procede de una banquera llamada Elsie con un impecable acento británico. «Esto es fundamentalmente inconveniente», dijo secamente.

Y he aquí mi razonamiento favorito de todos los tiempos, que en realidad he escuchado más de una vez (y siempre por parte de alguien de Wall Street): «Había al menos otras cincuenta personas en el banco. Seguro que alguno de los presentes se merecía más el disparo que yo» (con semejante respuesta, no estoy seguro de que eso sea cierto).

Estas personas no pueden entender cómo una típica gestión bancaria convertida en herida de bala puede considerarse afortunada. Pero luego escuchan las explicaciones del otro bando sobre el mismo suceso:

«Podrían haberme disparado en otra zona del cuerpo mucho más peligrosa que el brazo. Podría haberme muerto. Me siento muy afortunado».

«Es asombroso que nadie más resultara herido. Había al menos otras cincuenta personas en el banco, incluidos niños. Es una gran suerte que todos vivieran para contarlo».

Aunque las respuestas difieren drásticamente, la cuestión es que todos los cerebros de la sala hacen exactamente lo mismo. *Inventan* —y esta es una palabra importante— una «situación contrafactual», es decir, un escenario alternativo que nuestro cerebro crea a fin de ayudarnos a evaluar y dar sentido a lo que realmente ha ocurrido[19]. En este caso, las personas que consideraban el resultado desafortunado imaginaron un escenario en el que no recibían ningún disparo y, en comparación, el desenlace parecía sumamente desfavorable. Pero el otro grupo inventó un escenario muy diferente: podrían haber recibido un disparo en la cabeza y haber muerto, o podrían haberse producido muchos más heridos. Comparado con eso, sobrevivir *es* un resultado sumamente favorable.

Esta es la parte crucial: ambas situaciones contrafactuales son completamente hipotéticas. Al ser inventadas, en realidad tenemos el poder, en cualquier circunstancia, de seleccionar conscientemente un escenario que haga que nos sintamos afortunados en lugar de impotentes. Y elegir un escenario positivo, además de simplemente hacernos sentir mejor, nos predispone para disfrutar de todo el conjunto de beneficios relativos a la motivación y el rendimiento que ahora sabemos que acompañan a una mentalidad positiva. Por otro lado, elegir un escenario negativo que incremente nuestro temor a esa adversidad hace que esta parezca peor de lo que realmente es. Por ejemplo, en un interesante estudio, unos investigadores de la Universidad de Virginia pidieron a los participantes que se subieran a un monopatín en la cima de una colina y calcularan la pendiente que tenían debajo[20]. Pues bien, cuanto más asustado e incómodo se sentía el sujeto subido al monopatín, más alta y empinada parecía la cuesta. Cuando elegimos una situación contrafactual que hace que nos sintamos peor, en realidad estamos alterando nuestra realidad, permitiendo que el obstáculo ejerza una influencia mucho mayor sobre nosotros de la que debería.

Modifica tu estilo explicativo

Aunque la mayoría de los profesionales sufren contratiempos diarios, la vida de un comercial está, casi por definición, plagada de fracasos y rechazos. En numerosas empresas solo uno de cada diez discursos de ventas consigue tener éxito, lo que significa que esos vendedores experimentan el rechazo el 90 por ciento de las veces. Esto puede llegar a ser bastante desmoralizador después de un tiempo, lo que contribuye a explicar por qué hay una rotación tan alta entre los vendedores de seguros de vida. A finales de la década de los ochenta, la rotación en MetLife era tan elevada que la mitad de los nuevos comerciales abandonaban en el primer año, y solo uno de cada cinco permanecía en la empresa al cuarto año. En total, la compañía perdía más de 75 millones de dólares al año solo en costes de contratación[21].

Fue entonces cuando MetLife contrató a Martin Seligman, que para entonces había pasado de estudiar la indefensión aprendida en los perros a emplear esos hallazgos para explorar cómo las personas se recuperan de todo tipo de adversidades. Seligman se había dado cuenta de que, aunque la mayoría de los sujetos de investigación empezaban a sentirse angustiados e indefensos después de enfrentarse a un revés tras otro, una minoría parecía inmune. Con independencia de la dificultad a la que se enfrentaran, siempre lograban recuperarse. Pronto descubrió que todos compartían una interpretación positiva de las adversidades, o lo que los investigadores denominaron un *estilo explicativo* optimista.

Décadas de estudios posteriores han demostrado que el estilo explicativo —cómo elegimos explicar la naturaleza de los acontecimientos pasados— tiene un impacto crucial en nuestra felicidad y éxito futuros[22]. Las personas con un estilo explicativo optimista interpretan la adversidad como un suceso local y temporal (es decir, «no es una situación tan mala, y mejorará»), mientras que las que tienen un estilo explicativo pesimista ven estos sucesos como algo más global y permanente (es decir, «es una situación pésima, y nunca va a cambiar»). Sus creencias repercuten en sus acciones de forma directa: los que creen en la segunda afirmación se hunden en la impotencia y dejan de intentarlo, mientras que los que creen en la primera se sienten estimulados para tener un mejor desempeño.

Prácticamente todas las vías del éxito, ahora lo sabemos, se derivan del estilo explicativo. Puede predecir el rendimiento de los estudiantes en el instituto e incluso el de los nuevos reclutas en la Academia Militar de Estados Unidos: los cadetes de primer año con un estilo explicativo más optimista rinden mejor de lo que muestran las puntuaciones predictivas y tienen menos probabilidades de abandonar que sus compañeros[23]. En el mundo deportivo, diversos estudios sobre atletas que van desde nadadores universitarios a jugadores profesionales de béisbol demuestran que el estilo explicativo es capaz de prever el rendimiento atlético[24] e incluso cómo será la recuperación de un enfermo tras una cirugía de revascularización coronaria[25].

De modo que, cuando contrataron a Seligman para ayudar a resolver los problemas que tenían los comerciales de MetLife, una de los primeros puntos que analizó fue su estilo explicativo. Y, en efecto, las pruebas revelaron que los agentes con estilos más optimistas vendían un 37 por ciento más seguros que los pesimistas, y que en conjunto los marcadamente optimistas vendían un 88 por ciento más que los marcadamente pesimistas. Además, los agentes más optimistas tenían la mitad de probabilidades de renunciar que los pesimistas.

Esta era la respuesta que MetLife estaba buscando. Decidieron contratar un grupo especial de agentes elegidos únicamente en función de su estilo explicativo. Y dio resultado. Al año siguiente, estos comerciales vendieron un 21 por ciento más que sus homólogos más pesimistas y durante el segundo año, esta cifra ascendió a un 57 por ciento.

Consciente de que había encontrado oro, MetLife decidió revisar por completo sus prácticas de contratación a partir de entonces. Si los aspirantes a agentes suspendían el examen normal del sector, pero obtenían una buena puntuación en una evaluación del estilo explicativo, MetLife los contrataba de todos modos. Y si aprobaban el examen del sector, pero obtenían una puntuación baja en el estilo explicativo, la empresa los rechazaba por muy inteligentes que parecieran. Los resultados: en pocos años, la rotación laboral de MetLife había caído en picado, mientras que su cuota de mercado había aumentado casi un 50 por ciento.

Aprende el ABCD

No cabe duda de que convertir la adversidad en una oportunidad es una habilidad que resulta más natural para algunas personas que para otras. Hay quienes ya poseen un estilo explicativo optimista e imaginan de forma automática escenarios alternativos que les hacen sentirse afortunados, ven los contratiempos como sucesos efímeros y de pequeño alcance, y descubren oportunidades donde otros vislumbran malos presagios. Pero no todas las personas han desarrollado un estilo explicativo optimista, aunque, por suerte, estas técnicas pueden aprenderse.

Una forma de ayudarnos a ver el camino que conduce de la adversidad a la oportunidad es practicar el modelo ABCD (por sus siglas en inglés) de interpretación: adversidad, creencia, consecuencia y refutación[26]. La adversidad es un suceso que no podemos cambiar: es lo que es. La creencia es nuestra reacción ante ese suceso: por qué pensamos que ha sucedido y sus implicaciones para el futuro. ¿Se trata de un problema temporal y local o nos parece permanente y generalizado? ¿Existen soluciones o nos parece irresoluble? Si creemos lo primero, es decir, si vemos la adversidad a corto plazo y la consideramos como una oportunidad para crecer o sabemos que se limita a una parte de nuestra vida, estaremos maximizando la posibilidad de tener consecuencias positivas. Pero, si la creencia nos ha llevado por un camino más pesimista, la impotencia y la inacción pueden acarrear consecuencias negativas. Es entonces cuando es necesario recurrir a la refutación.

La refutación implica primeramente decirnos a nosotros mismos que nuestra creencia es solo eso —una creencia, no un hecho— y luego desafiarla (o refutarla). Los psicólogos recomiendan externalizar esta voz (es decir, fingir que procede de otra persona), como si estuviéramos discutiendo con ella. ¿Cuáles son las pruebas de esta creencia? ¿Es irrefutable? ¿Dejaríamos que un amigo impusiera ese razonamiento? ¿O es claramente engañoso una vez que tomamos distancia y lo analizamos? ¿Qué otras interpretaciones plausibles existen de este suceso? ¿Cuáles son las reacciones más adecuadas? ¿Existe alguna otra creencia alternativa que podamos adoptar en su lugar?

Y, por último, si esa adversidad *es* realmente negativa, ¿lo es tanto como pensábamos al principio? Este método concreto se denomina *decatastrofización*: tomar el tiempo de demostrarnos a nosotros mismos que, aunque esa dificultad es real, quizá no sea tan catastrófica como la hemos pintado. Puede sonar a tópico positivo sacado de una tarjeta de Hallmark, pero, en realidad, la idea de que los problemas nunca son tan malos como parecen es un hecho basado en nuestra biología fundamental. Dado que miles de años de evolución han hecho que seamos extraordinariamente buenos en adaptarnos incluso a las circunstancias vitales más extremas, la adversidad nunca nos golpea tan fuerte —ni durante tanto tiempo— como creemos.

Por ejemplo, podríamos suponer que una lesión terrible alteraría para siempre nuestra capacidad de ser felices, pero, de hecho, tras una adaptación inicial y un período complicado, la mayoría de las víctimas de parálisis recuperan prácticamente el mismo nivel de felicidad que tenían antes[27]. En pocas palabras, la psique humana es mucho más resiliente de lo que creemos. Por eso, cuando nos enfrentamos a una perspectiva sombría —por ejemplo, el final de una relación amorosa o de un trabajo—, sobreestimamos lo infelices que nos hará y durante cuánto tiempo. Somos víctimas de la «negligencia inmunitaria», lo que significa que nos olvidamos de forma sistemática de lo bien que nuestro sistema inmunitario psicológico nos ayuda a sobreponernos de las dificultades.

Daniel Gilbert, autor de *Tropezar con la felicidad*, ha realizado una serie de estudios que muestran la negligencia inmunitaria en la práctica[28]. Los estudiantes universitarios sobreestiman el malestar que sentirán al final de una relación romántica. Por su parte, los profesores universitarios creen que, si se les deniega una plaza permanente, sus niveles de felicidad disminuirán drásticamente, cuando en realidad quienes afrontan este contratiempo no experimentan esto en absoluto. Los problemas, sean del tipo que sean, no nos afectan tanto como pensamos. El mero hecho de conocer esta peculiaridad de la psicología humana —que nuestro miedo a las consecuencias es siempre peor que las propias consecuencias— puede ayudarnos a avanzar hacia una interpretación más optimista de los reveses a los que inevitablemente nos enfrentaremos.

De modo que la próxima vez que te sientas desesperanzado —o impotente— a causa de algún obstáculo en tu carrera profesional, alguna frustración en tu trabajo o alguna decepción en tu vida personal recuerda que siempre hay un tercer camino ascendente y tu única tarea es encontrarlo.

Y, sobre todo, recuerda que el éxito no consiste en no caerse nunca, ni siquiera en caerse y levantarse una y otra vez, como hice yo en el experimento «Ayudar a los ancianos». El éxito va más allá de la mera resiliencia. Se trata de *utilizar* esa fuerza descendente para impulsarnos en la dirección opuesta. Se trata de aprovechar los contratiempos y las adversidades para ser más felices, estar más motivados y tener más éxito. No se trata de caerse, sino de hacerlo de forma constructiva.

El Círculo del Zorro

Cómo limitar tu enfoque a objetivos pequeños y razonables puede ampliar tu esfera de poder

CUENTA LA LEYENDA que un héroe enmascarado llamado el Zorro vagaba por lo que hoy es el suroeste de Estados Unidos defendiendo a los más débiles. El Zorro era resolutivo, disciplinado e intrépido, una combinación que lo inmortalizó como el héroe popular de tantos libros, programas de televisión y películas. Si añadimos a la mezcla sus ingeniosos chistes y su facilidad de trato con las mujeres, el personaje parece encarnar demasiadas cualidades irresistibles para un solo hombre, aunque esté interpretado por Antonio Banderas.

Pero hay un capítulo menos conocido de su historia. Parece que no siempre había sido ese espadachín capaz de columpiarse de lámparas de araña y derrotar a diez hombres a golpe de espada. Al principio de la película *La máscara del Zorro*, lo vemos como el joven e impetuoso Alejandro, cuya pasión supera con creces su paciencia y disciplina. Su misión es atacar a los villanos y corregir las injusticias del mundo, pero desea hacerlo de inmediato y de forma grandiosa. Cuanto más alto vuela, mayor es la caída, hasta que pronto se siente fuera de control y totalmente impotente. Cuando el anciano maestro de espadas don Diego se encuentra con él, Alejandro es un hombre destrozado, esclavo de la bebida y la desesperación. Pero don Diego sabe ver su potencial y lo toma bajo su protección, prometiéndole que la maestría y el triunfo llegarán con «tiempo y dedicación». En la cueva oculta que sirve de guarida a don Diego, el anciano maestro espadachín comienza el entrenamiento de Alejandro dibujando un círculo en la tierra. Hora tras hora, Alejandro se ve obligado a luchar dentro de ese pequeño círculo. Como sabiamente señala don Diego a su protegido: «Este círculo será tu mundo. Toda tu vida. Hasta que yo te diga lo contrario, no hay nada fuera de él».

Una vez que Alejandro domina ese pequeño círculo, don Diego le permite intentar poco a poco hazañas cada vez mayores que, una a una, va consiguiendo. Pronto es capaz de colgarse de cuerdas, logra superar a su entrenador en un combate de espadas e incluso hace flexiones sobre velas encendidas (aunque no sea la habilidad más práctica, es impresionante desde un punto de vista cinematográfico). Pero ninguno de estos logros habría sido posible si no hubiera aprendido primero a dominar ese pequeño círculo. Antes de eso, Alejandro no controlaba sus emociones, no era consciente de sus propias habilidades, no tenía una fe real en su capacidad de lograr un objetivo y, lo que es peor, no sentía que controlara su propio destino. Solo después de dominar ese primer círculo empieza a convertirse en el Zorro, la leyenda.

Círculo de control

El concepto del Círculo del Zorro es una poderosa metáfora de cómo podemos alcanzar nuestros objetivos más ambiciosos en los ámbitos laboral, profesional y personal. Uno de los mayores impulsores del éxito es la creencia de que nuestra conducta importa, de que tenemos control sobre nuestro futuro. Sin embargo, cuando el estrés y la carga de trabajo parecen aumentar más rápido que nuestra capacidad de seguir el ritmo, la sensación de control suele ser lo primero que desaparece, sobre todo cuando tratamos de abordar demasiadas cosas a la vez. Ahora bien, si centramos el esfuerzo en pequeños objetivos factibles, podemos recuperar la sensación de control que resulta tan crucial para el rendimiento. Al limitar el alcance de nuestros esfuerzos y comprobar que tienen el efecto deseado, acumulamos los recursos, el conocimiento y la confianza para ampliar el círculo, y conquistar gradualmente un área cada vez mayor. Don Diego no enseñó al joven Alejandro a ser un espadachín de la noche a la mañana. El Zorro empezó poco a poco dominando un círculo cada vez más amplio. A partir de ahí llegó su éxito legendario.

Cuidar las plantas y las carreras profesionales: la importancia del control

Sentir que tenemos el control y que somos dueños de nuestro destino tanto en el trabajo como en el hogar constituye uno de los motores más potentes del bienestar y el rendimiento. Una mayor sensación de control entre los estudiantes no solo conduce a niveles más altos de felicidad, sino también a mejores notas y una mayor motivación para seguir la trayectoria profesional que realmente desean. Del mismo modo, los empleados que sienten que tienen un alto nivel de control en la oficina son mejores en su trabajo y manifiestan una mayor satisfacción laboral[1]. Estos beneficios se expanden hacia el exterior. Un estudio realizado en 2002 con casi tres mil empleados asalariados en el marco del National Study of the Changing Workforce (Estudio nacional sobre la transformación de la fuerza laboral) concluyó que una mayor sensación de control en el trabajo predecía un mayor grado de satisfacción en casi todos los aspectos de la vida: familia, trabajo, relaciones, etc.[2]. Las personas que sentían que tenían el control en el ámbito laboral también presentaban niveles más bajos de estrés, una reducción de conflictos entre trabajo y familia, y una menor rotación laboral.

Curiosamente, los psicólogos han descubierto que este tipo de mejoras en la productividad, la felicidad y la salud no tienen tanto que ver con el control que realmente tenemos como con el que *creemos* tener. Recordemos que nuestra forma de percibir el mundo depende en gran medida de nuestra mentalidad. Pues bien, las personas con más éxito en el trabajo y en la vida tienen lo que en psicología se llama un *locus de control interno*, la creencia de que sus acciones tienen un efecto directo en sus resultados. Las personas con un *locus de control externo*, por el contrario, son más proclives a creer que los sucesos diarios están determinados por fuerzas externas.

Resulta sencillo ver por qué la primera opción resulta más adaptativa que la segunda en las situaciones laborales. Por ejemplo, una persona con un locus de control externo a la que niegan un ascenso puede decir: «Aquí la gente no reconoce el talento, nunca he tenido una oportunidad», y perder la motivación. Al fin y al cabo, si creemos que ninguna de nuestras acciones importa, caemos presa de la insidiosa garra de la indefensión aprendida que describí en el anterior capítulo. Por otro lado, alguien con un locus de control interno buscará en qué ha fallado y trabajará para mejorar en ese aspecto. Pero las personas con un locus de control externo no solo eluden la culpa derivada del fracaso, sino que también se pierden el mérito de sus éxitos, lo que puede resultar igualmente desadaptativo, ya que esto socava tanto la confianza como la dedicación. En una ocasión trabajé con una clienta que tenía un locus de control tan externo que, por muchos elogios que recibiera, siempre decía que había tenido suerte o que su jefe había sido blando con ella. Nunca sentía que sus propias acciones ejercieran una influencia destacable en sus logros y, como resultado, nunca se sentía realmente implicada o satisfecha con su trabajo.

Uno de los mejores contextos para comprender el efecto del locus de control en el rendimiento es el mundo del deporte. Piensa en cómo actúan los mejores atletas en esas omnipresentes ruedas de prensa posteriores a los partidos. ¿Culpan de sus derrotas al sol por deslumbrarlos o al árbitro por no señalar correctamente? ¿Atribuyen sus victorias a su horóscopo o a sus rachas de suerte? No. Cuando ganan, aceptan amablemente los elogios que reciben y, cuando pierden, felicitan a su adversario por un trabajo bien hecho. Creer que por lo general nuestras acciones determinan nuestro destino en la vida solo puede incitarnos a trabajar con mayor empeño, y cuando vemos que ese esfuerzo produce sus frutos, nuestra confianza en nosotros mismos no hace más que aumentar.

Esto es aplicable a casi todos los ámbitos de la vida. Diversos estudios han demostrado que las personas que creen que el poder reside en su propio círculo tienen un mayor rendimiento académico, mayores logros profesionales y son mucho más felices en el trabajo[3]. Un locus interno reduce el estrés laboral y la rotación de personal, y conduce a una mayor motivación, compromiso organizativo y ejecución de tareas. Los «internos», como a veces se los llama, establecen relaciones más sólidas, lo cual tiene sentido, ya que se ha demostrado que son mucho mejores comunicándose, resolviendo problemas y trabajando para alcanzar objetivos mutuos. También escuchan con mayor atención y son más hábiles en las interacciones sociales, cualidades, por cierto, que predicen el éxito tanto en el ámbito laboral como en el familiar.

Sentir que controlamos nuestro trabajo y nuestra vida reduce el estrés y repercute incluso en nuestra salud física. Un estudio exhaustivo en el que participaron 7400 empleados descubrió que los que sentían que tenían poco control sobre los plazos impuestos por otras personas tenían un riesgo un 50 por ciento mayor de sufrir una enfermedad coronaria que el resto[4]. De hecho, este efecto era tan asombroso que los investigadores llegaron a la conclusión de que sentir una falta de control sobre la presión en el entorno laboral constituye un factor de riesgo de enfermedad cardíaca *tan importante* como la hipertensión arterial.

Pero quizá el ejemplo más revelador de lo poderosa que resulta la percepción del control no proceda del mundo empresarial, sino de las personas mayores. En un estudio asombroso, los investigadores descubrieron que cuando permitían a un grupo de usuarios de residencias de ancianos tener más control sobre tareas sencillas de su vida diaria —como encargarse de sus propias plantas de interior— no solo mejoraban sus niveles de felicidad, sino que el índice de mortalidad se reducía a la mitad[5]. Es difícil encontrar un círculo de control más pequeño que el cuidado de una planta y, sin embargo, la sensación de control de incluso esa sencilla tarea tuvo el efecto de alargar sus vidas.

PERDER EL CONTROL: EL CEREBRO ENFRENTADO

A pesar de lo importante que es el control para nuestro éxito, no siempre sentimos que lo tenemos. Algunos de nosotros somos proclives a un locus externo de forma innata, y el resto podemos caer en él cuando nos sentimos abrumados por demasiadas exigencias de tiempo, atención y capacidades. Para entender cómo sucede esto, echemos un vistazo al interior del cerebro.

En la vida cotidiana nuestras acciones suelen estar determinadas por dos componentes del cerebro enfrentados entre sí: nuestro sistema emocional instintivo (llamémoslo «el impulsivo») y nuestro sistema racional, cognitivo (llamémoslo «el pensador»). La parte más antigua del cerebro desde el punto de vista evolutivo es la instintiva, que se encuentra en la región límbica (emocional), donde la amígdala tiene un papel fundamental. Hace miles de años, este sistema instintivo era necesario para nuestra supervivencia. Entonces no teníamos tiempo de pensar con lógica cuando un tigre de dientes asomaba entre la maleza, de modo que «el impulsivo» entraba en acción. La amígdala daba la alarma, inundaba nuestro cuerpo de adrenalina y hormonas del estrés, y desencadenaba un reflejo inmediato: la respuesta de «lucha o huida». Gracias al impulsivo estamos aquí sentados diez mil años después.

Hoy, por fortuna, son pocos los tigres de dientes de sable que acechan nuestros parques empresariales. En el mundo moderno, donde los problemas de la vida suelen ser más complicados que huir o ser devorado, las respuestas reflejas del impulsivo pueden resultar en ocasiones más perjudiciales que beneficiosas. En concreto, cuando se trata de tomar decisiones, ese lado instintivo suele meternos en multitud de problemas. Por eso, a lo largo de miles de años de evolución, también hemos desarrollado «el pensador», ese sistema racional del cerebro situado principalmente en la corteza prefrontal. Es lo que nos permite pensar de forma lógica, sacar conclusiones a partir de diversos datos y planificar el futuro. El propósito del pensador es simple, pero refleja un enorme salto evolutivo: *pensar y luego reaccionar.*

La mayoría de nuestros retos diarios están mejor atendidos por el pensador, pero, por desgracia, cuando nos sentimos estresados o fuera de control, el impulsivo suele tomar el control. Esto no es un fenómeno que ocurra de forma consciente, sino que es biológico. Cuando estamos bajo presión, el cuerpo empieza a acumular demasiado cortisol, la sustancia química tóxica asociada al estrés. Una vez que el estrés ha alcanzado un punto crítico, incluso el más pequeño contratiempo puede desencadenar una respuesta de la amígdala, esencialmente pulsando el botón del pánico del cerebro. Cuando esto sucede, el lado instintivo se impone a las defensas del racional y nos impulsa a actuar sin la intervención del pensamiento consciente. En lugar de «pensar y luego reaccionar», nuestra parte instintiva responde con «luchar o huir». Nos hemos convertido en víctimas de lo que los científicos llaman un «secuestro emocional».

En la última década se ha investigado cómo este tipo de secuestro emocional afecta al rendimiento y a la toma de decisiones en el trabajo. En un estudio, el psicólogo Richard Davidson empleó sus conocimientos neurocientíficos para identificar por qué algunas personas eran especialmente resilientes frente al estrés, mientras que otras se veían afectadas por él fácilmente[6]. Sometió a ambos grupos a situaciones idénticas de gran estrés, como resolver problemas matemáticos complejos en poco tiempo o escribir acerca de la situación más angustiosa de sus vidas, mientras seguía el funcionamiento de sus cerebros mediante una resonancia magnética funcional (IRMf).

Durante el tiempo en que los participantes afrontaban el reto, Davidson observaba cómo las partes racional y refleja del cerebro se iluminaban en el escáner cerebral, enfrentándose por la supremacía. Al comparar los patrones, descubrió que, en los individuos resilientes, la corteza prefrontal se imponía rápidamente al sistema límbico; en otras palabras, el pensador tomaba casi de inmediato el relevo del impulsivo. Por el contrario, en el grupo que se inquietaba con facilidad, la actividad de la amígdala aumentaba continuamente, lo que significaba que el impulsivo había secuestrado al pensador, mermando las capacidades de razonamiento y de afrontamiento del cerebro, y aumentando la sensación de angustia.

Secuestrado en el trabajo

Llegados a este punto, puede que te preguntes: ¿qué tiene que ver la actividad cerebral con la consecución de objetivos en el trabajo? En realidad, mucho. El psicólogo Daniel Goleman, autor del revolucionario libro *Inteligencia emocional*, ha estudiado a fondo los estragos que este secuestro emocional puede causar en nuestra vida profesional[7]. Cuando las pequeñas tensiones se acumulan a lo largo del tiempo, como ocurre a menudo en el lugar de trabajo, basta una pequeña molestia o irritación para perder el control o, en otras palabras, para dejar que el impulsivo tome las riendas. Cuando se produce este secuestro, podemos arremeter contra un compañero, empezar a sentirnos impotentes y abrumados o perder de repente la energía y la motivación.

Como resultado, la capacidad para tomar decisiones, la productividad y la eficacia se desploman. Esto puede tener consecuencias reales no solo para los individuos, sino para equipos enteros de una compañía. Unos investigadores que realizaron un estudio en una gran empresa descubrieron que los directivos que se sentían más agobiados por la presión laboral dirigían a los equipos con peor rendimiento y obtenían los beneficios netos más bajos[8]. Una crisis económica también puede ser un poderoso desencadenante del secuestro emocional. Los neurocientíficos han descubierto que las pérdidas financieras se procesan en las mismas áreas del cerebro que responden al peligro mortal[9]. En otras palabras, reaccionamos ante unos beneficios menguantes y una cuenta de jubilación que se va a pique de la misma forma que nuestros antepasados ante un tigre de dientes de sable.

Daniel Kahneman, el único psicólogo que ha ganado el Premio Nobel de Economía, ha hecho enormes progresos en nuestra comprensión de cómo el cerebro enfrentado afecta a la toma de decisiones en los negocios. Antes de que Kahneman apareciera en escena, la creencia predominante era que los seres humanos tomamos decisiones racionales, es decir, que nuestras decisiones financieras y económicas están basadas en una evaluación racional de los posibles riesgos. Pero Kahneman y su colega Amos Tversky demostraron que esto no es así[10].

Un experimento clásico, conocido como el «Juego del Ultimátum», funciona de la siguiente manera: los investigadores invitan al laboratorio a dos personas que no se conocen entre sí. Al primero le ofrecen diez billetes de un dólar y le piden que divida el dinero entre las dos partes como desee (puede quedarse con los diez dólares, puede fraccionarlo en seis y cuatro dólares, etc.). Una vez hecho esto, debe darle un ultimátum al segundo: «Lo tomas o lo dejas». Pero he aquí el truco: si el receptor rechaza la oferta, ambos se quedarán sin nada.

Para los economistas tradicionales, esto es bastante sencillo. Una persona racional siempre aceptará el trato, por mísero que sea. Al fin y al cabo, incluso un solo dólar es ya una ganancia. Pero resulta que la mayoría de los receptores rechazan ofertas de un dólar o incluso de dos. ¿Por qué? Porque, en lugar de sopesar sus opciones de forma racional, se dejan llevar por sus emociones, normalmente irritación y enfado, al considerar que no se trata de un acuerdo justo. No es algo lógico, por supuesto, ya que están rechazando dos dólares movidos por el rencor. Pero sucede todo el tiempo. Los neurocientíficos investigaron la cuestión más a fondo y descubrieron que, cuanto más activo está el sistema límbico en el cerebro, más probable es que se rechace la oferta tacaña. Como escribe un investigador: «Estos resultados sugieren que cuando los participantes rechazan una oferta injusta [...] parece ser producto de una fuerte respuesta emocional (aparentemente negativa)»[11].

Soy testigo de cómo el impulsivo causa estragos en empresas de todo el mundo. Es la razón por la que los accionistas compran acciones a alto precio y las venden a bajo precio incluso cuando saben que deberían hacer exactamente lo contrario. También es la razón por la que somos presa de las burbujas de mercado, y por la que los mercados se desploman cuando esas burbujas estallan. Como señala Jason Zweig en su libro *Your Money and Your Brain:* «Todo el mundo sabe que las ventas inducidas por el pánico son una mala idea, pero una empresa que anuncia que ha ganado veintitrés céntimos por acción en lugar de veinticuatro puede perder cinco mil millones de dólares de valor de mercado en un minuto y medio»[12]. Cuando nuestro cerebro pulsa el botón del pánico, la razón sale por la ventana y nuestras carteras, nuestras carreras profesionales y los resultados netos sufren las consecuencias.

RECUPERAR EL CONTROL CÍRCULO A CÍRCULO

Así pues, ¿cómo recuperar el control del impulsivo y ponerlo de nuevo en manos del pensador? La respuesta es el Círculo del Zorro. El primer objetivo que debemos conquistar —o el círculo que debemos trazar— es la autoconciencia. Diversos experimentos han demostrado que cuando se predispone a un grupo de gente para sentir altos niveles de angustia, las personas que más rápido se recuperan son las que pueden identificar cómo se sienten y expresar esos sentimientos con palabras. Los escáneres cerebrales muestran que la información verbal disminuye casi de inmediato el poder de estas emociones negativas, mejorando el bienestar y la capacidad de tomar decisiones[13]. De modo que, tanto si escribes tus sentimientos en un diario como si hablas con un compañero de trabajo de confianza o un confidente, verbalizar el estrés y la impotencia que sientes constituye el primer paso para recuperar el control.

Una vez que domines el círculo de la autoconciencia, tu siguiente objetivo debe ser identificar qué aspectos de la situación controlas y cuáles no. Cuando trabajé con el director de Shanghái y sus colegas mencionados en el capítulo anterior, les pedí que escribieran todas sus tensiones, retos diarios y objetivos, y que los separaran en dos categorías: aquello sobre lo que tenían control y aquello sobre lo que no lo tenían. Cualquiera puede practicar este sencillo ejercicio en un trozo de papel, en una hoja de cálculo de Excel o incluso en una servilleta mientras se toma un martini después del trabajo. De lo que se trata es de detectar las tensiones de las que tenemos que desprendernos debido a que escapan a nuestro control y, al mismo tiempo, identificar las áreas en las que nuestros esfuerzos tendrán un impacto real, con el fin de centrar ahí nuestra energía.

Una vez que estas personas disponen de una lista de lo que sí pueden controlar, les pido que identifiquen un pequeño objetivo que sean capaces de alcanzar rápidamente. Al reducir su campo de acción, y centrar sus energías y esfuerzos, aumentan las probabilidades de éxito. Considéralo de la siguiente manera: la mejor forma de lavar el coche es poner el pulgar sobre la abertura de la manguera de modo que quede abierta una pequeña fracción para el paso del agua. ¿Por qué? Porque así se concentra la presión del agua y se consigue que la manguera sea mucho más potente. En el ámbito laboral, el equivalente reside en centrar tus esfuerzos en pequeñas áreas en las que sabes que puedes marcar la diferencia. Al afrontar un pequeño reto cada vez —un círculo estrecho que va expandiéndose poco a poco—, podemos aprender de nuevo que nuestras acciones tienen un efecto directo en los resultados y que somos en gran medida dueños de nuestro destino. Con un locus de control cada vez más interno y una mayor confianza en nuestras capacidades, podemos ampliar nuestros esfuerzos hacia el exterior.

Un maratón no se prepara a marchas forzadas

A algunos eternos triunfadores les cuesta asimilar este concepto al principio. Hace tres años trabajé con una vicepresidenta muy ocupada que quería dejar de sentirse tan agotada a causa del trabajo y tenía la intención de empezar a correr maratones. Aunque no estaba en la mejor forma de su vida, ya que su intensa carga de trabajo le impedía practicar ejercicio, estaba convencida de que, si era capaz de dirigir un gran equipo en tres continentes, también conseguiría correr 42 kilómetros. Aunque yo no soy un corredor profesional, tenía la impresión de que su ambición desmesurada iba a causarle problemas, de modo que le di un consejo no solicitado: «Si no has corrido un maratón antes, quizá deberías empezar poco a poco dando vueltas a la pista en el gimnasio, y luego ir aumentando a partir de ahí».

A ella no le gustó nada esa idea. «¿Dar vueltas? —dijo—. Tú no lo entiendes. Quiero correr un maratón dentro de un mes. Tendré que empezar con trayectos largos de inmediato». Se compró unas zapatillas elegantes, un equipo de alta tecnología, y comenzó a correr ferozmente todas las mañanas antes del trabajo. Al cabo de dos semanas, estaba agotada por la fatiga, paralizada por el dolor en las espinillas y frustrada por no haber conseguido correr más de ocho kilómetros. Así que se rindió a 32 kilómetros de su objetivo. No estaba dispuesta a empezar con círculos pequeños, había asumido demasiado de golpe y había fracasado. Y no se sentía nada bien al respecto.

Por desgracia, en los aspectos relativos a nuestro trabajo, a menudo nos enfrentamos a expectativas poco razonables que nos imponemos nosotros mismos o nos imponen los demás. Pero, cuando nuestros objetivos son irrealizables, corremos el riesgo de acabar como esa corredora de maratón: insatisfechos, abatidos y estancados. En el mundo laboral actual, obsesionado por los resultados, no es de extrañar que nos mostremos impacientes y excesivamente ambiciosos. Queremos ser los mejores vendedores, ganar la prima más alta o tener la oficina más grande, y lo queremos AHORA. Si contratamos a un nuevo consejero delegado, se espera que sea rentable al trimestre siguiente; si contratamos a un nuevo entrenador, se espera que ganemos el próximo partido. Nuestra cultura de telerrealidad, que nos dice que no merece la pena realizar cambios (o televisarlos) a menos que sean inmediatos y de dimensiones olímpicas, tampoco resulta de gran ayuda. Nos inculcan que es posible cambiar por completo la casa, el cuerpo y la mente durante un episodio de treinta minutos (sin contar los anuncios). Pero, en el mundo real, esta mentalidad de todo o nada prácticamente garantiza el fracaso. Además, los sentimientos resultantes de los intentos fallidos y los factores de estrés abrumadores secuestran nuestro cerebro, lo que activa ese círculo vicioso y dañino de impotencia que nos aleja aún más de nuestros objetivos.

A pesar de los mensajes difundidos por oradores motivacionales, entrenadores y otros personajes parecidos, soñar a lo grande constituye una receta para el fracaso. En la primera parte hemos explorado cómo superar los límites de lo que es posible y creo que es importante hacerlo, pero no todo a la vez. Por eso, los psicólogos especializados en la teoría de la fijación de objetivos recomiendan establecer metas de dificultad moderada: no tan fáciles que no tengamos que esforzarnos, pero tampoco tan difíciles que nos desanimemos y acabemos abandonando[14]. Cuando los retos a los que nos enfrentamos son especialmente complejos y la recompensa sigue estando lejos, establecer objetivos más pequeños y manejables nos ayuda a aumentar nuestra confianza y a celebrar nuestro progreso, y nos mantiene implicados con la tarea que tenemos entre manos. Como afirma el profesor de la Escuela de Negocios de Harvard Peter Bregman: «No escribas un libro, escribe una página [...]. No esperes ser un gran gestor durante los primeros seis meses, simplemente trata de establecer bien las expectativas»[15].

Por pequeño que sea el círculo inicial, puede dar lugar a grandes beneficios. En *The Talent Code*, Daniel Coyle explica cómo la estrategia de «encontrar y mejorar pequeños problemas» ha ayudado a las empresas a prosperar[16]. Esta práctica (a menudo denominada *kaizen*, que en japonés significa «mejora continua») implica centrarse en pequeños cambios incrementales: mejorar la eficiencia de una línea de producción, por ejemplo, desplazando un cubo de basura treinta centímetros a la izquierda. Como señala Coyle, cada pequeña mejora puede sumar más de un millón de pequeñas mejoras al año. En otras palabras, con el *kaizen*, las empresas aprovechan el Círculo del Zorro para transformar los cambios incrementales en resultados gigantescos.

Aplicación global

En una ocasión trabajé con la directora creativa de una empresa de publicidad a la que le resultaba difícil no preocuparse por la salud financiera de la compañía: cuántos clientes conseguían los servicios de contabilidad, qué tipo de diseños producía el departamento artístico o si su jefe empezaría a despedir personal o no. Cuando se dio cuenta de que cada uno de estos elementos estaba fuera de su control y que preocuparse por ellos solo aumentaba sus niveles de estrés, fue capaz de cambiar su enfoque y centrarse en solucionar los problemas relativos a la tarea que desempeñaba, su lugar de trabajo y numerosos aspectos de su vida.

Según mi costumbre, le pedí que elaborara dos listas separando lo que podía controlar y lo que no, y, como suele ser habitual, se sorprendió o más exactamente se escandalizó al constatar que gran parte de su vida diaria se encontraba dentro de la primera columna. Dirigía un equipo de ocho personas, todas ellas redactoras creativas de gran talento que acudían a ella en busca de instrucciones y orientación. Era la encargada de dirigir las reuniones creativas en las que se intercambiaban ideas para cada cliente. Puede que no fuera una alta ejecutiva, pero cada palabra incluida en el anuncio publicitario de un cliente estaba en sus manos.

De modo que, para su primer Círculo del Zorro, nos fijamos el siguiente objetivo: mejorar únicamente el texto que ella misma escribía. Implicarse con este objetivo manejable la ayudó a centrar sus energías en algo que podía gestionar, pero lo mejor fue que, una vez que su propio rendimiento progresó, su círculo de influencia comenzó a ampliarse. Cuanto mejor escribía, más se esforzaba su equipo por seguir su ejemplo, y la optimización del rendimiento grupal pronto elevó el listón para otros departamentos, que respondieron con renovado entusiasmo y creatividad. Irónicamente, al reconocer que no tenía control sobre los diseños del departamento de arte, acabó influyendo indirectamente en esos diseños. Esto le dio la confianza que necesitaba para tener miras más altas y, muy pronto, su liderazgo contribuyó en gran medida a la productividad general de la empresa.

Cajas de pizza y bandejas de entrada

Una de las cosas que más nos estresa o nos secuestra emocionalmente suele ser contemplar los elementos acumulados en nuestra lista de tareas pendientes, nuestra bandeja de entrada o nuestro escritorio. Cuando echamos un vistazo a la enorme pila de papeles que se cierne sobre la mesa o a los trescientos correos electrónicos no leídos, nuestra sensación de control sale volando por la ventana. Cuando era supervisor de universitarios de primer año, asesoré a más de un estudiante desorganizado, desde el típicamente desordenado hasta el patológicamente caótico. Durante mi segundo año de trabajo llegó un aviso del cuerpo de bomberos sobre uno de estos jóvenes, un jugador de tenis llamado Joey. Por lo visto, su habitación estaba tan llena de cajas de pizza viejas, botellas vacías, periódicos desparramados y pilas de libros a punto de desmoronarse que no había pasado la inspección de seguridad contra incendios. Por un lado, su cuarto era un auténtico peligro y, por otro lado, el inspector de incendios consideraba que Joey tendría serias dificultades para escapar en caso de emergencia (por no hablar de cuando tuviera que abrirse paso para asistir a clase).

A veces, el desorden pueden ser un caos organizado, pero el de Joey había pasado de poco convencional a debilitante. Por un lado, quería poner su vida en orden y, por otro, la idea de enfrentarse a ese gran desastre le parecía completamente abrumadora. Así que trazamos un Círculo del Zorro, literalmente. Encontré un pequeño trozo de escritorio en el que había una pila de papeles y trazamos un círculo de apenas treinta centímetros de diámetro a su alrededor. «Vamos a despejarlo —le propuse a Joey—, y a colocar cada papel en el lugar que le corresponde». Luego, en lugar de pasar de inmediato al resto del escritorio, le propuse que se pasara el día siguiente defendiendo aquella parte recién despejada contra cualquier amenaza al orden. Teniendo en cuenta los hábitos de Joey, incluso eso le resultaba una tarea complicada (así lo admitió al día siguiente), pero manejable. Y, una vez lo hubo logrado, parecía realmente satisfecho. A continuación, elegimos otro rincón de su escritorio y aplicamos la misma regla. Cada día que pasaba había un círculo más amplio libre de desorden, por no mencionar una mayor sensación de control y una mayor implicación con el proyecto. Apenas dos semanas después, la habitación era una sombra limpísima de lo que había sido. Al establecer pequeños círculos de éxito e ir expandiéndolos poco a poco, Joey dominaba el gran círculo de su vida. Él era feliz y el cuerpo de bomberos también.

Un escritorio desordenado no difiere demasiado de una bandeja de entrada abarrotada, un problema que atormenta a demasiados trabajadores modernos. En ambos casos, los *objetos* de nuestras vidas han ganado control sobre la *funcionalidad* de nuestras vidas, y la productividad se resiente en consecuencia. Recuerdo una ocasión en la que acababa de dar una charla a los empleados de una gran empresa manufacturera cuando uno de los altos ejecutivos llamado Barry me invitó a entrar en su oficina. Ni siquiera habíamos cruzado la puerta cuando empezó a disculparse por el desorden; su despacho parecía el cuarto de un niño de cuatro años que estaba jugando al «tornado de los papeles». Pero Barry tenía un problema aún mayor: su correo electrónico. Confesó que su bandeja de entrada contenía más de mil cuatrocientos mensajes, que habían ido acumulándose durante los dos últimos meses mientras trabajaba en un proyecto absorbente. Una vez que había concluido esa tarea, sabía que tenía que empezar a ocuparse del correo, pero, solo de pensarlo, le entraban escalofríos. Mientras recorría todos sus mensajes no leídos me asomé por encima de su hombro para estudiar el problema. Tres minutos más tarde seguía desplazándose por aquel mar de correos sin haber alcanzado más de una cuarta parte del total. «Nunca podré quitarme de encima esta montaña —se lamentó—, también podría contraer un virus informático que destruyera todo el ordenador». Su nivel de estrés era tan alto en ese momento que cada nuevo correo electrónico provocaba en su cuerpo una respuesta refleja de estrés. Solo de pensarlo sentía náuseas. No solo quería evitar ocuparse del correo electrónico, sino que estaba tan abrumado por la situación que ni siquiera le apetecía trabajar.

Acepté ayudarlo. Primero, le dije, tenía que aliviar su ansiedad creciente. La bandeja de entrada no era un tigre de dientes de sable, sino un problema que había que resolver con planificación y un esfuerzo deliberado, no con una sensación de pánico inducida por la adrenalina. Me di cuenta de que necesitaba hablar del problema, expresar sus sentimientos con palabras para trasladar el reto de la parte emocional de su cerebro a la parte de resolución de problemas. Le recordé que el autoconocimiento era un antídoto rápido contra el secuestro emocional y le aconsejé que tuviera cerca un cuaderno para anotar sus pensamientos cada vez que el estrés amagara con aflorar a la superficie. Luego dibujamos el siguiente círculo.

No era posible afrontar de una sola vez el problema de una acumulación de correos de dos meses, y Barry necesitaba ver algún progreso inmediato. De modo que le propuse que se olvidara de todo lo que le había llegado antes de aquel día y que respondiera solamente a los correos nuevos. Al cabo de tres o cuatro días, cuando empezara a sentir que controlaba la situación, podría contestar los correos del día anterior. La idea era continuar en esa misma línea, abordando un día cada vez, hasta llegar poco a poco al principio. También le pedí que no dedicara más de una hora al día a esa labor. Sin un límite de tiempo, incluso las tareas pequeñas y graduales pueden acabar convirtiéndose en un reto abrumador sin final a la vista.

Tres semanas después recibí un correo electrónico de Barry. Me informaba con orgullo de que, en caso de que respondiera a su correo al instante, el mío sería uno de los cinco correos que tendría en la bandeja de entrada. Me quedé asombrado. Además, había adjuntado una foto de su impecable despacho, casi irreconocible frente al tornado de papeles que me había encontrado al principio. Le respondí que, suponiendo que no hubiera usado una foto de un anuncio de la tienda Office Depot, le felicitaba por su logro. Había empezado dando pequeños pasos y ahora estaba celebrando un gran éxito.

El Zorro va a Gotham

Al ser nativo del suroeste de Estados Unidos, el Zorro nunca llegó a luchar contra el crimen en Nueva York. Pero, en cierto modo, las mismas lecciones que hicieron del Zorro un héroe han contribuido a convertir a Nueva York en una ciudad más segura. En su libro *El punto clave*, Malcolm Gladwell relata cómo las autoridades de la ciudad lucharon contra el aumento de la delincuencia en los años ochenta y noventa[17]. Era un problema abrumador que nadie sabía cómo solucionar: por mucho dinero que se gastara en seguridad, por mucho que se esforzara la policía, no conseguían frenar aquella peligrosa tendencia. Al final, un pequeño grupo de responsables municipales sorprendió a todos adoptando una nueva estrategia radical basada en la ahora famosa teoría de las ventanas rotas. Ideada en 1982 por los sociólogos James Q. Wilson y George Kelling, la teoría explica cómo los pequeños actos de vandalismo pueden convertirse rápidamente en delitos generalizados. Según esta teoría, una ventana rota en un edificio abandonado pronto dará lugar a numerosas ventanas rotas, a lo que le seguirán pintadas, asaltos, robos de vehículos, etc.

Estos responsables locales decidieron comprobar si también funcionaba a la inversa. Empezaron por el metro, redirigiendo de inmediato todo el dinero y la atención a arreglar las ventanas y limpiar los grafitis, literalmente vagón por vagón. Es comprensible que los habitantes de la ciudad se mostraran escépticos al principio. Como explica Gladwell: «En esos días, muchos expertos aconsejaron a Gunn que no se preocupara por los grafitis y que se centrara en temas de mayor envergadura, como el del crimen y la eficiencia del servicio. Eran consejos aparentemente razonables. Ocuparse de las pintadas mientras el sistema entero estaba al borde del colapso parece tan absurdo como ponerse a cepillar las cubiertas del *Titanic* mientras iba de cabeza hacia los icebergs»*.

Pero, a pesar de estas quejas, mantuvieron su plan, expandiendo poco a poco sus esfuerzos e incluyendo cada vez más líneas de metro hasta que todos los trenes de la ciudad estuvieron limpios. Y a medida que se ampliaban los círculos, también lo hacían los resultados. En poco tiempo, los delitos de todo tipo —desde los viajes sin el correspondiente billete hasta los atracos a mano armada— disminuyeron rápidamente. Luego siguieron aumentando el tamaño del círculo al limpiar los grafitis de toda la ciudad, lo que sorprendentemente condujo a una reducción de la delincuencia de forma generalizada.

Moraleja: los pequeños éxitos pueden convertirse en grandes logros. Solo se necesita dibujar ese primer círculo en la arena.

---

* Galdwell, Malcolm, *El punto clave*, Debolsillo, Barcelona, 2018. *(N. de la T.)*

La regla de los veinte segundos

Cómo convertir los malos hábitos en buenos minimizando las barreras que impiden el cambio

DURANTE UNA DE LAS PRIMERAS FORMACIONES que impartí en Wall Street, un hombre de aspecto impaciente se levantó al fondo de la sala y gritó por encima de las cabezas de sus compañeros analistas: «Shawn, sé que eres de Harvard y todo eso, pero ¿no te parece que lo que enseñas es una gran pérdida de tiempo? ¿Acaso la psicología positiva no es puro sentido común?».

Se me cayó el alma a los pies. Aún no llevaba suficiente tiempo en el mundo de la consultoría como para saber que ser cuestionado públicamente de esa manera son gajes del oficio. Aun así, me armé de valor e hice todo lo que pude para enfrentarme a mi inquisidor. Le expliqué que la psicología positiva se basa en conceptos procedentes de reputadas fuentes que van desde los antiguos filósofos griegos y diversas tradiciones religiosas sagradas hasta escritores y pensadores modernos. Además, proseguí, los principios y teorías propuestas se han comprobado y validado empíricamente. Así que, aunque algunas de las ideas que defiende la psicología positiva pueden ser de sentido común, lo que las hace únicas y valiosas es la ciencia que las sustenta. Pero estaba claro que aquel tipo no se lo creía. Volvió a sentarse con cara de satisfacción y proseguí con la siguiente pregunta, intentando aceptar el hecho de que no se puede llegar a toda la audiencia.

No fue hasta después de la sesión, mientras comía con varios de los analistas, cuando se reveló la importancia de este encuentro. «¿Te acuerdas de aquel tipo que se levantó durante tu charla?», me preguntó uno de ellos. Le respondí que sí. Otro analista se inclinó hacia mí y me dijo: «Es la persona más infeliz de aquí. Es como si tuviera un nubarrón sobre la cabeza todo el tiempo. No podemos ponerlo en ningún equipo porque es tóxico».

Fue un momento decisivo para mí. Se trataba de alguien que había descartado la mayor parte de lo que yo acababa de decir por considerarlo demasiado obvio para contarlo en una charla; sin embargo, aparentemente no era lo bastante obvio. Me di cuenta de que él era la encarnación viva de una de las mayores paradojas del comportamiento humano:

El sentido común no es una acción habitual.

¿Te sorprendería si te dijera que los cigarrillos no son una gran fuente de vitamina C? ¿O que ver programas de telerrealidad durante horas no va a aumentar tu coeficiente intelectual de forma espectacular? Seguramente no. Del mismo modo, todos sabemos que debemos practicar ejercicio, dormir ocho horas, comer sano y ser amables con los demás. Pero ¿acaso este saber común facilita poner estas pautas en práctica?

Está claro que no. El conocimiento es solo una parte de esta batalla y sin acción carece de sentido. Como decía Aristóteles, para ser excelentes, no podemos limitarnos a pensar o sentir de forma excelente, debemos actuar de forma excelente. Sin embargo, la acción necesaria para poner en práctica lo que sabemos suele ser la parte más difícil. Por eso, aunque los médicos conocen mejor que nadie la importancia del ejercicio y la alimentación, el 44 por ciento de ellos tiene sobrepeso[1]. Por eso los gurús del orden suelen ser desordenados, los líderes religiosos pueden caer en la blasfemia e incluso algunos psicólogos positivos no son felices todo el tiempo. Trabajo con innumerables empresarios que se quejan de que cada lunes se fijan los mismos propósitos: dejar de procrastinar o de fumar, mantener al día su bandeja de entrada o pasar más tiempo con sus hijos, pero cada viernes se dan cuenta de que la semana ha volado y se preguntan qué les ha impedido cumplir sus objetivos.

Lo cierto es que los hábitos positivos son difíciles de mantener por muy lógicos que sean. Al igual que la mayoría de la gente, yo mismo libro esta batalla cada 1 de enero y, para el 10 de enero, estoy justo donde empecé. De hecho, el *New York Times* informa de que la friolera del 80 por ciento de nosotros incumple sus resoluciones de Año Nuevo[2]. Incluso cuando nos sentimos implicados con un cambio positivo, mantenerlo durante un período de tiempo real puede parecer casi imposible. Con demasiada frecuencia nuestras promesas no se cumplen y la cinta de correr de hoy se convierte en el perchero de mañana. Si nuestro cerebro tiene la capacidad de cambiar, como ahora sabemos, ¿por qué resulta tan complicado modificar nuestra conducta y cómo podemos allanar el camino?

Somos «meros manojos de hábitos»

Durante los años que estuve trabajando en el laboratorio de investigación de Harvard, mi jornada laboral empezaba con un largo trayecto en ascensor en el William James Hall. Este edificio de quince plantas ha sido durante décadas la sede del Departamento de Psicología y ha albergado más de una investigación fascinante, como la de B. F. Skinner y su famosa caja, así como bulliciosos monos bonobos y roedores manipulados genéticamente (todos tratados humanamente, que es más de lo que podemos decir de los estudiantes de posgrado). Los descubrimientos realizados por el profesor que da nombre al edificio, sin embargo, podrían ser el patrimonio que es motivo de mayor orgullo.

Mientras su hermano Henry ganaba fama mundial como novelista, William James había logrado su propio hueco en la historia gracias a sus avances en el campo de la psicología. Nacido pocos años antes de la segunda mitad del siglo XIX, James aplicó su formación en medicina, filosofía y psicología al estudio de la mente humana a lo largo de toda su vida. En 1875 impartió la primera clase de Psicología Experimental en Harvard y, en 1890, ya había publicado *Principles of Psychology* (*Principios de psicología*), una proeza de mil doscientas páginas que se convirtió en el precursor del libro de texto de psicología moderna. Todos los años les digo a mis alumnos que piensen en los pobres estudiantes que asistieron a las clases de William James antes de protestar por la lectura asignada de la semana.

Sin embargo, en mi opinión, la mayor contribución de William James al campo de la psicología es un descubrimiento que se adelantó un siglo a su época. Los humanos, decía James, somos animales de costumbres desde un punto de vista biológico debido a que somos «meros manojos de hábitos» por lo que solemos realizar muchas de nuestras tareas cotidianas de forma automática, desde cepillarnos los dientes a primera hora de la mañana hasta poner el despertador antes de acostarnos por la noche[3].

Precisamente debido a que los hábitos son tan automáticos, rara vez nos paramos a pensar en el enorme papel que desempeñan en la configuración de nuestra conducta y, de hecho, de nuestras vidas. Al fin y al cabo, si tuviéramos que elegir conscientemente cada pequeña acción a lo largo del día, lo más probable es que nos sintiéramos abrumados ya desde el desayuno. Tomemos esta mañana como ejemplo: supongo que, al levantarte y entrar en el baño, no te habrás mirado en el espejo de manera inquisitiva pensando: «¿Debería vestirme hoy?». No has tenido que sopesar los pros y los contras ni recurrir a tus reservas de fuerza de voluntad. Simplemente te has vestido, de la misma forma que seguramente te habrás peinado, te habrás tomado el café, habrás cerrado la puerta, etc. Y, a menos que haya algún exhibicionista entre los lectores, no has tenido que recordarte a ti mismo que debes seguir con la ropa puesta durante el día. No te ha supuesto un conflicto ni ha agotado tus reservas de energía ni tu capacidad mental. Has obrado de forma natural y automática, es decir, siguiendo un hábito.

Nada de esto nos parece especialmente innovador hoy en día. Pero las conclusiones de William James fueron cruciales para nuestra comprensión del cambio de conducta. Dada nuestra tendencia natural a actuar por costumbre, James se preguntó: ¿y si la clave de mantener un cambio positivo fuera convertir cada acción deseada en un hábito, de modo que se produzca de forma automática, sin mucho esfuerzo, pensamiento o elección? Como el padre de la psicología moderna tan sagazmente aconsejó, si queremos crear un cambio duradero, debemos «hacer de nuestro sistema nervioso nuestro aliado en lugar de nuestro enemigo»[4]. Los hábitos son como el capital financiero: crear uno en el presente es una inversión que automáticamente producirá beneficios en los años venideros.

Pequeños esfuerzos diarios

Naturalmente, aquí es donde la frase «es más fácil decirlo que hacerlo» tiene especial relevancia. Los buenos hábitos pueden ser la respuesta, pero ¿cómo crearlos? William James también tenía una receta para esto. La llamó «pequeños esfuerzos diarios». No se trata de una fórmula especialmente revolucionaria, sino de una reelaboración del viejo dicho «la práctica hace al maestro». Sin embargo, había dado con algo mucho más sofisticado de lo que él podía imaginar en ese momento. «Una manera de actuar —escribió— solo se arraiga de verdad en nosotros en proporción a la frecuencia continuada con la que se producen esas acciones y a cómo el cerebro las "incorpora"»[5]. En otras palabras, los hábitos se forman porque nuestro cerebro realmente cambia en respuesta a la práctica frecuente.

De hecho, James tenía toda la razón, aunque pasarían cien años antes de que los neurocientíficos pudieran explicar por qué. ¿Recuerdas que hemos visto que las estructuras y rutas cerebrales son flexibles y elásticas? Pues bien, resulta que, a medida que avanza la jornada y vamos aprendiendo nuevas informaciones, completando nuevas tareas y manteniendo nuevas conversaciones, nuestros cerebros cambian constantemente y se remodelan para reflejar estas experiencias. Con perdón de los delicados matices de la neurociencia, esto es lo que sucede en pocas palabras: nuestro cerebro alberga miles de millones de neuronas interconectadas de todas las formas posibles que constituyen un complejo conjunto de vías neuronales. Las señales eléctricas viajan por estas vías, de neurona a neurona, transmitiendo los mensajes que conforman cada uno de nuestros pensamientos y acciones. Cuanto más realizamos una determinada acción, más conexiones se forman entre las neuronas correspondientes (este es el origen de la frase común «las neuronas que se activan juntas refuerzan su conexión»). Cuanto más fuerte es esta conexión, más rápido viaja el mensaje por esa ruta. Esto es lo que hace que la conducta en cuestión parezca natural o automática.

También es así como adquirimos destreza en una actividad con la práctica. Por ejemplo, la primera vez que intentas hacer malabares, las vías neuronales implicadas no se han usado nunca, por lo que el mensaje viaja lentamente. Cuanto más practicas, más se refuerzan estas vías, de modo que, al octavo día de práctica, las señales eléctricas se transmiten a un ritmo mucho más rápido. Es entonces cuando notas que la tarea te resulta más fácil, que requiere menos concentración y que puedes realizarla más deprisa. Al final, eres capaz de estar escuchando música, mascando chicle y manteniendo una conversación con otra persona mientras esas tres naranjas vuelan por el aire. Hacer malabares se ha convertido en algo automático, en un hábito que se ha cimentado en tu cerebro por una nueva y sólida red de vías neuronales.

Teniendo en cuenta todo aquello en lo que acertó William James tantos años atrás, deberíamos perdonarle lo único en lo que se equivocó. Él creía, como la mayoría de los científicos de su época, que la capacidad de crear cambios duraderos en el cerebro era exclusiva de las personas jóvenes. Por suerte, no es así. Hemos visto al principio de este libro que en la actualidad se sabe que el cerebro sigue siendo plástico y maleable mucho después de los veinte años, incluso hasta la vejez. Esto significa que tenemos la capacidad de crear nuevos hábitos y cosechar los beneficios tanto si tenemos veintidós como setenta y dos años.

La guitarra que no se tocaba sola

Cuando conocí la base científica que subyace en este fenómeno, me moría de ganas de probarlo. ¿Podría realmente reconfigurar mi cerebro y crear un nuevo hábito de vida haciendo lo mismo cada día durante unas semanas? Era hora de llevar a cabo un experimento y lo más sencillo era practicarlo en mí mismo.

Decidí volver a retomar la guitarra, porque ya tenía una y me gustaba tocarla. Puesto que la sabiduría popular afirma que hacen falta veintiún días para formar un hábito, decidí confeccionar una hoja de cálculo con veintiuna columnas, pegarla en la pared y marcar cada día que tocara[6]. Estaba seguro de que al cabo de tres semanas *(a)* tendría una hoja con veintiuna marcas, *(b)* habría convertido la práctica de guitarra en una actividad automática bien arraigada en mi vida, *(c)* habría mejorado mi técnica, y *(d)* sería más feliz por ello. Tres semanas más tarde, sin embargo, retiré la hoja disgustado. Contemplar cuatro marcas de verificación seguidas de un montón de celdas vacías era demasiado desalentador y vergonzoso. Había fracasado en mi propio experimento y, lo que era aún peor, estaba lejos de poder mencionar a mis posibles citas que era músico. Para empeorar un poco más las cosas, me sorprendió e incluso me deprimió lo rápido que me había dado por vencido. Un psicólogo positivo debería seguir mejor sus propios consejos (por supuesto, la sensación de fracaso aumenta cuando te das cuenta de que ahora eres un psicólogo positivo *deprimido*). La guitarra estaba en el armario, a escasos veinte segundos, pero no podía obligarme a sacarla y tocarla. ¿Qué había fallado? Resulta que la palabra clave era *obligarme*. Sin darme cuenta, había estado librando la batalla equivocada que estaba destinado a perder a menos que cambiara de estrategia.

POR QUÉ LA FUERZA DE VOLUNTAD NO ES EL CAMINO

A Tal Ben-Shahar le encanta contar lo que él llama «la historia de la tarta de chocolate», que sucedió años atrás en Israel, donde la madre de Tal era famosa entre sus allegados por su exquisita tarta de chocolate. Una tarde, cuando él y sus amigos regresaron del colegio, su madre sacó una de aquellas delicias recién horneada y ofreció un trozo a cada uno. Tal rechazó el ofrecimiento, alegando su estricto plan de entrenamiento para los Campeonatos Nacionales de Squash. De modo que se quedó sentado observando con envidia cómo sus amigos devoraban la apetitosa merienda. Después, todos ellos se pusieron a completar las tareas escolares. Horas más tarde, Tal regresó a la nevera para examinar la tarta. Seguía teniendo un aspecto suculento. Pero no, pensó, seguiría siendo fuerte. Pasó otra hora y realizó otra comprobación: sí, la tarta seguía ahí. Al poco tiempo ya no podía pensar en nada más. Al final, en mitad de la noche, cuando todos dormían, Tal bajó sigilosamente a la cocina y devoró *toda* la tarta que quedaba hasta el último bocado.

Cualquiera que haya intentado mantener una dieta estricta ha experimentado este fracaso de la fuerza de voluntad. Nos reprimimos una y otra vez a nosotros mismos hasta que, de repente, no podemos más y se nos abren las compuertas. A cinco días a base de palitos de zanahoria y trozos de tofu le sigue un atracón de pizza o un festín para cinco personas. Como señalaría cualquier nutricionista, confiar en la fuerza de voluntad para evitar por completo los alimentos poco saludables es garantía casi segura de recaída. Esto explica que las personas que siguen dietas de choque tengan más probabilidades de recuperar el peso que las que comen sano, pero no se reprimen, y que solo el 20 por ciento de quienes inician un régimen sean capaces de mantener el nuevo peso durante un tiempo prolongado[7]. Cuanto más tratamos de «ser fuertes», mayor es la caída, normalmente en forma de una tarrina de Ben & Jerry's.

La cuestión es que, ya se trate de una dieta estricta, una resolución de Año Nuevo o un intento de practicar la guitarra a diario, la razón por la que muchos de nosotros tenemos problemas para mantener el cambio es que intentamos confiar en la fuerza de voluntad. Creemos que podemos pasar de cero a sesenta en un instante, cambiando o anulando hábitos de vida arraigados con la pura fuerza de voluntad. Tal creyó que recordarse a sí mismo que estaba a dieta sería suficiente para mantenerse alejado de la tarta de chocolate de su madre. Yo creí que recordarme a mí mismo que tenía que completar una hoja de cálculo me ayudaría a disciplinarme lo suficiente para mi práctica de guitarra. Lo cierto es que sí funcionó… durante cuatro días. Luego retomé la programación habitual.

La fuerza de voluntad se convierte en una prueba de resistencia

La razón por la que la fuerza de voluntad resulta tan ineficaz para mantener el cambio es que, cuanto más la utilizamos, más se desgasta. Puede que lo sepas de forma intuitiva, pero el prestigioso investigador Roy Baumeister necesitó cientos de galletas de chocolate y un número importante de individuos descontentos para demostrarlo.

En uno de los múltiples estudios sobre el tema de la fuerza de voluntad, Baumeister y sus colegas invitaron a un grupo de universitarios a su laboratorio pidiéndoles que no comieran nada durante al menos tres horas antes del experimento[8]. Luego los dividió en tres grupos. Al grupo 1 le ofrecieron un plato de galletas de chocolate que no podían probar y una sana ensalada a base de rábanos de la que podían comer tanto como quisieran. Al grupo 2 le presentaron los mismos dos platos de galletas y rábanos, y en este caso podían comer del plato que les apeteciera. Al grupo 3 no le dieron nada de comer. Después de soportar estas situaciones durante un tiempo considerable, los tres grupos recibieron una serie de rompecabezas geométricos «sencillos» que debían resolver. Nótense las comillas en el término *sencillos*. En realidad, se trataba de otra de las herramientas favoritas de la psicología: el rompecabezas irresoluble.

Como aprendí por las malas en mi experiencia con «Ayudar a los ancianos», a los investigadores que trabajan en el ámbito de la psicología les encanta emplear juegos imposibles para ver cuánto tiempo perseveran los participantes en una tarea. En este caso, los individuos de los grupos 2 y 3 superaron con creces a los del grupo 1, que no tardaron en darse por vencidos. ¿Por qué? Porque los estudiantes que tuvieron que usar hasta la última pizca de fuerza de voluntad para evitar comerse las tentadoras galletas de chocolate no tenían ni la constancia ni la energía mental para tratar de resolver un rompecabezas complejo, a pesar de que evitar comerse unas galletas y buscar la solución a un rompecabezas no tengan nada que ver.

Diversos estudios han replicado este hallazgo con una amplia gama de tareas diseñadas para ejercitar la fuerza de voluntad[9]. En uno de ellos se pedía a los participantes que vieran una película de humor y reprimieran la risa, para luego resolver anagramas difíciles. En otro se les pedía que escribieran sobre un día en la vida de una persona obesa sin emplear estereotipos y después se les retaba a reprimir un pensamiento específico («no pienses en un oso blanco»). Y, en efecto, fueran cuales fueran las peticiones, siempre se obtenían resultados significativamente peores en la segunda tarea que en la primera. Si habían resistido la risa durante diez minutos, no podían seguir esforzándose con un anagrama. Si habían reprimido estereotipos, no podían evitar pensar en un oso blanco. Y así sucesivamente.

El objetivo de estos experimentos era demostrar que, por muy dispares que fueran las tareas, todas parecían estar aprovechando la misma fuente de combustible. Como escribieron los investigadores: «Diversas formas muy diferentes de autocontrol recurren a un recurso común o *fuerza de autocontrol*

que es bastante limitado y, por tanto, puede agotarse con facilidad»[10]. Dicho de otro modo, nuestra fuerza de voluntad se
debilita cuanto más la utilizamos.

Por desgracia, todos los días nos enfrentamos a un flujo constante de tareas que la agotan. Ya se trate de evitar la mesa de
postres en la comida de empresa, de mantener la concentración
en una hoja de cálculo durante toda la mañana o de permanecer
sentados durante una reunión de tres horas, nuestra fuerza de
voluntad se pone a prueba constantemente. Así que no es
de extrañar que acabemos cediendo tan fácilmente a nuestros
viejos hábitos, que es la senda más fácil y cómoda, a medida que
avanza la jornada. Esta atracción invisible hacia el camino de
menor resistencia puede estar determinando más aspectos
de nuestra vida, aunque no nos demos cuenta, creando una barrera infranqueable para el cambio y el crecimiento positivo.

EL CAMINO DE MENOR RESISTENCIA

Un martes cualquiera, Cathy está sentada en su escritorio
soñando despierta con todas las posibilidades que se presentan para el sábado. Quiere dar un paseo en bici por la pista
que pasa junto a su casa, jugar un partido de fútbol en el
parque local y ver los cuadros de Matisse que se exponen en
el museo. Puede que incluso se sumerja en ese montón de libros que lleva algún tiempo queriendo leer. Como todos nosotros, Cathy tiene una serie de aficiones y actividades basadas en sus intereses y puntos fuertes que le aportan energía y
la hacen feliz. Sin embargo, cuando llega ese sábado libre,
¿dónde queda todo eso? Resulta que no da un paseo en bici
ni tampoco se acerca al parque y mucho menos va a la exposición de arte de la que todo el mundo cuenta maravillas: ¡y
eso que se encuentra a veinte minutos! Su mando a distancia,

en cambio, está al alcance de la mano, y resulta que el canal Bravo está emitiendo un maratón de *Top Chef*. Cuatro horas después, Cathy se ha hundido cada vez más en el sofá, incapaz de librarse de una lánguida sensación de decepción. Tenía mejores planes para esa tarde y se pregunta qué habrá sido de ellos.

Lo que le ha sucedido a Cathy es algo que nos pasa a todos nosotros en algún momento. La inactividad es sencillamente la opción más sencilla, si bien no nos resulta tan placentera como creemos. En general, a los estadounidenses les resulta más complicado disfrutar del tiempo libre que del trabajo[11]. Si esto te parece ridículo, considera lo siguiente: en la mayoría de los casos, nuestros trabajos nos obligan a usar diversas habilidades, implicar la mente y perseguir objetivos, unos factores que según se ha demostrado contribuyen a la felicidad. Desde luego, las actividades de ocio también pueden lograr esto, pero, dado que no son obligatorias —porque no hay un «jefe del ocio» que se incline sobre nuestro hombro los domingos por la mañana y nos diga que es mejor que estemos en el museo de arte a las nueve en punto—, a menudo nos resulta complicado reunir la energía necesaria para iniciarlas. Así pues, seguimos el camino de menor resistencia, que nos conduce al sofá y a la televisión de forma inevitable. Al ser «meros manojos de hábitos», cuanto más a menudo claudicamos, más difícil nos resulta cambiar de dirección.

Por desgracia, aunque estos tipos de «ocio pasivo», como ver la televisión o navegar por Facebook, pueden resultar más fáciles y cómodos que montar en bicicleta, asistir a una exposición de arte o jugar al fútbol, no ofrecen las mismas recompensas. Se ha demostrado que estas actividades resultan agradables y atractivas solamente durante unos treinta minutos y después empiezan a minar nuestra energía, creando lo que los psicólogos llaman *entropía psíquica*, esa sensación de apatía y desgana que experimentaba Cathy.

Por otro lado, el «ocio activo», como las aficiones, los juegos y los deportes, aumenta nuestra concentración, compromiso, motivación y sensación de goce. Diversos estudios han revelado que los adolescentes estadounidenses tienen dos veces y media más probabilidades de experimentar un mayor disfrute cuando se dedican a un pasatiempo que cuando ven la televisión, y tres veces más cuando practican un deporte. Y, sin embargo, he aquí la paradoja: estos mismos adolescentes pasan el *cuádruple* de horas frente a la televisión que practicando deportes o aficiones. Entonces, ¿qué sucede? O, como plantea el psicólogo Mihaly Csikszentmihalyi de forma más elocuente: «¿Por qué habríamos de estar el cuádruple de tiempo haciendo algo que tiene menos de la mitad de posibilidades de producirnos satisfacción?»[12].

La respuesta es que nos sentimos atraídos —de forma poderosa y magnética— hacia lo que nos resulta fácil, práctico y habitual, y es sumamente complicado superar esa inercia. El ocio activo *es* más agradable, pero casi siempre requiere un mayor esfuerzo inicial: sacar la bicicleta del garaje, conducir hasta el museo, afinar la guitarra, etc. Csikszentmihalyi denomina a esto *energía de activación*. En física, la energía de activación es la chispa inicial necesaria para catalizar una reacción y nosotros necesitamos esa misma energía tanto física como mental para superar la inercia y poner en marcha un hábito positivo. En caso contrario, la naturaleza humana nos conduce por el camino de menor resistencia una y otra vez.

Una oferta que no podrás rechazar

Como puedes imaginarte, los publicistas y los comerciantes viven del camino de menor resistencia. ¿Alguna vez has comprado algo mediante la fórmula de rebaja por correo que te da derecho a un descuento después de mandar el ticket de compra? ¿Lo has llegado a enviar? Lo dudo. Por eso las empresas ofrecen este tipo de rebaja. También es la razón por la que las revistas nos envían una suscripción gratuita de cinco semanas, y luego empiezan a descontarnos dinero de nuestra cuenta a partir de la sexta. Claro que podemos rechazar la oferta, siempre que devolvamos por correo la típica tarjetita que dice: «No, gracias, me gustaría cancelar mi suscripción». Lamentablemente, esa acción requiere demasiada energía de activación, y el truco le resulta rentable a la revista.

En el mundo del marketing se emplea la «opción de exclusión voluntaria», una genial idea que aprovecha al máximo la psicología humana. El marketing de exclusión voluntaria consiste en añadir a la gente a listas de correo sin su consentimiento consciente, de modo que, si quieren poner fin a la avalancha subsiguiente de correos electrónicos promocionales, deben darse de baja activamente. Para «darse de baja» hay que encontrar el pequeño enlace al final del correo electrónico y hacer clic en uno o dos sitios web más antes de llegar al destino deseado. La empresa da por sentado, a menudo con éxito, que este proceso implica mucha más energía y esfuerzo de lo que la mayoría de la gente está dispuesta a gastar.

Martin Lindstrom, un experto en marketing que utiliza la neurociencia para explorar la psicología de nuestros hábitos de consumo, señala que las compañías telefónicas se benefician especialmente de esta estrategia[13]. Aunque casi siempre hay un plan mensual mejor que el que te ofrece tu compañía, solemos quedarnos con el que tenemos porque explorar las diversas opciones es difícil y cambiar de plan todavía más. Un estudio especialmente fascinante realizado por Lindstrom sobre el famoso tono de llamada de Nokia, quizá el sonido de cuatro notas más omnipresente del mundo, reveló la poderosa atracción que ejerce sobre nosotros el camino de menor resistencia. Empleando tecnología de resonancia magnética funcional para analizar el cerebro de las personas expuestas al sonido, descubrió una respuesta emocional negativa casi universal. Y, sin embargo, sorprendentemente, ochenta millones de usuarios de Nokia lo mantienen como tono de llamada. ¿Por qué conservan un timbre que les chirría en los oídos y les hace entrar en barrena emocional cada vez que reciben una llamada? Porque es la opción por defecto. Y seamos o no conscientes de ello, las opciones predeterminadas están presentes en todas partes, condicionando nuestras elecciones y nuestra conducta en todos los ámbitos de nuestra vida.

En el supermercado compramos más alimentos en los estantes que se encuentran a nuestra altura sin tener que levantar los ojos o arrodillarnos[14]. Todos los minoristas lo saben, y no hay duda de que se aprovechan de ello colocando las marcas más caras a la altura de los ojos. En la actualidad, los publicistas que trabajan en línea realizan estudios de mercado con sofisticadas máquinas de seguimiento ocular, decididos a encontrar el lugar perfecto en un sitio web para un *banner* que veremos sin gastar energía adicional[15]. Igualmente, en las tiendas de ropa, todo está preparado para aprovechar nuestra gravitación hacia la ruta predeterminada. Como señala Lindstrom, es más probable que compremos una prenda si podemos hacer una «prueba sensorial» tocando el tejido, de modo que las prendas más caras están colocadas a la altura perfecta para tal experiencia. Fíjate en este detalle la próxima vez que entres en una tienda: verás que cada expositor de ropa está casi exactamente al alcance de la mano, suplicando que cojas su contenido.

En el ámbito laboral, el camino de menor resistencia es especialmente desadaptativo, ya que nos atrae hacia toda una serie de malos hábitos que generan procrastinación y reducen la productividad. Aunque durante mi vida profesional me he encontrado a menudo con este problema, tuve que viajar hasta Hong Kong para percatarme de su alcance.

El camino que conduce a la distracción

Era el segundo día de la sesión de formación que impartía en una gran empresa tecnológica de Hong Kong, una ciudad tan electrizante que a su lado Times Square parece Topeka (Kansas). Había encontrado un rato para trabajar en privado con Ted, uno de los gestores de clientes potenciales del equipo de marketing, que trataba de mantenerse al día con su carga de trabajo. Por mucho que se esforzara, siempre se sentía rezagado, y tenía que seguir ampliando su horario para no quedarse atrás. «Ahora lo único que hago es trabajar —confesó Ted—, pero tampoco funciona».

Le dije que no estaba solo. Suelo escuchar esta misma historia, casi palabra por palabra, con independencia del país en que me encuentre o de quién sea mi interlocutor. Al margen de la labor que desempeñemos, parece que nunca disponemos de suficiente tiempo para completarla. Las jornadas laborales de ocho horas se convierten en un tiempo de trabajo de doce y catorce horas, y aun así seguimos retrasados. ¿Cómo es posible? ¿Por qué nos cuesta tanto ser productivos? Después de escuchar a Ted describir, de principio a fin, cómo gestionaba sus tareas, dos respuestas importantes encajaron de repente: (1) Ted trabajaba todo el tiempo, y (2) Ted casi nunca trabajaba.

Cuando Ted llega a la oficina a las siete de la mañana, lo primero que hace es abrir el navegador de Internet. Su página de inicio es la CNN, de modo que empieza a leer las últimas noticias del día. Su intención es echar un vistazo a los titulares principales y seguir adelante, pero invariablemente acaba haciendo clic en otros enlaces que le llaman la atención. Entonces, sin siquiera pensarlo, abre dos sitios web diferentes en los que examina cómo ha sido el comportamiento de sus acciones e inversiones durante la noche.

A continuación, consulta su correo electrónico, que permanecerá abierto durante todo el día y le avisará cada vez que reciba nuevos mensajes. Una vez que ha revisado su bandeja de entrada, ha abierto un par de enlaces y archivos adjuntos, y ha devuelto algunas respuestas, está listo para ponerse a trabajar. Más o menos. Resulta que Ted suele trabajar unos treinta minutos antes de tomarse un café. Entonces se sienta de nuevo ante su ordenador, donde no puede evitar darse cuenta de que su página de inicio tiene una nueva tanda de titulares a los que echar un vistazo. ¿Y qué es esto? ¿Diez nuevos correos electrónicos? Será mejor que los lea. Luego comprueba de nuevo sus acciones, solo para asegurarse de que no ha llegado el Armagedón financiero. Al final, Ted vuelve a concentrarse y se pone a escribir un nuevo plan de marketing durante diez minutos hasta que su concentración se ve interrumpida de nuevo con la llegada de otro correo electrónico. Citando a Kurt Vonnegut, «así va la vida».

¿Te suena familiar? Tras unos rápidos cálculos, llegamos a la conclusión de que Ted probablemente consultaba sus acciones tres veces por hora, su correo electrónico cinco veces por hora y los sitios web de noticias aproximadamente una vez por hora. Y esto es algo bastante típico. La American Management Association informa de que los empleados dedican una media de ciento siete minutos al día al correo electrónico[16]. Un grupo de trabajadores londinenses con los que tuve la ocasión de hablar admitieron que consultaban sus acciones unas cuatro o cinco veces cada hora, es decir, 35 veces al día. Y sospecho que, si la mayoría de los oficinistas contaran todos los minutos que pasan al día en blogs, redes sociales,

Amazon.com, etc., el panorama sería realmente alarmante. ¡No es de extrañar que resulte tan complicado concluir algo!

Y eso no es lo peor. El tiempo que dedicamos a estas distracciones es parte del problema, pero la cuestión más importante es que nuestra atención choca contra un muro cada vez que nos distraemos. Diversos estudios demuestran que el empleado medio interrumpe su trabajo cada once minutos, experimentando una pérdida de concentración y fluidez de la que tarda casi otros tantos minutos en recuperarse[17]. Sin embargo, en el mundo actual resulta demasiado sencillo caer en la tentación. Como decía un artículo del *New York Times*: «Distraerse solía consistir en sacar punta a media docena de lápices o encender un cigarrillo. Hoy en día existe un universo de diversiones que podemos comprar, oír, ver y reenviar, lo que dificulta aún más la tarea de concentrarse»[18].

Mientras Ted y yo trabajábamos para encontrar formas de minimizar las distracciones tuve una revelación: no es el número y el volumen de las distracciones lo que resulta problemático, sino su facilidad de acceso. Piensa en ello. Si deseas consultar tus acciones, ¿tienes que recorrer todo el alfabeto en busca de la etiqueta de cotización de tu interés? Por supuesto que no. Puedes programar una web para que te ponga al día de aquellas que te interesan y te ofrezca actualizaciones periódicas. Si quieres leer las últimas noticias políticas o algún comentario sobre la nueva película de moda, ¿tienes que desplazarte por docenas de sitios y blogs para encontrar uno sobre el tema deseado? Para nada. Puedes crear un canal RSS para tus blogs favoritos y recibirlos directamente en tu bandeja de entrada. También puedes recibir por correo electrónico tus noticias deportivas preferidas, cotilleos de famosos, críticas de restaurantes y todo lo demás. Puede que la tecnología nos ayude a ahorrar tiempo, pero también hace que sea mucho más fácil malgastarlo. En resumen, la distracción, siempre a un clic de distancia, se ha convertido en el camino de menor resistencia.

REDIRIGIR LA RUTA: LA REGLA DE LOS VEINTE SEGUNDOS

Al dejarse arrastrar por ese camino, Ted había caído en una serie de hábitos sumamente negativos. En su caso, todos ellos tenían que ver con la procrastinación, lo que me llevó a pensar: ¿podrían los mecanismos psicológicos que estaban limitando la productividad de Ted explicar también por qué yo mismo había fracasado en mi plan de tocar la guitarra? ¿Me había desviado por el camino de menor resistencia? Volví a pensar en aquel experimento inicial. Había guardado la guitarra en el armario, fuera de mi vista y de mi alcance. No estaba lejos, por supuesto (mi piso no es tan grande), pero esos veinte segundos de esfuerzo extra que me costaba ir hasta el armario y sacar la guitarra habían resultado ser un gran impedimento. Había intentado superar esa barrera con fuerza de voluntad, pero, después de solo cuatro días, mis reservas se habían agotado por completo. Si no podía usar el autocontrol para formar ese hábito, al menos durante un período prolongado, ahora me preguntaba: ¿y si pudiera eliminar la cantidad de energía de activación necesaria para arrancar?

Estaba claro que había llegado el momento de llevar a cabo otro experimento. Saqué la guitarra del armario, compré un soporte de dos dólares y la coloqué en medio del salón. Nada había cambiado, salvo que ahora, en lugar de estar a veinte segundos de distancia, la guitarra estaba al alcance de la mano. Tres semanas después tenía una hoja de control de hábitos con veintiuna orgullosas marcas de verificación.

Todo se reducía básicamente a encarrilar la conducta *deseada* por el camino de menor resistencia, de modo que en realidad me costaba menos esfuerzo y energía coger la guitarra que evitarla. Me gusta referirme a esto como la regla de los veinte segundos, ya que reducir la barrera que me impedía el cambio en tan solo veinte segundos fue suficiente para formar un nuevo hábito de vida. En realidad, a menudo hacen falta más de veinte segundos para cambiar las cosas —y a veces mucho menos—, pero la estrategia en sí es de aplicación universal: disminuye la energía de activación en los hábitos que desees adoptar e increméntala en los que prefieras evitar. Cuanto más podamos reducir o incluso eliminar la energía de activación en las acciones que nos interesan, más aumentamos nuestra capacidad de poner en marcha el cambio.

Sirenas y Slurpees

No es una idea nueva, pero sí muy buena. ¿Recuerdas el episodio de la *Odisea* de Homero en la que Ulises intenta alejar su barco de las peligrosas sirenas, esas beldades con voces tan seductoras que podrían atraer a cualquier hombre a una muerte segura? Ulises es consciente de que será incapaz de resistirse a su llamada, de modo que ordena a sus hombres que lo aten al mástil de la nave para asegurarse de permanecer a salvo. Sabe que la fuerza de voluntad le fallará e interpone suficiente energía de activación entre él y el camino de la tentación.

Más de dos mil años después y en un contexto cultural ligeramente diferente, la protagonista de la película *Confesiones de una compradora compulsiva* congela sus tarjetas de crédito en bloques de hielo para evitar una compra impulsiva. Aunque parezca una tontería, interponer diez minutos de secador y golpetazos entre ella y su AmEx fue suficiente para bloquear su problemático hábito. Puede que sea una exageración (de Hollywood, qué sorpresa), pero los asesores financieros recomiendan a las personas que no son capaces de resistirse a los cantos de sirena de las rebajas que dejen sus tarjetas de crédito en un cajón de su casa fuera de su alcance.

Por suerte, ir de compras no es una de mis grandes debilidades, pero ver demasiado la televisión sí solía serlo. Según una rápida búsqueda en Google, el estadounidense medio ve de cinco a siete horas de televisión al día. En un momento dado, yo pasaba unas tres horas al día frente a la pantalla, lo que, por supuesto, disminuía mi productividad y el tiempo que pasaba con mis amigos de la vida real. Deseaba reducir el tiempo de exposición, pero llegaba a casa cansado de dar clase y me resultaba demasiado fácil sentarme en el sofá y pulsar el botón de encendido del mando a distancia. De modo que decidí realizar otro experimento personal. Esta vez iba a probar el mismo truco que había empleado el cerebro conmigo cuando no conseguía tocar la guitarra. Saqué las pilas del mando a distancia, cogí un cronómetro, alejé las pilas exactamente veinte segundos y acabé dejándolas en un cajón de mi dormitorio. ¿Bastaría eso para apartarme de mi hábito televisivo?

Las siguientes noches, cuando llegaba a casa del trabajo, me dejaba caer en el sofá y pulsaba el botón de encendido del mando a distancia, normalmente varias veces, olvidándome de que había cambiado las pilas de sitio. Entonces pensaba con frustración: «Odio hacer estos experimentos». Pero, en efecto, la energía y el esfuerzo necesarios para recuperar las pilas —o incluso para cruzar la habitación y encender el televisor manualmente— resolvían el problema. Pronto encontré sustitutos a mi antiguo hábito, como un libro que había colocado a propósito en el sofá o la guitarra que ahora se encontraba en un soporte justo al lado del sofá o incluso el portátil, que tenía al alcance de la mano y en el que estaba redactando este manuscrito. Según pasaban los días, las ganas de ver la televisión fueron disminuyendo y las nuevas actividades se volvieron más habituales. Con el tiempo, incluso conseguí retomar actividades que requerían mucha más energía de activación que recuperar las pilas, como jugar al baloncesto o salir a cenar con amigos. Y me sentía mucho más enérgico, productivo y feliz por ello.

> Añadiendo veinte segundos a la jornada,
> recuperé tres horas

La regla de los veinte segundos es un aliado fundamental en nuestra búsqueda de hábitos alimentarios más saludables. Se ha descubierto que es posible reducir a la mitad el consumo de helados en las cafeterías simplemente cerrando la tapa del frigorífico[19] y que, cuando se obliga a la gente a esperar en otra cola separada para comprar patatas fritas y dulces, disminuye la demanda[20]. En esencia, cuanto más esfuerzo nos cueste conseguir alimentos poco saludables, menos los consumiremos, y viceversa. Por eso, los nutricionistas recomiendan que preparemos tentempiés saludables con antelación para poder sacarlos de la nevera y que, cuando consumamos comida basura, tomemos una pequeña porción y guardemos el resto de la bolsa fuera de nuestro alcance. En su libro *Mindless Eating*, Brian Wansink escribe sobre un amigo suyo que no podía resistirse a parar en una tienda 7-Eleven para comprar la bebida helada Slurpee de camino a casa al salir de trabajar cada día[21]. Al final, «decidió que si no podía evitar que su coche entrara en el 7-Eleven, tomaría una ruta diferente para volver a casa, zigzagueando alrededor de la tentación». Nuestra mejor arma en la batalla contra los malos hábitos —ya sean los Slurpees, las reposiciones de la comedia *Seinfeld* o las distracciones en el trabajo— consiste sencillamente en ponérnoslo más difícil para caer en ellos.

Las mentes más ingeniosas han ideado formas creativas de interponer barreras entre nosotros y nuestros vicios. Por ejemplo, en un número cada vez mayor de estados de Estados Unidos, los jugadores compulsivos pueden solicitar al Gobierno que los incluya en una lista que les prohíbe entrar en casinos o cobrar dinero del juego. Algunas operadoras de telefonía móvil ofrecen un servicio para evitar que los borrachos «llamen por teléfono en estado de embriaguez» bloqueando todas las llamadas salientes (excepto la de emergencia) a partir de cierta hora los fines de semana. El servicio de correo electrónico de Google, Gmail, ofrece una opción igual de divertida pero eficaz que exige que alguien resuelva una serie de problemas matemáticos antes de que pueda enviar un correo electrónico a altas horas de la noche. De este modo evitan que los empleados que se han bebido una botella de vino envíen a sus jefes una lista de quejas llenas de faltas de ortografía por correo electrónico.

Los Gobiernos también han encontrado la manera de utilizar la regla de los veinte segundos al servicio de un bien mayor. Por ejemplo, las encuestas muestran que el número de personas dispuestas a ser donantes de órganos es bastante elevado, pero que la mayoría se ven disuadidas por el largo proceso de rellenar los formularios necesarios. Por esta razón, algunos países han optado por un programa de exclusión voluntaria, que inscribe automáticamente a todos los ciudadanos como donantes[22]. Desde luego, cualquiera es libre de retirar su nombre, pero, cuando permanecer en la lista se convierte en la opción predeterminada, la mayoría de la gente lo hará. Cuando en España se optó por la exclusión voluntaria, el número de órganos donados se duplicó de inmediato.

De no haber descubierto la regla de los veinte segundos, no estoy seguro de haber podido ayudar a Ted en Hong Kong más allá de diagnosticar su paradójico problema: trabajaba casi todo el tiempo y, a la vez, casi nunca trabajaba. Pero, en cuanto me percaté de por qué le costaba tanto mantener la concentración, decidí que era hora de ver cómo esta estrategia lograba apartar las distracciones de la oficina del camino de menor resistencia.

Ahorrar tiempo añadiendo tiempo

El primer paso era aparentemente contraproducente: desactivar muchos de los atajos diseñados originalmente para «ahorrar tiempo» en la oficina. Por ejemplo, animé a Ted a mantener cerrado su programa de correo electrónico mientras trabajaba, de modo que dejara de enviar alertas cada vez que recibía un nuevo mensaje. Cuando Ted quería consultarlo, tenía que abrir el programa y esperar a que se cargara. Aunque esto reducía las interrupciones involuntarias, seguía resultándole demasiado fácil hacer clic en el pequeño icono de Outlook cada vez que se distraía, de modo que, para protegerlo frente a esa comprobación habitual, lo pusimos aún más difícil. Desactivamos el inicio de sesión y la contraseña automáticos de la cuenta, eliminamos el acceso directo del escritorio del ordenador y escondimos el icono en una carpeta vacía que se encontraba oculta dentro de otra carpeta vacía, que a su vez estaba dentro de otra carpeta. Básicamente, creamos la versión electrónica de las muñecas rusas apilables. Como me dijo un día en la oficina, solo medio en broma, ahora era «un auténtico fastidio» consultar el correo electrónico.

«Ahora estamos llegando a alguna parte», respondí.

Hicimos lo mismo con sus otras distracciones: desactivamos la aplicación bursátil, cambiamos la página de inicio de CNN a una página de búsqueda en blanco e incluso desactivamos el almacenamiento de *cookies*, de modo que el ordenador no pudiera «recordar» las cotizaciones bursátiles y los sitios web que Ted consultaba habitualmente. Cada botón adicional que tenía que pulsar, incluso cada dirección adicional que tenía que teclear en un navegador web, aumentaba la barrera frente a la procrastinación y mejoraba sus posibilidades de proseguir con su tarea. Le señalé que seguía teniendo total libertad para obrar como quisiera; al igual que en un programa de exclusión voluntaria, no se le había privado en absoluto de la posibilidad de elegir. Lo único que había cambiado era su configuración predeterminada, que ahora estaba orientada a la productividad en lugar de a la distracción.

Ese primer día en Hong Kong, Ted no solo se mostró escéptico con los cambios, sino que además estaba un poco molesto conmigo. Le parecía (tanto a él como a otros ejecutivos a los que había infligido penurias parecidas) que yo solamente le estaba complicando la existencia. ¿Quién era yo para desactivar sus *cookies*? (¡ni siquiera sé lo que son las *cookies*!) Pero, al cabo de unos días, cuando se dio cuenta de que estaba rindiendo mucho más (y en menos tiempo), cambió de opinión.

Dormir con la ropa de deporte

La regla de los veinte segundos no se reduce a modificar el tiempo que tardamos en hacer algo. Limitar las decisiones también puede ayudar a disminuir la barrera que impide un cambio positivo. Quizá recuerdes que los estudios sobre la fuerza de voluntad de Roy Baumeister demostraron que el autocontrol es un recurso limitado que se debilita con el uso excesivo. Pues bien, estos mismos investigadores han descubierto que un exceso de opciones también merma nuestras reservas.

Sus estudios han demostrado que cada decisión adicional que se toma reduce drásticamente la resistencia física, la capacidad de realizar cálculos numéricos, la persistencia frente al fracaso y la concentración general[23]. Y tampoco se trata de decisiones difíciles, ya que las preguntas son más de tipo «¿chocolate o vainilla?» que del estilo expuesto en *La decisión de Sophie*. Sin embargo, cada una de estas elecciones inocuas gasta un poco más nuestra energía, hasta que no disponemos de suficiente para continuar con el hábito positivo que estamos intentando adoptar.

Uno de los hábitos de vida que yo deseaba crear era conseguir practicar deporte por la mañana. Sabía por numerosas investigaciones que el ejercicio matutino aumenta el rendimiento en las tareas cognitivas y le aporta al cerebro una «victoria» que inicia un efecto cascada de emociones positivas. Pero tener la información no conlleva necesariamente una transformación, porque cada mañana me despertaba y me preguntaba: «¿Quiero hacer ejercicio?». Y mi cerebro respondía: «No, no quiero».

Si alguna vez has intentado iniciar el hábito de practicar deporte a primera hora de la mañana, seguramente te habrás encontrado con lo fácil que resulta fracasar a causa del exceso de opciones. Cada mañana, después de que suene el despertador, el monólogo interior es más o menos así: ¿pulso el botón de repetición o me levanto al instante? ¿Qué me pongo para entrenar esta mañana? ¿Salgo a correr o voy al gimnasio? ¿Escojo el gimnasio más concurrido o el más tranquilo, que está un poco más lejos? ¿Qué tipo de ejercicio cardiovascular debería practicar al llegar? ¿Me pongo a levantar pesas? ¿Voy a una clase de *kickboxing* o de yoga? Y en ese momento estás tan cansado de barajar alternativas que te has vuelto a quedar dormido. Al menos, eso es lo que me pasaba a mí. Por eso decidí reducir el número de opciones disponibles para conseguir ir al gimnasio.

Cada noche antes de acostarme escribía un plan sobre dónde me ejercitaría por la mañana y en qué partes del cuerpo me centraría. Después, ponía las zapatillas al lado de la cama. Por último —y lo más importante—, me iba a dormir con la ropa deportiva puesta (y mi madre se pregunta por qué aún no me he casado).

Eso sí: se trataba de ropa limpia y básicamente había disminuido la energía de activación lo suficiente para que, cuando me despertara a la mañana siguiente, solo tuviera que levantarme de la cama, introducir los pies (que ya llevaban calcetines) en las zapatillas y salir por la puerta. Ya había tomado con antelación las decisiones que parecían demasiado desalentadoras en mi estado de aturdimiento matinal. Y funcionó. Eliminar opciones y disminuir la energía de activación hizo que levantarme e ir al gimnasio se convirtieran en mi modo predeterminado. De esta forma, una vez arraigado el hábito positivo del ejercicio matutino, dejé de dormir con la ropa de deporte.

Posteriormente, al hablar con atletas y no atletas de todo el mundo, siempre escucho lo mismo de ambos grupos: algo raro sucede en el cerebro humano cuando te pones las zapatillas, ya que empiezas a pensar que es más fácil hacer ejercicio que «volver a quitarte todo eso». En realidad, resulta más sencillo quitártelas, pero el cerebro, una vez que se ha inclinado hacia un hábito, seguirá rodando de forma natural en esa dirección, siguiendo el camino de menor resistencia percibida.

Esto no solo funciona con el ejercicio. Piensa en los cambios positivos que deseas implementar en tu trabajo e imagina lo que significaría «simplemente calzarse los zapatos» en el ámbito laboral. Cuanta menos energía necesites para poner en marcha un hábito positivo, más probabilidades habrá de que se mantenga.

Establecer reglas que faciliten las decisiones

Tanto si tratas de cambiar tus hábitos en el ámbito laboral como en el familiar, la clave para reducir las decisiones reside en establecer y seguir unas cuantas reglas sencillas. Los psicólogos llamamos a este tipo de reglas *decisiones de segundo orden*, ya que en esencia se trata de decisiones sobre cuándo tomar decisiones, como lo fue en mi caso fijar con antelación cuándo, dónde y cómo iba a practicar deporte por la mañana.

Naturalmente, esta técnica no solo sirve para decidir si usar la cinta de correr o la bicicleta estática. En su brillante libro *The Paradox of Choice*, Barry Schwartz explica que establecer reglas de antemano puede liberarnos del bombardeo constante de elecciones que agotan nuestra fuerza de voluntad y marcar una auténtica diferencia en nuestras vidas[24]. Si establecemos la norma de no conducir nunca si hemos tomado más de una copa, por ejemplo, eliminamos el estrés y la incertidumbre de tener que tomar una decisión cada vez que no estamos seguros de si hemos bebido demasiado para conducir (lo que seguramente significa que así es). En el ámbito laboral, seguir reglas con objeto de reducir el rango de elección puede resultar sumamente eficaz. Por ejemplo, ponernos la norma de consultar el correo electrónico solo una vez cada hora o de hacer una sola pausa para el café cada mañana reduce la posibilidad de que cedamos a la tentación, lo que ayuda a que estas reglas se conviertan en hábitos que cumplimos de forma automática.

Las reglas son especialmente útiles durante los primeros días de un cambio de conducta, cuando resulta más fácil desviarse del camino. Poco a poco, a medida que la acción deseada se vuelve más habitual, podemos ser más flexibles. Por ejemplo, no solemos escuchar a un cocinero experto decir algo como: «Tengo por norma seguir siempre la receta al pie de la letra», ya que algunos de los mejores platos se elaboran mediante la experimentación creativa en la cocina. Pero, en el caso de un cocinero principiante como yo, esta regla es totalmente necesaria. Dado que no domino lo bastante el ámbito culinario como para saber *cómo* ser espontáneo, desviarme de las reglas podría conducir al desastre o a una docena de *brownies* de atún.

En una ocasión trabajé con un ejecutivo contable llamado Joseph que necesitaba reglas en el trabajo igual que yo las necesito en la cocina. Era una persona bastante reservada y sombría: su forma de vestir y sus modales me recordaban a uno de esos predicadores de Nueva Inglaterra del siglo XVII. Pero eso era solamente superficial. En el fondo, Joseph deseaba desesperadamente capitalizar la Ventaja de la Felicidad difundiendo positividad entre su equipo, si bien actuar con optimismo y animar abiertamente a sus empleados no era una conducta natural en él. Cada mañana se proponía ser más positivo, pero siempre volvía a caer en su modo predeterminado. Me confesó que, cuando intentaba interactuar de forma positiva durante las reuniones de equipo, se sentía abrumado por decisiones como: ¿qué debo decir para animar a alguien?, ¿a quién me dirijo?, ¿cuándo lo digo? ¿Hasta qué punto debo elogiarlo? Paralizado por la indecisión, acababa por no decir nada en absoluto y, cuando la reunión terminaba, Joseph se lamentaba una vez más en silencio de otra oportunidad perdida. Lo cierto es que todas esas decisiones requerían demasiada energía de activación. Necesitábamos establecer algunas reglas para simplificar el proceso.

La primera regla fue la siguiente: cada día, antes de cruzar el umbral de la sala de reuniones, tenía que pensar en un empleado al que pudiera agradecer algo. La segunda regla fue la siguiente: antes de empezar la reunión y de que cualquier otro asunto se interpusiera, tenía que dar las gracias públicamente a esa persona. Una simple frase bastaría, y entonces podría pasar al resto de cuestiones según estaba planeado sin la infinidad de opciones que le rondaban por la cabeza.

Un mes más tarde regresé a la empresa para impartir una sesión de formación y me encontré con Joseph en el pasillo. Nadie lo habría calificado de eufórico, pero desde luego parecía más feliz y afectuoso que antes. Me dijo que nuestra regla diaria le había facilitado mucho el cumplimiento de su objetivo y que estaba disfrutando de los beneficios de una mayor positividad en el trabajo. De hecho, a las dos semanas de empezar su nuevo ritual, descubrió que deseaba hacer un segundo comentario positivo a alguien algo más avanzada la reunión, aunque ya hubiera alcanzado su objetivo. Ahora podía relajar las normas con la confianza de que el nuevo hábito estaba bien asentado.

Todo está en los zapatos

A lo largo de estas páginas se exponen múltiples formas de sacar partido de la Ventaja de la Felicidad, pero, si no ponemos en práctica estas estrategias, seguirán siendo inútiles, como un conjunto de herramientas caras que se guarda bajo llave en una vitrina. La clave para usarlas —y lograr un cambio positivo y permanente— reside en crear hábitos que produzcan beneficios de forma automática, sin necesidad de un esfuerzo continuado ni de grandes reservas de fuerza de voluntad. La clave para formar estos hábitos radica en el ritual, la práctica repetida, hasta que las acciones se arraiguen en la química neuronal del cerebro. Y la clave de la práctica diaria es acercar todo lo posible las acciones deseadas al camino de menor resistencia. Identifica la energía de activación —el tiempo, las elecciones, el esfuerzo mental y físico que requieren— y luego redúcela. Si logras disminuir la energía de activación de los hábitos que conducen al éxito, aunque solo sea veinte segundos cada vez, no tardarás en empezar a cosechar sus beneficios. El primer paso metafórico —y a veces literal— es ponerte los zapatos.

La inversión social

Por qué el apoyo social es tu mayor activo

TENÍA DIECIOCHO AÑOS y me había perdido en un edificio en llamas en el que no tenía visibilidad. Mientras me abría paso a tientas a través del fuego pensé lo siguiente: «Tal vez no debería haberme presentado voluntario para esto».

Era mi último año de instituto y estaba a punto de terminar las noventa horas de formación de bombero voluntario en Waco (Texas), mi ciudad natal. La prueba final antes de completar la formación se llamaba el «laberinto en llamas», un ejercicio en el que los bomberos veteranos nos sometían a los novatos a nuestro primer incendio real a gran escala. Cargados con trajes ignífugos, botellas de oxígeno y una cierta dosis de aprensión, nos condujeron a un silo agrícola vacío que recibía por nombre el Depósito de Humo. Los bomberos abrieron la puerta metálica que daba acceso a una sala gigante que albergaba un intrincado laberinto de madera con paredes de tres metros de altura y materiales combustibles como neumáticos viejos y trozos de madera esparcidos por el suelo. Antes de que tuviéramos tiempo de asimilar la escena, los bomberos prendieron fuego a la madera y todo el laberinto comenzó a arder.

Aunque el sol de Texas ya calentaba de lleno y había casi 38 grados, eso no era nada en comparación con la explosión abrasadora que ahora atravesaba el edificio. Cogimos nuestras máscaras y nos dimos cuenta de que estaban completamente cubiertas de pintura negra, con objeto de reproducir la falta de visibilidad en un incendio real, según dijeron nuestros instructores. Observé el creciente incendio que teníamos frente a nosotros; aquel fuego «falso» me parecía muy real. Me puse la máscara. No veía nada.

Los bomberos gritaron las instrucciones por encima del estruendo de las llamas:

> Hay un muñeco atrapado en medio del laberinto.
>
> Vuestro objetivo es rescatarlo lo antes posible. En un incendio real en un edificio desconocido es muy fácil perderse y desorientarse. La única forma de evitarlo es mantenerse en contacto constante con la pared.
>
> Entraréis en el edificio en equipos de dos, sujetándoos el uno al otro, de modo que uno de vosotros pueda aferrarse a la pared, mientras que el otro explora el suelo en busca del muñeco.
>
> Esta tarea sería casi imposible en solitario, pero trabajando con un compañero se realiza con bastante facilidad.

Nos aseguraron que la operación llevaría entre siete y diez minutos, pero que las botellas disponían de oxígeno para una hora por si acaso. Una alarma nos avisaría cuando quedara una reserva de aire de cinco minutos, lo que nos daría tiempo de sobra para salir sanos y salvos. Por último, nos recordaron de nuevo la importancia de nuestros salvavidas humanos: nuestros compañeros. Aunque pueda parecer contraproducente agarrarse a un compañero durante un incendio, en realidad era la mejor forma de salir con vida.

Los bomberos abrieron la puerta de golpe y nos metimos de cabeza en el infierno. Empecé a tomar bocanadas de aire, sintiendo a mi compañero agarrado a mi chaqueta a la altura de la muñeca y oyéndolo respirar con la misma fuerza.

Empezamos a abrirnos paso entre el humo tímidamente. Él iba primero, manteniendo una mano en la pared, mientras yo me agarraba a él con una mano y utilizaba la otra para tantear el suelo en busca del muñeco. Cuando llevábamos unos diez minutos en el laberinto, todo parecía ir bien, excepto por el hecho de que no veíamos nada y estábamos a punto de sufrir un golpe de calor. Pero aún no habíamos encontrado el muñeco.

Fue entonces cuando oí la alarma. Rodeado de llamas y humo, cegado y arrastrándome de rodillas, intenté comprender lo que estaba sucediendo. ¿Por qué sonaba la alarma de la botella de aire de mi compañero? Se suponía que quedaban al menos 45 minutos de oxígeno, si bien la alarma indicaba que solo duraría cinco minutos. Debía de tratarse de un error, pensé.

Entonces sonó la mía.

Los bomberos experimentados habrían mantenido la calma, pero nosotros entramos en pánico. Nuestra capacidad de razonamiento desapareció. Sin pensarlo, solté a mi compañero, y luego él soltó la pared, lo que significaba lo peor: estábamos solos y habíamos perdido el camino de vuelta. Desorientados y asustados, dábamos vueltas a ciegas en direcciones opuestas, tanteando el aire y llamándonos por nuestro nombre. Pero yo no podía oírle por encima del estruendo del fuego y estaba seguro de que tampoco él me oía a mí. A medida que pasaban los minutos, empecé a sentirme cada vez más indefenso y asustado. Me arrastraba frenéticamente, convencido de que mi reserva de oxígeno se estaba agotando rápidamente.

Por fin, tras lo que me pareció una eternidad, sentí que el calor retrocedía mientras un par de fuertes brazos me sacaban del laberinto y me ponían a salvo. Mientras aspiraba el aire fresco, los veteranos me revelaron varios detalles. En primer lugar, todo lo que había salido mal formaba parte del entrenamiento; las alarmas de las botellas estaban programadas para sonar antes de tiempo y así provocar la falsa impresión de que nos habíamos quedado sin aire. En segundo lugar, cuando entraron a buscarnos, me habían encontrado arrastrándome en círculos sin ir a ninguna parte, y a mi compañero a seis metros de distancia, igualmente perdido y haciendo más o menos lo mismo. En tercer lugar, no había ningún muñeco. Como les gusta decir a los bomberos cada año al final del entrenamiento: los únicos monigotes en el fuego son los novatos. Y siempre hay que salvarlos.

En aquel momento, recuerdo que pensé que se trataba de un truco especialmente cruel. Pero, años más tarde, me impresiona la forma tan memorable en que el entrenamiento del laberinto en llamas me inculcó la lección que constituye el núcleo del principio 7: cuando nos enfrentamos a un reto o una amenaza inesperados, la única forma de salvarnos es aferrarnos con fuerza a las personas que nos rodean y no soltarlas.

El error que cometemos

Este principio es tan cierto en el lugar de trabajo moderno como en aquel ardiente depósito de humo. En medio de los retos y el estrés del entorno laboral, nada resulta tan crucial para nuestro éxito como aferrarnos a las personas que nos rodean. Sin embargo, cuando suenan las alarmas laborales, con demasiada frecuencia nos cegamos ante esta realidad y tratamos de ir por libre, y, como resultado, acabamos como yo en aquella ocasión, dando vueltas indefensos en alguna esquina sin salida hasta quedarnos sin aire.

He visto a demasiados hombres y mujeres de negocios caer presa de este error de cálculo. Recuerdo el sonido de la campana al final de un día especialmente cruel en la bolsa de valores en noviembre de 2008. El índice Dow Jones se desplomaba y se habían perdido incontables sumas de dinero. Observé cómo una multitud de *traders* se aflojaban las corbatas y abandonaban la sala de operaciones abatidos. Pero lo que me llamó la atención fue que no se retiraban al baluarte de sus equipos, como solían hacer después de un día de negociación. Todos se marchaban solos y en silencio.

Aunque eran personas inteligentes y capaces con másteres en Dirección y Administración de Empresas de algunas de las instituciones más importantes del mundo, en una situación en la que tenían que funcionar a pleno rendimiento, se estaban perjudicando a sí mismas. En el momento en que más se necesitaban unos a otros estaban renunciando a su recurso más valioso: el apoyo social. Una y otra vez, durante esos peligrosos meses vi cómo las empresas desechaban los cursos de formación de equipos y las «ventajas» sociales, ignorando la caída en picado de la moral del grupo en favor de aspectos considerados más «importantes». Pero, en realidad, nada era tan esencial como el elemento que estaban dejando escapar.

No hace falta estar al borde del colapso económico para comprender lo fácil que resulta encerrarse en uno mismo cuando más se necesita tender la mano a los demás. Todos hemos pasado por esto alguna vez. Tenemos un proyecto abrumador sobre la mesa y nos consume la preocupación de no poder cumplir las exigencias. ¿Dispondremos de bastante tiempo para concluirlo? ¿Qué pasará si no lo logramos? A medida que se acerca la fecha límite y aumenta la presión, empezamos a comer en el escritorio, a quedarnos hasta tarde y a trabajar los fines de semana. Pronto estamos «concentrados como un láser» (o eso nos decimos a nosotros mismos), lo que significa que no tenemos tiempo para estar cara a cara con nuestros subordinados directos, ni para charlas informales en los pasillos ni siquiera para llamadas no esenciales con los clientes. Incluso nuestros correos electrónicos se vuelven más bruscos e impersonales. En cuanto al tiempo con la familia y los amigos, es lo primero que desaparece cuando estamos en modo crisis. Pero, a pesar de dedicar toda nuestra atención al trabajo, nuestra productividad disminuye y, a medida que se acerca el final del plazo, nuestro objetivo parece alejarse cada vez más de nuestro alcance. Así que nos atrincheramos, apagamos el móvil, nos refugiamos en nuestro búnker y cerramos la puerta con doble llave.

En esta coyuntura suelen ocurrir dos cosas: o bien flaqueamos y no conseguimos concluir el proyecto, o bien nos esforzamos al máximo y lo terminamos, y de inmediato nos recompensan con otro proyecto complejo, aunque por entonces ya no nos queda oxígeno en el depósito. En cualquier caso, no solo nos sentimos tristes, abatidos y abrumados, sino también perdidos en un callejón sin salida, incapaces de rendir y completamente solos.

Las personas exitosas adoptan exactamente el enfoque opuesto. En lugar de replegarse sobre sí mismas, se aferran más a su apoyo social. En lugar de desprenderse de sus relaciones, invierten en ellas. Estas personas no solo son más felices, sino que además son más productivas, comprometidas, enérgicas, dinámicas y resilientes. Saben que sus relaciones sociales son la mayor inversión que pueden hacer en la Ventaja de la Felicidad.

Invertir en la Ventaja de la Felicidad

Uno de los estudios psicológicos más largos de todos los tiempos —el Estudio de Desarrollo Adulto de Harvard— ha seguido a 268 hombres desde su ingreso en la universidad a finales de los años treinta hasta la actualidad[1]. A partir de este cúmulo de datos, los científicos han podido identificar las circunstancias vitales y las características personales que distinguen las vidas más felices y plenas de las menos exitosas. En el verano de 2009, George Vaillant, el psicólogo que ha dirigido este estudio durante los últimos cuarenta años, declaró a la revista *Atlantic Monthly* que las conclusiones podían resumirse en una sola palabra: «Amor, punto». ¿De verdad podía ser tan sencillo? Vaillant escribió un artículo de seguimiento que analizaba los datos con gran detalle, y sus conclusiones demostraron lo mismo: que existen «setenta años de pruebas que confirman que nuestras relaciones con otras personas importan y, de hecho, son más importantes que cualquier otra cosa en el mundo»[2].

Los resultados de este estudio se han replicado una y otra vez. En su libro *Happiness*, los psicólogos Ed Diener y Robert Biswas-Diener revisan la enorme cantidad de investigaciones transculturales que se han llevado a cabo sobre la felicidad en las últimas décadas y concluyen que, «al igual que los alimentos y el aire, parece que necesitamos las relaciones sociales para prosperar»[3]. Esto se debe a que, cuando contamos con una comunidad de personas —cónyuge, familia, amigos, colegas—, multiplicamos nuestros recursos emocionales, intelectuales y físicos. Nos recuperamos más rápido de los contratiempos, obtenemos más logros y nos sentimos más motivados. Además, el efecto sobre nuestra felicidad y, por tanto, sobre nuestra capacidad para beneficiarnos de la Ventaja de la Felicidad, es inmediato y duradero. Primero, las interacciones sociales nos ofrecen una inyección de positividad en ese momento y, después, cada una de estas conexiones individuales fortalece una relación a lo largo del tiempo, lo que eleva nuestro nivel habitual de felicidad de forma permanente. Por eso, incluso una breve interacción, como cuando un compañero te entretiene un momento en el pasillo de la oficina para saludarte y preguntarte cómo te va la jornada desencadena una espiral ascendente continua de felicidad y sus recompensas inherentes.

Las personas que destacan por encima de la media ya saben que esto es cierto; de hecho, es lo que las convierte en fuera de serie. En un estudio llamado acertadamente «Gente muy feliz», los investigadores buscaron las características del 10 por ciento de personas más felices entre nosotros[4]. ¿Viven todos en climas cálidos? ¿Son todos ricos? ¿Están todos en buena forma física? Resulta que había una —y *solo* una— característica que distinguía al 10 por ciento más feliz del resto: la solidez de sus relaciones sociales. Mi estudio empírico sobre el bienestar entre mil seiscientos universitarios de Harvard arrojó un resultado similar: el apoyo social era un indicador de felicidad mucho mayor que cualquier otro, incluso más que el promedio académico, los ingresos familiares, las puntuaciones SAT para la admisión universitaria, la edad, el sexo o la raza. De hecho, la correlación entre el apoyo social y la felicidad era de 0,7 puntos. Puede que no parezca una gran cifra, pero para los investigadores es una puntuación enorme, ya que los resultados psicológicos se consideran significativos cuando alcanzan el 0,3. La cuestión es que, cuanto más apoyo social tienes, más feliz eres. Y, como sabemos, cuanto más feliz eres, más ventajas obtienes en casi todos los ámbitos de la vida.

Sobrevivir y prosperar con la inversión social

Nuestra necesidad de apoyo social no se encuentra solo en nuestra cabeza. La psicología evolutiva explica que la necesidad de afiliarnos y formar vínculos sociales es inherente a nuestra biología[5]. Cuando establecemos una conexión social positiva, se produce oxitocina (la hormona del placer), que es liberada en el torrente sanguíneo, lo cual reduce de inmediato la ansiedad y mejora la concentración y la atención. Cada conexión social también refuerza nuestro sistema cardiovascular, neuroendocrino e inmunitario, de modo que, cuantas más conexiones creamos a lo largo del tiempo, mejor funcionamos.

Tenemos tal necesidad biológica de apoyo social que nuestros cuerpos pueden llegar a fallar cuando nos falta[6]. Por ejemplo, el deficiente contacto social puede aumentar en treinta puntos la tensión arterial de un adulto[7]. En su trascendental libro *Loneliness*, el psicólogo de la Universidad de Chicago, John Cacioppo, recopiló los resultados de más de treinta años de investigación y demostró de forma convincente que la escasez de contactos sociales resulta tan mortal como ciertas enfermedades[8]. Naturalmente, también causa daños psicológicos; por eso no debería extrañarnos que una encuesta nacional realizada a 24 000 trabajadores descubriera que los hombres y mujeres con pocos vínculos sociales tenían entre dos y tres veces más probabilidades de sufrir una depresión grave que las personas con fuertes lazos sociales[9].

En cambio, cuando disfrutamos de un sólido apoyo social, podemos lograr impresionantes proezas de resiliencia e incluso alargar nuestra vida. Un estudio reveló que las personas que recibieron apoyo emocional durante los seis meses posteriores a un infarto tenían tres veces más probabilidades de sobrevivir[10]. Otro estudio concluyó que participar en un grupo de apoyo contra el cáncer de mama duplicaba la esperanza de vida de las mujeres después de la operación[11]. De hecho, se ha descubierto que el apoyo social influye en la esperanza de vida tanto como el tabaco, la hipertensión, la obesidad y la actividad física regular[12]. En palabras de un grupo de médicos:

«Al echar al mar una balsa salvavidas, el superviviente prudente no tirará la comida por la borda y conservará los muebles. De igual manera, si alguien debe deshacerse de una parte de su vida, el tiempo que pasa con su pareja debe ser el último elemento de la lista: necesita esa conexión para vivir»[13]. Parece que, cuando nos encontramos a la deriva, las personas que se aferran a sus compañeros de balsa y no solo a sus balsas son quienes se mantienen a flote.

El capital social como alivio del estrés

La misma estrategia —apoyarse en los demás— resulta también de vital importancia para sobrevivir al estrés diario del mundo laboral. Diversos estudios demuestran que cada interacción positiva que tienen los trabajadores a lo largo de la jornada laboral ayuda a que el sistema cardiovascular retorne a los niveles de reposo (un beneficio que suele denominarse *recuperación laboral*) y que, a largo plazo, los empleados con más interacciones de este tipo quedan protegidos de los efectos negativos de la tensión laboral. Cada conexión también reduce los niveles de cortisol, una hormona relacionada con el estrés, lo que contribuye a un restablecimiento más rápido frente al estrés laboral y a una mejor preparación para afrontarlo en el futuro[14]. Además, se ha descubierto que las personas con relaciones sólidas tienen menos probabilidades de percibir las situaciones como estresantes en un primer momento[15]. De modo que, en esencia, invertir en conexiones sociales significa que te resultará más sencillo considerar la adversidad un camino hacia el crecimiento y las oportunidades; y en las ocasiones en las que *sí* experimentes estrés, te recuperarás antes y estarás mejor protegido contra sus efectos negativos a largo plazo.

En el volátil mundo laboral, la capacidad de gestionar el estrés, tanto física como psicológicamente, constituye una ventaja competitiva significativa. Se ha comprobado que reduce en gran medida los costes sanitarios y la tasa de absentismo laboral, pero quizá algo más importante es que repercute directamente en el rendimiento individual. Se ha descubierto que los «recursos fisiológicos» que los empleados obtienen de las interacciones sociales positivas sienta las bases del compromiso en el lugar de trabajo: los empleados son capaces de trabajar más horas, con mayor concentración y en condiciones más difíciles[16]. Por ejemplo, cuando AT&T estaba realizando despidos masivos y experimentaba una gran agitación interna tras dividirse en tres empresas distintas, un alto directivo que trabajaba a diario con el personal se dio cuenta de que algunos empleados soportaban mejor la presión que otros[17]. Como comentó al profesor de Harvard Daniel Goleman: «No todos tenemos el mismo problema, porque hay muchas unidades que trabajan en equipos sumamente estables en los que las personas encuentran un gran sentido a lo que hacen y resultan bastante impermeables a toda esta agitación»*. ¿Por qué? Porque las personas que invierten en sus sistemas de apoyo social están mejor preparadas para salir adelante incluso en las circunstancias más difíciles, mientras que las que se alejan de la gente que les rodea cortan de hecho todas las líneas de protección de que disponen, justo en el momento en que más las necesitan. Para comprender plenamente la importancia de esta distinción y las consecuencias que tiene para nuestro éxito futuro, hagamos un rápido viaje al terreno de juego.

---

* Goleman, Daniel, *La práctica de la inteligencia emocional*, Kairós, Barcelona, 1999. *(N. de la T.)*

Todo lo que necesito saber lo aprendí de la Liga Nacional de Fútbol Americano

En el mundo del fútbol americano, unas pocas posiciones acaparan prácticamente toda la atención: los mariscales de campo, los receptores y los corredores estelares. Ellos son quienes monopolizan la mayoría de los titulares, y sus sueldos y su fama dan testimonio de su importancia. Lo cierto es que hay otro grupo de jugadores que está igualmente bien pagado y tal vez sea más valorado: la línea ofensiva, aunque muy poca gente sepa quiénes son sus componentes o cuál es su función. Casi ningún aficionado se pasea con sus camisetas, pero deberían hacerlo.

Cuando un equipo de fútbol sale al terreno de juego, el mariscal de campo se sitúa detrás de una línea de cinco seres humanos de gran tamaño agachados sobre el césped. Es la línea ofensiva. A poca distancia aguarda el equipo contrario, listo para echarse encima. Al oír el silbato, unos cuerpos enormes y musculosos se aproximan a gran velocidad, empleando todo su peso y su fuerza para abalanzarse sobre el mariscal de campo y lanzarlo contra el suelo. La línea ofensiva es lo único que se interpone entre este jugador clave y esa masa humana de ataque. Los miembros de la línea ofensiva no se llevan el mérito de las anotaciones ni de los goles. Aunque su única misión es proteger al mariscal de campo, se trata de la función más importante sobre el terreno. Al fin y al cabo, no es posible ganar un partido si esta figura cae derrotada antes de llegar a lanzar.

Cuando el mariscal de campo Joe Montana, miembro del Salón de la Fama, tuvo por primera vez el privilegio de jugar detrás de una línea ofensiva realmente magnífica, destacó como nunca. Como escribe Michael Lewis en el libro *The Blind Side*, Montana jugó «como un niño al que le han pasado las respuestas del examen previamente»[18]. Después del partido, este jugador les contó a los periodistas: «Nunca nos había visto jugar así [...]. Por eso no nos ha parecido complicado. Pero lo fue. Nuestra línea los detenía, y al contar con ese tiempo, todo resultó sencillo». Todos le atribuían el mérito a Joe Montana, pero él señalaba a su línea ofensiva.

Aunque la mayoría de nosotros vivimos lejos del campo de fútbol, cada uno tiene su propia versión de una línea ofensiva: nuestros cónyuges, nuestras familias y nuestros amigos. Rodeados de estas personas, los grandes retos parecen más manejables, y los pequeños desafíos ni siquiera aparecen en el radar. Al igual que la línea ofensiva protege a un mariscal de campo de un intento de derribo especialmente brutal, nuestro apoyo social evita que el estrés nos derrumbe y se interponga en el camino hacia la consecución de nuestros objetivos. Y del mismo modo que la línea ofensiva ayudó a Montana a conseguir una anotación que de otro modo habría sido imposible, nuestros lazos sociales nos ayudan a sacar partido de nuestras propias fuerzas para conseguir más en nuestro trabajo y en nuestras vidas.

Estos beneficios tampoco se limitan al corto plazo. En un estudio longitudinal en el que participaron hombres de más de cincuenta años, aquellos con un elevado índice de experiencias vitales estresantes sufrieron un nivel de mortalidad mucho más alta durante los siete años siguientes[19]. Pero el mismo estudio descubrió que esta tasa de mortalidad más alta era válida para todos, *excepto* para los hombres que decían tener altos niveles de apoyo emocional. Al igual que un mariscal de campo que ha estado protegido de los intentos de derribo durante su carrera por el césped, toda una vida de sólidas relaciones sociales proporciona una protección vital frente a los peligrosos efectos del estrés. No siempre podemos detener a los jugadores ofensivos de 158 kilos que vienen hacia nosotros, pero TODOS podemos invertir en una línea ofensiva fuerte. Y eso puede suponer una diferencia.

Destacan con un poco de ayuda de sus amigos

Por desgracia, no todo el mundo hace esta inversión. A menudo, el impulso erróneo de retraernos empieza incluso antes de entrar en el mundo laboral. Recordarás que cuando era funcionario de Harvard viví en una residencia universitaria durante doce años. Aunque esto me proporcionó numerosas experiencias vitales únicas que no recomendaría, como pasar doce años comiendo en bandejas, una de las mejores partes de estar en contacto con los alumnos fue tener la oportunidad de ver las diferentes estrategias que estos jóvenes de dieciocho a veintidós años ideaban a fin de encontrar su camino a través del laberinto de Harvard. Aunque cada uno de ellos era excepcional de una forma u otra, cuando se trataba de manejar las inevitables tensiones de un entorno tan exigente y competitivo, año tras año me daba cuenta de que algunos de ellos tenían una ventaja significativa, mientras que otros, a pesar de toda su inteligencia y esfuerzo, parecían sabotear su propio progreso.

Recuerdo especialmente a dos estudiantes de primer año: Amanda y Brittney, que eran compañeras de habitación. Ambas tenían personalidades enérgicas, y ambas entablaron nuevas amistades rápidamente y sin esfuerzo aquel primer septiembre. Pero, a medida que se acercaban los exámenes parciales, sus caminos empezaron a separarse. Con el aumento de la presión, Amanda encontró un lugar aislado en la biblioteca y pasó allí la mayor parte de los días y las noches. Empezó a saltarse las pausas de estudio: no tenía tiempo para actividades frívolas como compartir tentempiés e historias con sus compañeros. Tras haber sido miembro activo del equipo de *ultimate frisbee* de nuestra residencia, dejó de asistir a los entrenamientos y a los partidos. Cuando por fin la encontré un día en el comedor, mientras se llevaba la comida —seguramente de vuelta a la biblioteca—, admitió que estaba demasiado estresada como para concentrarse en otra cosa que no fueran las tareas académicas. «Mis amigos lo entenderán», me dijo. Aunque no eran sus amigos quienes me preocupaban.

Mientras tanto, Brittney florecía. No era ajena a los retos ni a las presiones ni desde luego trabajaba menos que Amanda. Pero, en lugar de encerrarse en un rincón de la biblioteca, organizaba grupos de estudio. Para su clase de «Magia de los números» (nota: el título del curso no es inventado), envió un correo electrónico a un grupo de seis amigos y les pidió que cada uno escribiera un resumen de las clases de una semana; después comieron juntos varias veces por semana para compartir su trabajo. Recuerdo que una vez presencié una de estas sesiones y resultó que estaban hablando de *Los Simpson*. «Creía que era un grupo de estudio de Matemáticas», señalé con fingida exasperación. Un joven me miró y luego señaló a Brittney. «Tenemos órdenes de dedicar un rato a hablar de temas triviales», aclaró. Cuando me reuní con Brittney en una pausa de estudio unas semanas más tarde —se había tomado diez minutos libres para participar en el concurso de degustación de galletas Oreo—, se limitó a encogerse de hombros. «Es mucho trabajo. Pero, no sé, supongo que es agradable saber que vamos a trabajar toda la noche juntos».

No quisiera alargarme demasiado, pero digamos que, en enero, una de estas estudiantes había sucumbido a la presión y el estrés, y deseaba trasladarse a un lugar menos competitivo. Por el contrario, la otra era feliz, estaba bien adaptada y rendía excepcionalmente en sus cursos. Aunque Amanda y Brittney son personas reales, también representan las opciones que tenemos cada uno de nosotros cuando nos enfrentamos a la adversidad.

Un gran número de líderes empresariales que he conocido creen, como Amanda, que el camino hacia el éxito es un trayecto solitario, pero sencillamente no es así. Las personas más exitosas con las que he trabajado saben que, incluso en un entorno extraordinariamente competitivo, estamos más preparados para afrontar retos y obstáculos cuando aunamos los recursos de quienes nos rodean y aprovechamos hasta los pequeños momentos que pasamos con los demás. Cada vez que Brittney comía o estudiaba con sus amigos no solo se divertía, sino que además disminuía su nivel de estrés, preparaba su cerebro para un alto rendimiento y aprovechaba las ideas, la energía y la motivación que proporciona el apoyo social. Mientras Amanda se desvinculaba de su red y se hundía, Brittney invertía en algo que le reportaba beneficios continuamente. Y al igual que el apoyo social constituye una receta para la felicidad y un antídoto contra el estrés, también es un factor primordial de éxito en el lugar de trabajo.

INVERTIR EN ALTO RENDIMIENTO

En el principio 5, el Círculo del Zorro, vimos que quienes creemos que somos dueños de nuestro destino gozamos de una gran ventaja en el ámbito laboral y vital. Esto es un hecho innegable, pero no significa que tengamos que vivir aislados o que nuestro éxito dependa únicamente de nuestros esfuerzos. ¿Recuerdas el Estudio de Desarrollo Adulto de Harvard que duró setenta años? Los investigadores descubrieron que los vínculos sociales no solo eran indicadores de la felicidad general, sino también de los logros profesionales, del éxito laboral y de los ingresos[20].

A veces, a muchos de nosotros nos cuesta aceptar esta verdad, dado lo arraigada que está la ética del individualismo en nuestra cultura (al fin y al cabo, leer el ensayo de Ralph Waldo Emerson *Autosuficiencia* es prácticamente un rito de iniciación estadounidense). Somos especialmente independientes a la hora de reconocer los logros. La psicóloga Carol Dweck ilustra la insensatez de esta creencia con las respuestas de sus alumnos ante la pregunta de cómo se imaginan el contexto en el que se encontraban las mentes más brillantes de la historia mientras trabajaban[21].

—Cuando piensas en Thomas Edison, ¿qué ves? —pregunta Dweck.

—Está de pie, con una bata blanca, en una habitación tipo laboratorio —suele ser la respuesta habitual—. Está inclinado sobre una bombilla. De repente, ¡funciona!

—¿Está solo? —inquiere.

—Sí. Es un tipo más bien retraído al que le gusta experimentar por su cuenta.

Como Dweck se complace en señalar, esto no podría estar más lejos de la verdad. Edison realizaba sus descubrimientos en entornos grupales y, cuando inventó la bombilla, lo hizo con la ayuda de treinta asistentes. Era un individuo creativo social, no un lobo solitario. Y en lo que respecta a los pensadores más innovadores de la sociedad, de los que tan a menudo se asume que son genios excéntricos y solitarios, él no fue la excepción a la regla.

Todos hemos oído el popular dicho «dos cabezas piensan mejor que una», pero los beneficios de la interacción social en el lugar de trabajo van mucho más allá de la lluvia de ideas en grupo. Contar con personas que nos apoyen en la oficina —incluso con las que podamos hablar del último episodio de la serie *Lost*— fomenta la innovación, la creatividad y la productividad individuales. Por ejemplo, un estudio en el que participaron 212 empleados descubrió que las conexiones sociales en el trabajo predecían una mejor conducta de aprendizaje individual, lo que significa que, cuanto más conectados socialmente se sentían los empleados, más tiempo dedicaban a buscar formas de mejorar su propia eficacia o habilidades[22].

Quizá un punto más importante sea el hecho de que las conexiones sociales nos motivan. Cuando se entrevistó a más de un millar de profesionales de éxito —hombres y mujeres— que estaban a punto de jubilarse, y se les preguntó qué era lo que más les había incentivado a lo largo de sus carreras profesionales, la mayoría de ellos situó las amistades en el trabajo por encima de los beneficios económicos y el estatus individual[23]. En *Good to Great*, Jim Collins revela una verdad parecida: «Las personas que entrevistamos de las compañías excelentes amaban lo que hacían, en gran medida porque les gustaba con quién lo hacían»[24]*.

Cuanto mejor nos sintamos en estas relaciones laborales, más eficaces seremos. Por ejemplo, un estudio en el que participaron más de 350 empleados de sesenta unidades de negocio de una empresa de servicios financieros descubrió que el mejor indicador de los logros de un equipo era la relación existente entre sus miembros[25]. Esto es especialmente importante para los directivos porque, aunque a menudo tienen poco control sobre la formación o las habilidades de los empleados de sus equipos, sí pueden controlar el nivel de interacción y compenetración entre ellos. Diversos estudios demuestran que, cuanto más se anima a los miembros del equipo a socializar e interactuar entre ellos, más aumenta su nivel de implicación y energía, y más tiempo logran mantener la concentración en una tarea[26]. En resumen, cuanto más in-

---

* Collins, Jim, *Good to Great: ¿por qué algunas compañías dan el salto a la excelencia y otras no?*, Reverté, Barcelona, 2021. *(N. de la T.)*

viertan los miembros del equipo en su cohesión social, mejores serán los resultados de su trabajo.

Conexiones de alta calidad

El contacto social no siempre tiene que ser profundo para ser eficaz y marcar la diferencia en el rendimiento laboral y la satisfacción en el trabajo. Los psicólogos organizativos han descubierto que incluso los encuentros breves pueden formar «conexiones de alta calidad», que promueven la apertura, la energía y la autenticidad entre compañeros de trabajo y, a su vez, conducen a toda una serie de mejoras tangibles y mensurables en el rendimiento. Jane Dutton, psicóloga especializada en esta cuestión en la Escuela de Negocios de la Universidad de Míchigan, explica que «cualquier punto de contacto con otra persona puede ser potencialmente una conexión de alta calidad. Una conversación, un intercambio de correos electrónicos, una interacción momentánea en una reunión puede infundir a ambos participantes una mayor sensación de vitalidad, así como un impulso renovado y una mejor capacidad de actuación»[27].

Una vez más, no se trata únicamente de tener un entorno laboral divertido y agradable (aunque sin duda constituye una ventaja importante). Además, cada una de estas conexiones sociales reporta beneficios. Por ejemplo, unos investigadores del MIT siguieron durante todo un año a 2600 empleados de IBM, observando sus vínculos sociales e incluso empleando fórmulas matemáticas para analizar el tamaño y el alcance de sus libretas de direcciones y listas de amigos, y descubrieron que, cuanto más conectados socialmente estaban los empleados, mayor era su rendimiento[28]. Incluso pudieron cuantificar la diferencia: de media, cada contacto de correo electrónico suponía un aumento de 948 dólares en ingresos. Ahí está, en términos claros, el poder de la inversión social. IBM decidió aprovecharlo y puso en marcha un programa en sus oficinas de Cambridge (Massachusetts) para facilitar la presentación de empleados que aún no se conocían.

Google es quizá el ejemplo más famoso de una empresa que comprende realmente la importancia de las conexiones sociales, y no se trata de palabras bonitas: la compañía lo refleja en sus prácticas. Las cafeterías de la empresa permanecen abiertas más allá de las horas de la jornada laboral tradicional, lo que facilita que los empleados puedan cenar juntos. Además, disponen de guarderías ubicadas dentro de las instalaciones y se anima a los empleados a que dediquen tiempo a visitar a sus hijos a lo largo de la jornada.

UPS es otra empresa de éxito que ha invertido en capital social. Cada día en ciudades y pueblos de todo Estados Unidos pueden encontrarse tres o cuatro camiones locales de UPS aparcados cerca unos de otros mientras sus conductores comparten una comida juntos[29]. Durante ese rato intercambian historias, información y paquetes extraviados. Dado que estos encuentros obligan a los conductores a salirse de sus rutas programadas y se prolongan durante más tiempo que un almuerzo solitario, a mucha gente le sorprende que los jefes de UPS, tan obsesionados con la eficacia, los apoyen. Pero lo hacen. Saben que esta interacción social resulta rentable a largo plazo no solo para los conductores, sino para toda la empresa.

Otras empresas, como Southwest Airlines, Domino's Pizza y The Limited, han puesto en marcha programas que fomentan la inversión social literalmente, permitiendo que los trabajadores donen dinero a compañeros que se enfrentan a emergencias médicas y financieras[30]. El resultado es que los empleados que forman parte de esta iniciativa (e incluso los que no lo hacen, pero simplemente saben que el programa existe) sienten una mayor implicación entre sí, y también con la empresa en su conjunto. En una empresa minorista de Fortune 500, un directivo compartió su parecer acerca de la Fundación de Apoyo al Empleado de la compañía: «Me siento orgulloso de la empresa [...]. Creo que es bueno dar y, ya sabes, definitivamente me hace sentir [...] que estoy trabajando para una entidad que comparte algunos de mis intereses y se preocupa por las personas». Estos sentimientos se traducen posteriormente en beneficios reales, como la reducción de los índices de absentismo y rotación laboral, y el aumento de la motivación y el compromiso de los empleados.

Jugadores pegamento

Por supuesto, este tipo de políticas corporativas de gran alcance no siempre son necesarias y las pequeñas diferencias pueden llegar a tener el mismo impacto. Durante una visita a las oficinas londinenses del gigante financiero UBS, me enteré de que entre los *traders* se había instaurado la tradición de reunirse los viernes por la tarde en torno a un carrito de cerveza. Hace unos años, la decana de la Facultad de Derecho de Harvard tuvo ideas parecidas para mejorar la calidad de vida de sus estresados estudiantes. Instaló zonas de café entre las aulas y una pista de voleibol en el patio para que los alumnos socializaran, aunque solo fuera unos minutos, aprovechando los huecos entre las extenuantes clases.

Lamentablemente, estas políticas suelen ser las primeras en desaparecer cuando las empresas se encuentran en apuros económicos, otro ejemplo de nuestra tendencia a desinvertir ante un panorama sombrío. UBS suspendió hace poco su carrito semanal de cerveza debido a restricciones presupuestarias, pero la cultura de cohesión que la tradición había contribuido a crear aseguró su continuidad. La última vez que visité la oficina, los empleados se morían de ganas de contarme cómo dos directivos habían echado mano de sus propias mermadas carteras a fin de comprar cerveza para sus equipos. Sabían que preservar este ritual contribuiría en gran medida a levantar la moral, especialmente en esos momentos difíciles. Si el estado de ánimo que se respiraba durante mi visita podía considerarse una señal, entonces la idea había funcionado.

Las personas que invierten activamente en sus relaciones son el corazón y el alma de una organización próspera, la fuerza que ayuda a avanzar a sus equipos. En el ámbito deportivo se las llama jugadores pegamento. Como ha explicado el *Wall Street Journal*, este tipo de jugadores «cohesionan en silencio los equipos ganadores […] la estadística no cree en su existencia, pero la psicología sí. Y tanto los jugadores como los directivos depositan su confianza en ellos»[31]. Dado que un equipo de béisbol tiene un mínimo de 81 partidos al año fuera de casa durante los cuales juegan y viven juntos, la importancia de llevarse bien resulta bastante obvia. En el entorno de alta exigencia de los deportes profesionales, los equipos pueden desintegrarse en un santiamén a causa de la presión. Los jugadores pegamento mantienen unidos a sus integrantes en esos momentos difíciles, cuando resulta más tentador abandonar.

La pareja vertical

En uno de mis episodios favoritos de la comedia satírica *The Office*, Stanley, un empleado gruñón que no tiene paciencia con las excentricidades de su jefe, recibe la orden médica de llevar un monitor cardíaco al trabajo. Hace poco ha tenido problemas de corazón, y el monitor le avisará si su ritmo cardíaco sube a un nivel peligroso. Michael Scott es el ejemplo perfecto de jefe terriblemente inepto. Cada vez que Michael se acerca a menos de medio metro de Stanley, el monitor cardíaco se activa y, cuanto más se acerca Michael, más se descontrola y más fuerte pita. La mera proximidad a su incompetente e irritante jefe hace que el ritmo cardíaco de Stanley se dispare.

Aunque se trata del argumento de una serie de televisión, no está tan alejado de la realidad como parece. De vuelta al mundo real, un equipo de investigadores británicos decidió seguir a un grupo de empleados que trabajaban para dos supervisores distintos en días alternos: uno con el que se llevaban bien y otro con el que no[32]. En otras palabras, un jefe al que apreciaban y uno del estilo de Michael Scott. Y, en efecto, los días que les tocaba trabajar con el jefe temido, la presión arterial media de estos empleados se disparaba. Un estudio a largo plazo de quince años de duración llegó incluso a la conclusión de que los trabajadores que tenían una relación complicada con su jefe eran un 30 por ciento más propensos a sufrir enfermedades coronarias[33]. Parece que la falta de sintonía con tu jefe puede resultar tan perjudicial como una alimentación a base de fritos, y no resulta ni de lejos tan divertida.

De todos los nexos que se crean en el ámbito laboral, la relación jefe-empleado, lo que Daniel Goleman ha denominado ingeniosamente una *pareja vertical*, es el vínculo social más importante. Diversos estudios han demostrado que la fuerza del vínculo entre jefe y subordinado es el principal indicador tanto de la productividad diaria como de la permanencia en el puesto de trabajo. Gallup, una empresa que lleva décadas estudiando las prácticas de las principales organizaciones de todo el mundo, calcula que las compañías estadounidenses pierden 360 000 millones de dólares al año debido a la pérdida de productividad de los empleados que tienen una mala relación con su supervisor[34]. No es de extrañar que la pareja vertical pueda tener un efecto tan profundo en el rendimiento de la empresa, dado que, como afirma Goleman, se trata de «la unidad básica —por así decirlo— de la vida de la empresa, las moléculas humanas que interactúan para acabar conformando ese entramado de relaciones que *es* la empresa»[35, *].

Por eso, cuando esta relación es sólida, las empresas cosechan los frutos. Los investigadores del MIT descubrieron que los empleados con fuertes lazos con su jefe aportaban más dinero que, aquellos con un vínculo débil, e incluso llegaban a superar la media de la empresa en 588 dólares de ingresos al mes. Y en un estudio asombrosamente amplio en el que Gallup preguntó a diez millones de empleados de todo el mundo si estaban de acuerdo o no con la siguiente afirmación: «Mi supervisor u otro miembro de la empresa parece preocuparse por mí como persona», se descubrió que aquellos que se sentían identificados con tal afirmación eran más productivos, contribuían en mayor medida a los beneficios y tenían muchas más probabilidades de permanecer en la empresa a largo plazo[36].

Los mejores líderes son conscientes de esto, y hacen todo lo posible para que los empleados se sientan cuidados. Cuando un incendio destruyó la fábrica de Malden Mills en una pequeña ciudad de Massachusetts, Aaron Feuerstein, consejero delegado de la empresa, anunció que seguiría pagando los sueldos de los tres mil trabajadores que de repente se quedaron sin empleo. En su libro *In Good Company*, Don Cohen y Laurence Prusak explican hasta qué punto esta acción impactó en la opinión pública estadounidense. Feuerstein fue descrito como un héroe desinteresado e incluso fue invitado a la

---

* Goleman, Daniel, *La práctica de la inteligencia emocional*, Kairós, Barcelona, 1999. *(N. de la T.)*

Casa Blanca. Pero, como señalan los autores, «que el público y el mundo empresarial consideraran la acción de Feuerstein tan extraordinaria y aparentemente "poco empresarial" sugiere que muchas personas aún no comprenden el valor del capital social en las organizaciones [...] el dinero gastado suponía una inversión en el futuro de su negocio»[37].

Está claro que dar prioridad a las relaciones redunda en beneficio de todas las partes implicadas: el jefe, el empleado y la organización en su conjunto. Lamentablemente, en el ajetreado y acelerado mundo laboral actual, muy pocos líderes dedican el tiempo necesario para forjar vínculos sólidos con sus colegas o empleados. Desde luego, no es necesario una acción como la anterior, lo único que hace falta, como hemos visto, es comprometerse a mantener una interacción social frecuente y positiva. Y, sin embargo, una encuesta reciente reveló que el 90 por ciento de los encuestados creía que la descortesía en el lugar de trabajo era un problema grave[38]. Muchos líderes simplemente se niegan a poner energía en este aspecto, y las razones son múltiples y variadas: falta de tiempo, miedo a socavar su autoridad acercándose demasiado a sus subordinados, una mentalidad de crisis perpetua (¡el bosque está ardiendo! ¡El cielo se está cayendo!), e incluso la simple creencia de que al trabajo se va a trabajar y no a entablar amistades. Y, sin embargo, cuanto más ignoran el poder de la inversión social, más se reduce tanto el rendimiento de la empresa como el suyo propio.

Valorar los activos

Los planificadores financieros nos dicen que la forma más segura de hacer crecer nuestras carteras de acciones es reinvertir los dividendos. Pues bien, lo mismo sucede con nuestras carteras sociales. No solo tenemos que invertir en nuevas relaciones, sino que debemos reinvertir siempre en las que ya tenemos porque, al igual que las acciones, las redes de apoyo social se fortalecen cuanto más tiempo se mantienen. Por fortuna, existen diversas técnicas que pueden ayudarnos en esta tarea.

Cada vez que entras en la oficina tienes la oportunidad de establecer o reforzar una conexión de alta calidad. Cuando recorras pasillos concurridos, saluda a los compañeros con los que te cruces y acuérdate de mirarles a los ojos. Esto no es puro teatro: la neurociencia ha revelado que el contacto visual envía una señal al cerebro que fomenta la empatía y la conexión. También formula preguntas que demuestren interés, programa reuniones cara a cara e inicia conversaciones que no siempre estén orientadas a las tareas. Un conocido directivo de uno de los cien mejores bufetes de abogados me dijo en una ocasión que se proponía aprender un dato nuevo sobre un compañero de trabajo cada día para luego mencionarlo en conversaciones posteriores. El capital social en el que invertía diariamente le reportaba beneficios cada vez mayores, ya que sus empleados se sentían más conectados tanto con él como con el bufete. Lógicamente esto requiere un esfuerzo inicial. En una entrevista con *Fast Company*, un consejero delegado y antiguo director de una empresa de capital de riesgo reconocía que «para maximizar el valor que se obtiene de una relación hay que dar mucho. Dedico buena parte de mi tiempo a hacer presentaciones, facilitar referencias, establecer conexiones y, en general, a relacionarme con toda la comunidad en beneficio de la vida empresarial y personal de los demás»[39].

Todos sabemos que una parte importante de mantener un vínculo social reside en estar ahí tanto física como emocionalmente cuando alguien lo necesita. Pero un nuevo e interesante conjunto de investigaciones sugiere que la forma en que apoyamos a las personas en los buenos momentos, más que en los malos, afecta a la calidad de una relación. Compartir noticias positivas con alguien se denomina *capitalización*, y ayuda a multiplicar los beneficios del suceso positivo, así como a reforzar el vínculo entre las dos personas implicadas[40]. La clave para obtener estos beneficios radica en cómo respondes a las buenas noticias de otra persona.

Shelly Gable, una destacada psicóloga de la Universidad de California, ha descubierto que hay cuatro tipos diferentes de respuestas posibles ante las buenas noticias, y solo una de ellas contribuye positivamente a la relación[41]. La respuesta ganadora es a la vez activa y constructiva, ya que ofrece un apoyo entusiasta, así como comentarios específicos y preguntas de seguimiento («¡Es maravilloso! Me alegro de que tu jefe se haya dado cuenta de lo mucho que te has esforzado. ¿Cuándo se producirá el ascenso?»). Curiosamente, sus investigaciones demuestran que las respuestas pasivas ante las buenas noticias («¡Qué bien!») pueden resultar igual de perjudiciales para la relación como otras claramente negativas («¿Te han ascendido? Me sorprende que no le hayan dado el puesto a Sally, parece que tiene un perfil más adecuado»). Pero quizá la reacción más destructiva sea ignorar la noticia por completo («¿Has visto mis llaves?»). Los estudios de Gable han demostrado que responder de forma activa y constructiva aumenta el compromiso y la satisfacción en las relaciones, y favorece que las personas se sientan comprendidas, validadas y atendidas durante una conversación, todo lo cual contribuye a la Ventaja de la Felicidad.

Crear un equipo con inversión social

Cuando eres un líder no solo tienes la capacidad de fortalecer tus propias conexiones, sino también de fomentar un entorno de trabajo que valore la inversión social y no la obstaculice. Por ejemplo, cuando entran nuevos empleados en una organización, los directivos pueden dedicar tiempo a presentarlos a todo el mundo, incluso —y especialmente— a las personas de otros departamentos con las que quizá no vayan a trabajar directamente. De hecho, por qué detenerse ahí; los empleados que llevan más tiempo en la compañía también deberían hacer lo posible por conocer a otros colegas que desempeñan su función en rincones remotos de la compañía. Por eso, algunas empresas promueven que pasen un día descubriendo los entresijos de un departamento diferente; al fin y al cabo, cuantas más oportunidades tenga la gente de conocerse, más posibilidades tendrá de forjar conexiones de alta calidad. Y cuanto mayor sea la implicación del departamento de Recursos Humanos, más eficaz será esta estrategia.

De modo que, si ocupas un puesto directivo en tu empresa (¡o incluso si no lo ocupas!), presentar a dos empleados que no se conocen es probablemente la forma más fácil y rápida de invertir en beneficios sociales. Para ser aún más eficaces, las presentaciones deben ir más allá del nombre, el departamento y la descripción del puesto. A Mike Morrison, vicepresidente y decano de la Universidad de Toyota, le gusta preguntarles a los empleados: «¿Qué hay al otro lado de tu tarjeta?»; en otras palabras, en el anverso de tu tarjeta de visita tal vez ponga «director general», pero puede que te identifiques mejor con «pensador con una perspectiva amplia» o «educador» o «sé mantener la calma en situaciones de estrés». Este tipo de información —o incluso algunos detalles sencillos como dónde vive una persona o cuál es su afición favorita— sortea la burocracia para llegar a un punto más significativo, y puede forjar de forma más inmediata y eficaz una conexión entre dos personas.

Es importante señalar que para crear un capital social sólido no es necesario que todos los compañeros se conviertan en buenos amigos, ni siquiera que todo el mundo se lleve bien todo el tiempo: eso sería imposible. Lo importante es que haya respeto mutuo y autenticidad. Obligar a los empleados a participar en actividades incómodas para romper el hielo o forzar la creación de lazos, como hacer que todos los asistentes a una reunión cuenten algo sobre su vida privada, solo fomenta la desconexión y la desconfianza[42]. Es preferible que esto se produzca de forma natural, y así será si el entorno es el adecuado. Los mejores líderes brindan a sus empleados el espacio y el tiempo necesarios para que los momentos de conexión social se desarrollen por sí solos[43]. De modo que, cuantos más espacios para la comunicación haya disponibles, mejor. Cuando el consejero delegado de una empresa se dio cuenta de que algunas de las mejores relaciones sociales (risas, anécdotas sobre el fin de semana, intercambio de ideas) se producían en las escaleras, las amplió e instaló máquinas de café en los descansillos para fomentar esta práctica.

También resulta fundamental dedicar tiempo a las comidas de equipo y a la socialización fuera del horario de trabajo. Incluso la clásica reunión aburrida, señala Jane Dutton, puede diseñarse de forma que promueva conexiones de alta calidad. Las prácticas de reunión que fomentan la contribución de los miembros y la escucha activa impulsan el compromiso del grupo. Uno de los mejores directores generales que conozco organiza reuniones libres de Blackberry, de modo que los asistentes se miran unos a otros en todo momento. Es un ejemplo de líder que Dutton llamaría «relacionalmente atento»[44]. En todo caso, es fundamental prestar la mayor atención posible a la dinámica relacional de nuestros equipos.

Si nuestro objetivo es promover la cohesión, el lenguaje que empleamos es importante. ¿Recuerdas la diferencia en el ámbito de la cooperación grupal entre el «Juego de la Comunidad» y el «Juego de Wall Street»? Podemos potenciar la conexión social en el trabajo simplemente escogiendo palabras que impliquen un propósito común e interdependencia. Dutton también recomienda que tratemos de estar presentes tanto física como mentalmente[45]. Esto significa no quedarte mirando la pantalla del ordenador cuando alguien entre en tu oficina para hablar contigo, ni seguir escribiendo un correo electrónico cuando recibas una llamada telefónica. Un contable me contó en una ocasión que, en cuanto oía un clic en el teclado al otro lado del teléfono, sabía que su jefe estaba desconectado de la conversación. Para establecer una conexión es necesario escuchar activamente: prestar toda la atención a nuestro interlocutor y permitir que se exprese. Como explica Dutton: «Mucha gente escucha como esperando la oportunidad de exponer su punto de vista». En lugar de eso, céntrate en quien habla y en su opinión, y luego formula preguntas que demuestren interés para obtener más información.

Los líderes más comprometidos con la inversión social también se mueven, en el sentido literal de la palabra. La mejor manera de crear más contactos en el trabajo es salir de la oficina. Esta idea de «dirigir paseando» fue popularizada en los años ochenta por el experto en liderazgo Tom Peters, que conoció esta práctica a través de los líderes de Hewlett-Packard (Peters incluso acuñó el acrónimo MBWA, por sus siglas en inglés, para indicar su importancia). El MBWA permite a los directivos conocer a los empleados, compartir buenas noticias y buenas prácticas, escuchar sus preocupaciones, ofrecer soluciones y animarlos. Jim Kelly, consejero delegado de UPS, es uno de los seguidores más conocidos de este método. «Ni siquiera conozco los números de teléfono de los miembros de nuestro comité de dirección —afirma—, porque nunca los llamo si están en la oficina. Cuando necesitamos hablar nos presentamos en persona en la oficina del otro»[46]. Veinticinco años después de que se señalara por primera vez su papel en el éxito de una organización, Tom Peters afirma que el MBWA es igual de importante que siempre, pero sigue estando tristemente infrautilizado[47].

Conectar con los empleados cara a cara también ofrece una oportunidad perfecta para poner en práctica una recomendación de la que hablamos previamente: el reconocimiento y la retroalimentación frecuentes. Elogiar de forma específica y auténtica un trabajo bien hecho, puede llevar a un equipo por encima de la línea Losada y reforzar la conexión entre dos personas. Por eso suelo pedir a los directivos que escriban un correo electrónico de elogio o agradecimiento a un amigo, familiar o colega cada mañana antes de comenzar la jornada laboral no solo porque esta práctica favorece su propia felicidad, sino porque además contribuye a cimentar una relación. Tanto si ese «gracias» se debe a años de apoyo emocional como a una ayuda puntual en la oficina, las expresiones de gratitud en el trabajo refuerzan los vínculos personales y profesionales[48].

De hecho, diversos estudios han demostrado que la gratitud desencadena una espiral ascendente de crecimiento de las relaciones en la que cada individuo se siente motivado para reforzar el vínculo existente[49]. También indica sentimientos de integración y cooperación dentro de un grupo más amplio, lo que significa que, cuanto más agradecimiento exprese un empleado hacia otro, más cohesión social sentirá todo el equipo. En otras palabras, la gratitud puede potenciar tu identidad como «persona pegamento».

Lecciones de un laberinto en llamas

Como pude comprobar a raíz del desmoronamiento de la economía, a veces se necesita una crisis para descubrir la importancia de la inversión social. En un artículo de portada sobre este fenómeno, el *Washington Post* informaba de un notable aumento de los viajes compartidos y de los lazos comunitarios durante la recesión. La gente incluso empezó a celebrar «fiestas de jardinería» en las que los vecinos intercambiaban cortacéspedes y consejos sobre paisajismo[50]. Como señaló un hombre: «La gente se ayuda y ha vuelto a juntarse. Ya no eres el llanero solitario». También los ejecutivos con los que trabajo —personas que solo unos meses antes de la crisis estaban encerradas en sí mismas, orientadas a los resultados y decididas a trabajar por su cuenta— empezaron a fomentar y practicar la cooperación y el trabajo en equipo en los oscuros días posteriores al colapso. Los adictos al trabajo que de repente tenían menos tareas empezaron a llegar antes a sus hogares para pasar más tiempo con sus hijos y cónyuges. Los directivos oficialmente individualistas empezaron a abandonar la comodidad de sus oficinas y a hacer una ronda cubículo por cubículo. Puede que al principio no les quedara más remedio, y puede que retomen sus antiguos hábitos una vez que la economía se recupere, pero muchos me han confesado que verse obligados a reexaminar su modo de vida (y de trabajo) ha acabado siendo lo mejor que les podía haber sucedido.

En un mundo ideal, por supuesto, no debería hacer falta una crisis para abrir los ojos, sobre todo teniendo en cuenta la gran cantidad de pruebas que demuestran que nuestras relaciones son el mejor indicador de felicidad y alto rendimiento. De modo que, aunque la tendencia natural sea encerrarnos en nosotros mismos, la psicología positiva propone una mejor solución. Cuando nos vemos atrapados en un incendio, aferrarnos a los demás es la mejor oportunidad que tenemos de salir airosos del laberinto. Y en la vida cotidiana, tanto en el trabajo como en el hogar, nuestro apoyo social puede suponer una diferencia entre sucumbir al culto a la media o alcanzar nuestro máximo potencial.

TERCERA PARTE

EL EFECTO DOMINÓ

Expandir la Ventaja de la Felicidad en el trabajo, el hogar y más allá

Hace un par de meses di una charla a un grupo de consejeros delegados y sus cónyuges en Hong Kong. Después, tomando unas copas durante una recepción, un ejecutivo muy seguro de sí mismo, aunque algo achispado, me estrechó la mano calurosamente diciendo: «Gracias, Shawn. Tu exposición ha sido brillante y suena muy verdadera». Luego se inclinó hacia mí y me susurró en tono conspiratorio: «Yo ya pongo en práctica la mayor parte, pero mi mujer necesitaba oírlo».

Su fuerte susurro sonó lo bastante alto como para que lo oyera el resto de la fila, y cuando señaló a su mujer, que se encontraba a unos cinco metros, me di cuenta de que había sido una de las primeras personas con las que había hablado aquella noche. Sonreí y le susurré en voz igualmente alta y conspirativa: «¡Gracias! Resulta que ella me ha dicho lo mismo de ti».

No cuento esta historia como ejemplo de cómo crear problemas en el matrimonio de un perfecto desconocido, sino para demostrar que, con independencia del lugar del mundo en el que me encuentre, la mayoría de la gente piensa que, si bien esta investigación les resulta de ayuda, es aún más útil para todas las personas de su alrededor. Lo cierto es que la persona a la que podemos cambiar de verdad es a nosotros mismos, pero, aunque los siete principios deben empezar a nivel individual, no terminan ahí en absoluto. Para concluir esta obra veremos cómo el hecho de implementar estos cambios en nosotros mismos puede afectar a quienes nos rodean.

Una vez que empezamos a capitalizar la Ventaja de la Felicidad en nuestras propias vidas, los cambios positivos se extienden rápidamente. Por eso la psicología positiva resulta tan poderosa. El uso *conjunto* de los siete principios produce una espiral ascendente de felicidad y éxito, de modo que los beneficios se multiplican rápidamente. Esos efectos positivos comienzan a extenderse, incrementando la felicidad de quienes te rodean, cambiando la forma de trabajar de tus colegas y, por último, remodelando toda tu empresa.

En espiral ascendente

Este proceso se inicia en el cerebro. Como vimos en el principio 6, tus pensamientos y acciones están constantemente remodelando las vías neuronales del cerebro. Esto significa que, cuanto más practiques los ejercicios descritos a lo largo de estas páginas y más adoptes una mentalidad positiva, más consolidarás estos hábitos a largo plazo. Y cuando has integrado un hábito concreto, también aumenta tu capacidad de beneficiarte de otro. Esto se debe a que estos principios no funcionan de forma aislada. En aras de la claridad, los he presentado como siete principios distintos, pero te habrás percatado de que están vinculados unos con otros y su uso conjunto no hace sino aumentar su poder colectivo.

Por ejemplo, el efecto *Tetris* favorece que las caídas sean constructivas, ya que entrenarnos para buscar lo positivo en el mundo puede ayudarnos a reinterpretar los fracasos como oportunidades de crecimiento. Y la inversión social puede resultarnos útil para dominar la regla de los veinte segundos, ya que un fuerte apoyo social favorece que nos responsabilicemos de nuestros nuevos hábitos. Desde luego, también podemos usar la regla de los veinte segundos para mejorar nuestra inversión social disminuyendo la energía de activación necesaria para formar conexiones de alta calidad en el trabajo. Y cuantas más conexiones de alta calidad establezcamos, más probable será que consideremos nuestro trabajo como una vocación en lugar de como un simple empleo, lo que a su vez potencia la Ventaja de la Felicidad. Y así sucesivamente. Los efectos de un principio se convierten en el desencadenante de otro, de modo que son mucho más que la suma de sus partes. Juntos pueden llevarnos más lejos que cualquiera de ellos por separado.

Un movimiento ondulatorio

Los beneficios no acaban ahí. Cuanto más aprovechemos nosotros mismos la Ventaja de Felicidad, más influiremos en las vidas de quienes nos rodean. Una investigación reciente sobre el papel de las redes sociales en la formación de la conducta humana ha demostrado que gran parte de nuestro comportamiento es literalmente contagioso y que nuestros hábitos, actitudes y acciones se propagan a través de una complicada red de conexiones que contagian a las personas de nuestro alrededor. En su innovadora obra *Connected*, Nicholas Christakis y James Fowler muestran tras años de investigación cómo nuestras acciones ejercen un efecto cascada y rebotan unas con otras en todos los sentidos y direcciones[1]. «Los vínculos no se extienden hacia fuera en líneas rectas como los radios de una rueda —escriben—. Lo cierto es que estos caminos vuelven sobre sí mismos y giran en espiral como un enredado montón de espaguetis, zigzagueando entre otros caminos que casi nunca salen del plato».

Esta teoría sostiene que nuestras actitudes y conductas no solo contagian a las personas con las que interactuamos directamente —como nuestros colegas, amigos y familiares—, sino que además cada individuo parece tener una influencia de tres grados. De este modo, cuando empleas estos principios para realizar cambios positivos en tu propia vida, estás influyendo inconscientemente en el comportamiento de un número increíble de personas. Como explica James Fowler: «Sé que, además de ejercer influencia en mi hijo, estoy influyendo potencialmente en la madre del mejor amigo de mi hijo»[2]. Este impacto es acumulativo; Fowler y Christakis calculan que hay alrededor de mil personas que se encuentran a tres grados de nosotros. Se trata de un auténtico efecto dominó: si nos proponemos ser más felices y tener más éxito, podemos mejorar la vida de mil personas de nuestro entorno.

A estas alturas esto puede parecer un poco descabellado. Para empezar a entender por qué nuestra conducta resulta tan contagiosa y nuestra influencia tan poderosa tenemos que echar un vistazo a uno de mis experimentos favoritos.

Sonrisas en el cerebro

Suelo iniciar la mayoría de mis charlas pidiéndole al público que se coloque en parejas. Luego digo algo parecido a lo siguiente:

> A lo largo de tu vida has conseguido destacar en parte gracias a tu impresionante autodisciplina. La has empleado para aprobar las asignaturas necesarias, asistir a la universidad, encontrar un trabajo y ser lo bastante exitoso como

para estar aquí hoy escuchando esta charla. Quiero que emplees esa autodisciplina que has estado cultivando durante las últimas décadas para hacer lo siguiente. Durante los próximos siete segundos, con independencia de lo que tu compañero diga o haga, no expreses ninguna reacción emocional. No muestres enfado, tristeza ni frustración. Tampoco sonrías ni estalles en carcajadas. Quédate completamente en blanco. No expreses ninguna emoción, pase lo que pase.

A continuación, le pido al segundo miembro de cada pareja que mire a su compañero a los ojos y le sonría con autenticidad. He llevado a cabo este experimento cientos de veces en empresas de todo el mundo, con toda clase de personas, desde novatos nerviosos hasta veteranos cascarrabias, y el resultado es siempre el mismo. Prácticamente nadie puede evitar devolver la sonrisa a su compañero, y la mayoría rompe a reír casi de inmediato. Al margen de si lo realizo durante una semana de despidos masivos o en un día en que la bolsa se ha desplomado seiscientos puntos, sigo viendo la misma explosión involuntaria de sonrisas. Incluso en partes del mundo donde sonreír no es una norma social, entre el 80 y el 85 por ciento de los participantes no pueden evitar hacerlo.

Si lo pensamos, la verdad es que esto resulta realmente increíble. Al fin y al cabo, si estas personas tienen la autodisciplina y la concentración necesarias para trabajar jornadas de diez a dieciséis horas diarias, dirigir equipos globales y gestionar proyectos multimillonarios, seguro que son capaces de manejar una tarea tan sencilla como controlar su expresión facial durante apenas siete segundos, ¿verdad? Pero lo cierto es que no lo son. En sus cerebros sucede algo de lo que ellos ni siquiera son conscientes. Esta fuerza misteriosa es el origen del efecto dominó.

Espejito, espejito

Un viernes por la noche del pasado mes de febrero aterricé en Australia, agotado pero entusiasmado por mi primera aventura allá abajo. Ese fin de semana tenía previsto visitar la Ópera, el Koala Park y el Puente de la Bahía, ya que el lunes tenía que impartir una sesión de formación para ejecutivos en el centro de Sídney. Pero antes de nada me dirigí al vestíbulo del hotel para llevar a cabo uno de mis rituales favoritos durante estos viajes de trabajo: buscar un bar local, ver deportes locales y escuchar hablar a los lugareños. Tuve la suerte de sentarme en un taburete justo cuando un importante partido de rugby estaba a punto de comenzar en la televisión. Muy pronto una multitud bulliciosa se reunió para verlo.

Apenas había empezado el juego cuando uno de los jugadores de rugby fue derribado. A mitad de camino y con la pelota en la mano había recibido un codazo en la cara que le lanzó hacia atrás de una forma que me pareció físicamente imposible para alguien provisto de una estructura ósea. El bar entero estalló en un audible gemido. Vi que el hombre situado a mi derecha se llevaba las manos al rostro, al lugar exacto en el que el jugador había sufrido el impacto. Luego me percaté de que el tipo sentado a su lado acababa de hacer lo mismo. Y entonces me di cuenta de que, sorprendentemente, yo también había tenido esa respuesta. Estábamos en un bar de Sídney y el partido se disputaba en un estadio de Brisbane, a varios cientos de kilómetros de distancia. Ninguno de nosotros se encontraba en el campo de rugby ni había sido agredido con un codazo. Sin embargo, todos habíamos reaccionado físicamente, de forma involuntaria (y bastante dramática), como si nosotros mismos hubiéramos sido golpeados.

Lo que ocurrió en aquel bar australiano es exactamente lo mismo que sucede cuando realizo el experimento de la sonrisa. Pero no ha sido hasta la última década cuando la ciencia ha dispuesto de la tecnología necesaria para echar un vistazo al interior del cerebro y descubrir la causa de esto. Y lo que encontraron los investigadores fueron las llamadas neuronas espejo: células cerebrales especializadas que pueden percibir e imitar los sentimientos, acciones y sensaciones físicas de otra persona[3]. Digamos que alguien se pincha con una aguja. Las neuronas del área del cerebro relacionada con el dolor se activarán al instante, lo que no debería sorprender a nadie. Pero el hecho de que este mismo conjunto de neuronas se active cuando esa misma persona ve a *otra* recibir un pinchazo de aguja, como si ella misma se hubiera lastimado, claramente *es* una sorpresa. En otras palabras, siente el dolor de un pinchazo, aunque no la hayan tocado. Si esto te parece increíble, créeme cuando te digo que se ha reproducido en innumerables experimentos con sensaciones que van desde el dolor y el miedo hasta la felicidad y el asco.

De hecho, probablemente lo hayas experimentado tú mismo en tu vida cotidiana. ¿Alguna vez viendo un partido de golf en la televisión has imitado el movimiento del *swing* sin querer? Obviamente, tu cerebro consciente sabe que estás sentado en el sofá comiendo patatas fritas, pero otra pequeña parte de tu cerebro —donde residen las neuronas espejo— cree que te encuentras en ese campo de golf (por cierto, esta es una de las razones por las que los deportistas ven vídeos de entrenamiento y juegan a videojuegos, porque, incluso sin entrenamiento propiamente dicho, los efectos de la práctica se plasman en sus cerebros). Dado que las neuronas espejo se sitúan junto a las neuronas motoras en el cerebro, la copia de sensaciones suele conducir a la copia de acciones: de repente comienzas a moverte como si estuvieras blandiendo un palo de golf sin enterarte siquiera. Por eso se contagian las sonrisas y los bebés imitan las expresiones faciales graciosas de sus padres. Y por eso ver cómo alguien recibía un codazo en la cara en Brisbane hizo que un grupo de aficionados al rugby de Sídney se llevaran las manos al rostro como si sufrieran un dolor intenso.

Tus colegas son contagiosos

Este fenómeno no es exclusivo de las sensaciones físicas o las acciones: gracias a estas mismas neuronas espejo, nuestras emociones también resultan enormemente contagiosas. A lo largo del día el cerebro procesa constantemente los sentimientos de las personas de nuestro alrededor, tomando nota de la inflexión de la voz, la mirada o la inclinación de los hombros. De hecho, la amígdala puede interpretar e identificar una emoción en el rostro de otra persona en 33 milisegundos y con la misma rapidez incitarnos a sentir lo mismo[4]. Además de este proceso subconsciente, también evaluamos de forma consciente el estado de ánimo de quienes nos rodean y actuamos en consecuencia. Ambos procesos hacen posible que las emociones se pasen de una persona a otra en un instante. De hecho, se ha demostrado que, cuando tres desconocidos se encuentran en una misma habitación, la persona que es más expresiva emocionalmente transmite su estado de ánimo a los demás en tan solo dos minutos[5].

Por desgracia, el poder del contagio emocional significa que la negatividad manifiesta puede contagiar a un grupo de personas casi al instante. Daniel Goleman no podría haberlo expresado mejor: «De este modo, las explosiones emocionales pueden convertir a un mero espectador en la víctima inocente del estado negativo de otra persona»[6],*. Esto significa que

---

* Goleman, Daniel, *La práctica de la inteligencia emocional*, Kairós, Barcelona, 1999. (*N. de la T.*)

cuando nos sentimos ansiosos o adoptamos una mentalidad claramente negativa, estos sentimientos empiezan a contagiarse nos guste o no. Te habrás dado cuenta de que, cuando tu jefe acude a una reunión con un mal humor palpable, esa negatividad se extiende en cuestión de minutos a toda la sala. Y los efectos seguirán expandiéndose a partir de ahí, a medida que cada trabajador regresa a su despacho contagiará su descontento a todo aquel que se encuentre en su camino. Si tan solo dos minutos pueden ejercer este impacto, imagínate los efectos de compartir un entorno laboral con una persona negativa durante dos semanas o dos años. De hecho, las emociones se comparten de tal manera que los psicólogos organizativos han descubierto que cada lugar de trabajo desarrolla su propia emoción de grupo o «tono afectivo de grupo», que con el tiempo crea «normas emocionales» compartidas que se propagan y se refuerzan con el comportamiento tanto verbal como no verbal de los empleados[7]. Todos nos hemos encontrado con entornos laborales que están sometidos a normas emocionales tóxicas, y ahora también sabemos que los resultados netos se resienten por ello.

Expandir la Ventaja de la Felicidad

Por fortuna, las emociones positivas también son contagiosas, lo que las convierte en una poderosa herramienta en nuestra búsqueda de un alto rendimiento laboral. El contagio emocional positivo comienza cuando imitamos de forma inconsciente el lenguaje corporal, el tono de voz y las expresiones faciales de quienes nos rodean. Por increíble que parezca, la imitación de las conductas físicas vinculadas a ciertas emociones hace que sintamos esas emociones. El hecho de sonreír, por ejemplo, engaña al cerebro haciéndole creer que eres feliz, por lo que comienza a producir las sustancias neuroquímicas que realmente te aportan bienestar (se ha llamado a esto la hipótesis de retroalimentación facial, y es la base de la recomendación «fíngelo hasta lograrlo». Aunque la positividad auténtica siempre triunfará sobre su contrapartida falsa, existen pruebas significativas de que cambiar primero tu conducta —incluso tu expresión facial y tu postura— puede inducir un cambio emocional)[8].

De modo que, cuanto más felices sean las personas de tu entorno, más feliz serás tú. Por eso nos reímos más con una película divertida cuando estamos en una sala de cine llena de gente que también se ríe (y, por eso, las telecomedias reproducen risas grabadas). Del mismo modo, cuanto más felices somos en el trabajo, más positividad transmitimos a nuestros colegas, compañeros y clientes, lo que a la larga puede tener una clara influencia en la emoción predominante de todo un equipo de trabajo.

Pocas personas han ilustrado mejor este efecto dominó que el psicólogo de Yale Sigal Barsade, que llevó a cabo un estudio en el que asignó una tarea de grupo a unos voluntarios y dio instrucciones secretas a uno de ellos para que se mostrara claramente positivo[9]. A continuación, grabó en vídeo el proceso, realizó un seguimiento de las emociones de cada miembro del equipo antes y después de la sesión, y evaluó el rendimiento individual y grupal en la propia tarea. Los resultados fueron extraordinarios: cuando la persona positiva se unía a los demás, su estado de ánimo se contagiaba al instante, recorriendo la sala y transmitiéndose al resto. Además, este estado de ánimo positivo mejoró el rendimiento individual de cada miembro del equipo, así como su capacidad de trabajar como grupo. Los equipos en los que se produjo un contagio emocional positivo experimentaron menos conflictos grupales, más cooperación y, lo que es más importante, un mayor rendimiento general en la tarea asignada. De modo que un solo integrante de un equipo con una mentalidad positiva —una persona que practique la Ventaja de la Felicidad— puede afectar tanto a las actitudes individuales como a la productividad de los que le rodean, así como a la dinámica y los logros del grupo en su conjunto.

Por supuesto, algunas personas tienen un efecto más poderoso que otras en el tono emocional de un grupo. Para empezar, cuanto más genuinamente expresivo es alguien, más se expanden su actitud mental y sus sentimientos[10]. Pero, si expresar abiertamente tu positividad no te resulta natural, existen otras formas de contagiar tus hábitos positivos. Por ejemplo, cuando las conexiones sociales son fuertes se ejerce una mayor influencia. Quizá hayas notado que, cuando pasas tiempo con un amigo íntimo, os sentís en sintonía. Esto se debe a que la actividad neuronal del centro emocional de tu cerebro refleja la suya, y viceversa. Cuando camináis juntos por el pasillo se produce un movimiento sintonizado de las extremidades. Estáis compenetrados. La compenetración es la base de la conexión social positiva y uno de los principales canales de difusión de la Ventaja de la Felicidad. Tal entendimiento exige toda nuestra atención, nuestra calidez y nuestra receptividad coordinada[11]. A cambio, sentimos una resonancia que aumenta nuestra felicidad y nos hace más exitosos y productivos. Los trabajadores compenetrados piensan de forma más creativa y eficiente, y los equipos que tienen ese grado de conexión rinden a niveles más altos: sus pensamientos están en sintonía y sus cerebros trabajan como uno solo.

Una mayor inversión social conduce a un mayor nivel de compenetración y hace que nuestra conducta sea más contagiosa. De este modo, cuando adoptamos el tipo de mentalidad y hábitos que promueven el alto rendimiento, estamos inculcando esos mismos hábitos y mentalidad a nuestros colegas, amigos y seres queridos. Un estudio realizado por el economista Bruce Sacerdote entre estudiantes del Dartmouth College ilustra lo poderosa que llega a ser esta influencia[12]. Observó que, cuando los alumnos con una media baja compartían habitación con otros que sacaban mejores calificaciones, las notas de los primeros aumentaban. Según los investigadores, estos estudiantes «parecían contagiarse mutuamente sus buenos y malos hábitos de estudio, de modo que un compañero con una media alta hacía subir la nota media final de su compañero con peores calificaciones».

Una forma de crear compenetración y, por tanto, de ampliar esta influencia es el contacto visual. Diversos estudios revelan que la conexión entre dos personas se refuerza cuando se miran a los ojos, lo que demuestra que la antigua práctica empresarial de mirar siempre a los ojos es un consejo dotado de solidez científica[13]. Por eso, las parejas se dicen tan a menudo: «Mírame cuando te hablo», y, por eso, los orgasmos son más intensos cuando los miembros de la pareja se sostienen la mirada. El contacto visual produce la activación de nuestras neuronas espejo y el resultado es un mejor rendimiento tanto en la sala de juntas como en el dormitorio.

La capacidad de provocar un contagio emocional positivo se multiplica cuando se ocupa una posición de liderazgo. Diversos estudios han demostrado que, cuando los líderes están de buen humor, es más probable que sus empleados también lo estén, que muestren conductas prosociales de ayuda mutua y que coordinen las tareas de forma más eficaz y con menos esfuerzo[14]. Si te sientas cerca de un jefe ansioso o poco sonriente durante mucho tiempo, tú también empezarás a experimentar estrés o tristeza, con independencia de cómo te sintieras al principio. En cambio, si tu jefe practica los siete principios y aumenta su positividad, su mera cercanía te permitirá empezar a sentir los beneficios. Y no solo una mayor felicidad, sino todas las ventajas que la acompañan. Como ahora sabemos, las personas con un estado de ánimo positivo tienen una mayor capacidad de pensar de forma creativa y lógica, de resolver problemas complejos e incluso de ser mejores negociadores. No es de extrañar, pues, que los consejeros delegados que obtienen puntuaciones altas en las escalas que miden la expresión de emociones positivas tengan más probabilidades de que sus empleados se sientan felices y que describan su lugar de trabajo como un clima propicio para el rendimiento[15]. Otros estudios parecidos con equipos deportivos también descubrieron que bastaba un jugador feliz para contagiar ese estado de ánimo a todo el equipo y que, cuanto más feliz se sentía el equipo, mejor jugaba[16]. De modo que, sin siquiera intentar cambiar activamente tu forma de liderazgo, usar estos siete principios para aumentar tu propio nivel de positividad empezará a cambiar la dinámica del grupo —y el rendimiento— de todo tu equipo.

Lo que esto significa es que predicar con el ejemplo ya no es un mantra vacío de contenido. Practicar los siete principios en tu propia vida puede convertirse en tu herramienta de liderazgo más eficaz sin que te des cuenta. Pongamos por ejemplo a un ejecutivo que ha estado escribiendo una lista de agradecimientos cada noche antes de acostarse. Cuando dirige la reunión matutina de su equipo, su actitud mental le permite detectar más oportunidades para ser positivo, lo que puede llevarle a elogiar el trabajo de uno de sus subordinados directos. Esto a su vez *(a)* estimula el cerebro del receptor con emociones positivas, lo que lo ayuda a pensar de forma más creativa y eficiente; *(b)* le ofrece la sensación de haber alcanzado un objetivo, por pequeño que sea, y, por tanto, le aporta confianza para perseguir objetivos cada vez mayores, y *(c)* proporciona la chispa que construye una conexión de alta

calidad entre el directivo y su empleado, y fortalece la cohesión social y el compromiso organizativo de todo el grupo.

Todo ello garantiza que cada persona de esa sala contagiará positividad a sus propios subalternos, y así sucesivamente,
hasta que cada uno de ellos —y la organización en su conjunto— se beneficien de este estímulo. De este modo, lo que
empezó como un ejercicio personal de un miembro de la dirección repercute en todos los niveles de la organización.

Las grandes olas empiezan siendo pequeñas

Se dice que el aleteo de una sola mariposa puede provocar
un huracán al otro lado del mundo. Según esta teoría, conocida como el efecto mariposa, aunque el aleteo de una mariposa sea un movimiento minúsculo, genera una ligera ráfaga de
viento que con el tiempo adquiere una mayor velocidad y
potencia. En otras palabras, un cambio muy pequeño puede
desencadenar una cascada de cambios mayores.

Cada uno de nosotros es como esa mariposa. Y cada pequeño movimiento hacia una mentalidad más positiva puede
enviar ondas de positividad a través de nuestras empresas,
nuestras familias y nuestras comunidades. ¿Recuerdas que en
la primera parte hablamos de que no es posible conocer realmente el verdadero alcance de nuestro potencial? Pues bien,
el efecto dominó es el ejemplo perfecto de que nuestra influencia y nuestro poder no tienen límites perceptibles.

Al capitalizar la Ventaja de la Felicidad, estás haciendo
mucho más que mejorar tu propio bienestar y rendimiento,
ya que, cuanto más te beneficias de los principios de este libro, más se benefician quienes te rodean. En el principio 1
hablábamos de la revolución copernicana que está produ-
ciéndose en el campo de la psicología y de cómo, al igual que

Copérnico descubrió que la Tierra orbita alrededor del Sol, los recientes avances en psicología positiva y neurociencia nos han enseñado que el éxito gira alrededor de la felicidad, y no al revés. Pues bien, resulta que, como hemos visto en este capítulo, este hallazgo es aún más revolucionario de lo que jamás hubiéramos imaginado. Porque ahora también sabemos que no es solo nuestro propio éxito individual el que orbita en torno a nuestra felicidad, ya que, al generar cambios en nosotros mismos, podemos extender los beneficios de la Ventaja de la Felicidad a nuestros equipos, nuestras organizaciones y nuestro entorno.

Notas

Descubrir la Ventaja de la Felicidad

[1] Kaplan, K. A. (12 de enero de 2004). «College faces mental health crisis». *The Harvard Crimson.*

[2] The Conference Board (5 de enero de 2010). U.S. Job Satisfaction at lowest level in two decades. *The Conference Board.*

[3] Seligman, M. E. P. (2002). *Authentic Happiness.* Nueva York: Free Press, p. 117. (Versión española: *La auténtica felicidad*, Barcelona: B de Bolsillo, 2011).

La Ventaja de la Felicidad en el trabajo

[1] Lyubomirsky, S., King, L. y Diener, E. (2005). «The benefits of frequent positive affect: Does happiness lead to success?». *Psychological Bulletin, 131*, 803-855.

[2] Si se desea adquirir una visión general de esta investigación, véase Peterson, T. D. y Peterson, E. W. (2009). *Yale Journal of Health Policy, Law, and Ethics, 9*, 357-434.

El cambio es posible

[1] Nudo, R. J., Milliken, G. W., Jenkins, W. M. y Merzenich, M. M. (1996). «Use-dependent alterations of movement representations in

primary motor cortex of adult squirrel monkeys». *Journal of Neuroscience*, *16*, 785-807.

[2] Maguire, E., Gadian, D., Johnsrude, I., Good, C., Ashburner, J., Frackowiak, S. y Frith, C. (2000). «Navigation-related structural change in the hippocampi of taxi drivers». *Proceedings of the National Academy of Sciences, EE.UU.*, *97*(8), 4398-4403.

[3] La historia de Roger es de mi creación y está basada en la serie de estudios que el neurocientífico Álvaro Pascual-Leone realizó en personas que estaban aprendiendo braille. Véase Doidge, N. (2007). *The Brain That Changes Itself.* Nueva York: Penguin, pp. 198-200.

[4] Si se desea consultar dos libros de fácil lectura sobre la historia y los principios científicos de la neuroplasticidad, recomiendo Doidge, N. (2007). *The Brain That Changes Itself.* Nueva York: Penguin, y Schwartz, J. M. y Begley, S. (2003). *The Mind and the Brain: Neuroplasticity and the Power of Mental Force.* Nueva York: Harper Perennial.

Principio 1: La Ventaja de la Felicidad

[1] Cabe señalar que no estoy afirmando que la felicidad sea el centro de todo, sino una de las principales causas del éxito. En cuanto a qué es el centro de todo, dejaré que sean filósofos y teólogos más perspicaces que yo, o más bien cada lector, quienes respondan a esa cuestión.

[2] Diener, E. y Biswas-Diener, R. (2008). *Happiness: Unlocking the Mysteries of Psychological Wealth.* Malden, MA: Wiley-Blackwell, p. 4.

[3] Si se desea consultar un estudio empírico sobre estas tres rutas distintas hacia la felicidad, véase: Peterson, C., Park, N. y Seligman, M.E.P. (2005). «Orientations to happiness and life satisfaction: The full life versus the empty life». *Journal of Happiness Studies*, *6*, 25-41.

[4] Peterson, C. (2006). *A Primer in Positive Psychology.* Nueva York: Oxford University Press, p. 79.

[5] Fredrickson, B. (2009). *Positivity.* Nueva York: Crown Publishers, p. 39.

[6] Lyubomirsky, S., King, L. y Diener, E. (2005). «The benefits of frequent positive affect: Does happiness lead to success?». *Psychological Bulletin*, *131*, 803-855.

⁷ Lyubomirsky, S., King, L. y Diener, E. (2005). «The benefits of frequent positive affect: Does happiness lead to success?». *Psychological Bulletin, 131*, 803-855, p. 834.

⁸ Staw, B., Sutton, R. y Pelled, L. (1994). «Employee positive emotion and favorable outcomes at the workplace». *Organization Science*, 5, 51-71.

⁹ Diener, E., Nickerson, C., Lucas, R. E. y Sandvik, E. (2002). «Dispositional affect and job outcomes». *Social Indicators Research*, 229-259.

¹⁰ Danner, D., Snowdon, D. y Friesen, W. (2001). «Positive emotions in early life and longevity: Findings from the nun study». *Journal of Personality and Social Psychology, 80*, 804-813.

¹¹ Seligman, M.E.P. (2002). *Authentic Happiness*. Nueva York: Free Press, p. 4. (Versión española: *La auténtica felicidad*, Barcelona: B de Bolsillo, 2011).

¹² Índice de bienestar Gallup-Healthways. (2008). Como se menciona en Associated Press. (18 de junio de 2008). Encuesta: Unhappy workers take more sick days.

¹³ Cohen, S., Doyle, W. J., Turner, R. B., Alper, C. M. y Skoner, D. P. (2003). «Emotional style and susceptibility to the common cold». *Psychosomatic Medicine, 65*, 652-657.

¹⁴ Fredrickson, B. L. (1998). «What good are positive emotions?» *Review of General Psychology, 2*, 300-319; Fredrickson, B. L. (2001). «The role of positive emotions in positive psychology: The broaden-and-build theory of positive emotions». *American Psychologist, 56,* 218-226.

¹⁵ Fredrickson, B. L. y Branigan, C. (2005). «Positive emotions broaden the scope of attention and thought-action repertoires». *Cognition and Emotion, 19*, 313-332.

¹⁶ Schmitz, T. W., De Rosa, E. y Anderson, A. K. (2009). «Opposing influences of affective state valence on visual cortical encoding». *Journal of Neuroscience, 29*, 7199-7207.

¹⁷ Gallagher, W. (2009). *Rapt*. Nueva York: Penguin, p. 36.

¹⁸ Master, J. C., Barden, R. C. y Ford, M. E. (1979). «Affective states, expressive behavior, and learning in children». *Journal of Personality and Social Psychology, 37*, 380-90.

¹⁹ Bryan, T. y Bryan, J. (1991). «Positive mood and math performance». *Journal of Learning Disabilities, 24*, 490-494.

[20] Kopelman, S., Rosette, A. S. y Thompson, L. (2006). «The three faces of Eve: Strategic displays of positive, negative, and neutral emotions in negotiations». *Organizational Behavior and Human Decision Processes*, *99*, 81-101.

[21] Estrada, C. A., Isen, A. M. y Young, M. J. (1997). «Positive affect facilitates integration of information and decreases anchoring in reasoning among physicians». *Organizational Behavior and Human Decision Processes*, *72*, 117-135.

[22] Fredrickson, B. L., Mancuso, R. A., Branigan, C. y Tugade, M. M. (2000). «The undoing effect of positive emotions», *Motivation and Emotion*, *24*, 237-258.

[23] Fredrickson, B. L. (2001). «The role of positive emotions in positive psychology: The broaden-and-build theory of positive emotions». *American Psychologist*, *56*, 218-226, p. 222.

[24] Lyubomirsky, S., Sheldon, K. y Schade, D. (2005). «Pursuing happiness: the architecture of sustainable change». *Review of General Psychology*, *9*, 111-131.

[25] Winter, A. (mayo de 2009). «The science of happiness». *The Sun Magazine*.

[26] Lyubomirsky, S. (2007). *The How of Happiness*. Nueva York: Penguin, p. 70.

[27] Shapiro, S. L., Schwartz, G.E.R. y Santerre, C. (2005). «Meditation and positive psychology», en Snyder, C. R. y Lopez, S. J. (eds.), *Handbook of Positive Psychology* (pp. 632-645). Nueva York: Oxford University Press.

[28] (3 de abril de 2006). La mera previsión de una experiencia de risa gozosa aumenta las endorfinas en un 27 por ciento y la hormona del crecimiento en un 87 por ciento. Sociedad Americana de Fisiología. Publicado en www.physorg.com/news63293074.html.

[29] Post, S. G. (2005). «Altruism, happiness, and health: It's good to be good». *International Journal of Behavioral Medicine*, *12*, 66-77; Schwartz *et al.* (2003). «Altruistic social interest behaviors are associated with better mental health». *Psychosomatic Medicine*, *65*, 778-785.

[30] Lyubomirsky, S. (2007). *The How of Happiness*. Nueva York: Penguin, pp. 127-129.

[31] Keller, M. C., Fredrickson, B. L. *et al.* (2005). «A warm heart and a clear head: The contingent effects of mood and weather on cognition». *Psychological Science, 16,* 724-731.

[32] Gerber, G. L., Gross, *et al.* (1980). «The "main-streaming" of America: Violence profile n° 11». *Journal of Communication, 30,* 10-29. Citado en Barbara Fredrickson's *Positivity,* p. 173.

[33] Babyak, M., Blumenthal, J., Herman, S., Khatri, P., Doraiswamy, P., Moore, K., Craighead, W., Baldewicz, T. y Krishnan, K. (2000). «Exercise treatment for major depression: Maintenance of therapeutic benefit at ten months». *Psychosomatic Medicine, 62,* 633-638.

[34] Frank, R. H. (2000). *Luxury Fever.* Nueva York: Princeton University Press.

[35] Landau, E. (10 de febrero de 2009). Estudio: Experiences make us happier than possessions. *CNN.com* Extraído de www.cnn.com. Si se desea profundizar en los beneficios psicológicos de las experiencias frente a los bienes materiales, véase el siguiente artículo: Van Boven, L. y Gilovich, T. (2003). «To do or to have? That is the question». *Journal of Personality and Social Psychology, 85*(6), 1193-1202.

[36] Dunn, E., Aknin, L. B. y Norton, M. I. (2008). «Spending money on others promotes happiness». *Science, 319,* 1697-1688.

[37] Véase VIA Signature Strengths Assessment, sitio web de la Universidad de Pensilvania,www.authentichappiness.sas.upenn.edu/testcenter.aspx.

[38] Seligman, M.E.P., Steen, T. A., Park, N. y Peterson, C. (2005). «Positive psychology progress: Empirical validation of interventions». *American Psychologist, 60,* 410-421.

[39] Loehr, J., y Schwartz, T. (2003). *The Power of Full Engagement: Managing Energy, Not Time, Is the Key to Performance and Personal Renewal.* Nueva York: Free Press, p. 65.

[40] Connelly, J. (2002). «All together now». *Gallup Management Journal, 2,* 12–18.

[41] Greenberg, M. H. y Arakawa, D. (2006). «Optimistic managers and their influence on productivity and employee engagement in a technology organization». Citado en Robison, J. (10 de mayo de 2007). «The business benefits of positive leadership». *Gallup Management Journal.*

[42] Si se desea obtener más información sobre aquello que más nos motiva, véase: Deci, E. L. (1996). *Why We Do What We Do*. Nueva York: Penguin.

[43] Kjerulf, A. (2006). *Happy Hour Is 9 to 5*. Lulu Publishing.

[44] Conley, J. (2007). *Peak: How Great Companies Get Their Mojo From Maslow*. Nueva York: Jossey-Bass.

[45] Barsade, S. G. (2002). «The ripple effect: Emotional contagion and its influence on group behavior». *Administrative Science Quarterly*, *47*, 644-675.

[46] Bachman, W. (1988). «Nice guys finish first: A SYMLOG analysis of U.S. Naval commands», en Polley, R. B. *et al.* (eds.) *The SYMLOG Practitioner: Applications of Small Group Research*. Nueva York: Praeger. Citado en Goleman, D. (1998). *Working with Emotional Intelligence*. Nueva York: Bantam, p. 188. (Versión española: *La práctica de la inteligencia emocional*, Barcelona, *Kairós*, 1999).

[47] Losada, M. (1999). «The complex dynamics of high performance teams». *Mathematical and Computer Modeling, 30*, 179-192; Losada, M. y Heaphy, E. (2004). «The role of positivity and connectivity in the performance of business teams: A non lineal dynamics model». *American Behavioral Scientist, 47*(6), 740-765; Fredrickson, B. L. y Losada, M. (2005). «Positive affect and the complex dynamics of human flourishing». *American Psychologist, 60*(7), 678-686. Si se desea obtener más información sobre el fascinante trabajo de Losada y su colaboración con Barbara Fredrickson, véase el libro de Fredrickson *Positivity*, pp. 120-138.

[48] Losada, M. (9 de diciembre de 2008). «Work teams and the Losada Line: New results». *Positive Psychology News Daily*. Extraído de http://positivepsychologynews.com/news/guest-author/200812091298.

Principio 2: El punto de apoyo y la palanca

[1] Langer, E. (2009). *Counterclockwise: Mindful Health and the Power of Possibility*. Nueva York: Ballantine.

[2] Blakeslee, S. (13 de octubre de 1998). «Placebos prove so powerful even experts are surprised». *New York Times*.

³ Blakeslee, S. (13 de octubre de 1998). «Placebos prove so powerful even experts are surprised». *New York Times.*

⁴ Blakeslee, S. (13 de octubre de 1998). «Placebos prove so powerful even experts are surprised». *New York Times.*

⁵ Crum, A. J. y Langer, E. J. (2007). «Mindset matters: Exercise and the placebo effect». *Psychological Science, 18*(2), 165-171.

⁶ Saks, A. M. (1995). «Longitudinal field investigation of the moderating and mediating effects of self-efficacy on the relationship between training and newcomer adjustment». *Journal of Applied Psychology, 80*(2), 211-225.

⁷ Shih, M., Pittinsky, T. y Ambady, N. (1999). «Stereotype susceptibility: Identity salience and shifts in quantitative performance». *Psychological Science, 10*, 80-83.

⁸ Dillon, S. (22 de enero de 2009). «Study sees an Obama effect as lifting black test-takers». *New York Times.*

⁹ Dweck, C. S. (2006). *Mindset: The New Psychology of Success.* Nueva York: Ballantine, p. 7.

¹⁰ Blackwell, L. S., Trzesnieswki, K. H. y Dweck, C. S. (2007). «Implicit theories of intelligence predict achievement across an adolescent transition: A longitudinal study and an intervention». *Child Development, 78*(1), 246-263.

¹¹ Dweck, C. S. (2006). *Mindset: The New Psychology of Success.* Nueva York: Ballantine, p. 17.

¹² Lyubomirsky, S., Sheldon, K. y Schade, D. (2005). «Pursuing happiness: The architecture of sustainable change». *Review of General Psychology, 9*, 111-31.

¹³ Lyubomirsky, S. (2007). *The How of Happiness.* Nueva York: Penguin, p. 15.

¹⁴ Wrzesniewski, A., McCauley, C., Rozin, P. y Schwartz, B. (1997). «Jobs, careers, and callings: People's relations to their work». *Journal of Research in Personality, 31*, 21-33.

¹⁵ Si se desea obtener más información sobre el rediseño del trabajo, véase: Wrzesniewski, A. y Dutton, J. (2001). «Crafting a job: Revisioning employees as active crafters of their work». *Academy of Management Review, 26*(2), 179-201.

[16] Wrzesniewski, A. (2003). «Finding positive meaning in work», en Cameron, K. S., Dutton, J. E. y Quinn, R. E. (eds.), *Positive Organizational Scholarship: Foundations of a New Discipline* (pp. 296-308). San Francisco: Berrett-Koehler, p. 304.

[17] Conley, J. (2007). *Peak: How Great Companies Get Their Mojo from Maslow.* Nueva York: Jossey-Bass, p. 98.

[18] Haslam, S. A., Salvatore, J., Kessler, T. y Reicher, S. D. (4 de marzo de 2008). «How stereotyping yourself contributes to your success (or failure)». *Scientific American Mind.*

[19] Liberman, V., Samuels, S. M. y Ross, L. (2004). «The name of the game: Predictive power of reputations versus situational labels in determining prisoners' dilemma game moves». *Personality and Social Psychology Bulletin, 30,* 1175-1185.

[20] Rosenthal, R. y Jacobson, L. (1968). *Pygmalion in the Classroom: Teacher Expectation and Pupils' Intellectual Development.* Nueva York: Holt, Rinehart y Winston.

Principio 3: El efecto *Tetris*

[1] Stickgold, R., Malia, A., Maguire, D., Roddenberry, D. y O'Connor, M. (2000). «Replaying the game: Hypnagogic images in normals and amnesics». *Science, 290,* 350-353.

[2] Earling, A. (21-28 de marzo de 1996). «The Tetris effect: Do computer games fry your brain?». *Philadelphia City Paper.*

[3] Eaton, W. W., Anthony, J., Mandel, W. y Garrision, R. (1990). «Occupations and the prevalence of major depressive disorder». *Journal of Occupational Medicine, 32,* 1079-1087.

[4] Benjamin, G. A. H., Kaszniak, A., Sales, B. y Shanfield, S. B. (1986). «The role of legal education in producing psychological distress among law students and lawyers». *American Bar Foundation Research Journal,* 225-252. Si se desea consultar una revisión bibliográfica completa sobre la angustia que padecen los estudiantes de Derecho, véase Peterson, T. D. y Peterson, E. W. (2009). *Yale Journal of Health Policy, Law, and Ethics, 9,* 357-434.

[5] Peterson, T. D. y Peterson, E. W. (2009). *Yale Journal of Health Policy, Law, and Ethics, 9*, 357-434.

[6] Si se desea profundizar en una visión científica de la atención, véase Gallagher, W. (2009). *Rapt: Attention and the Focused Life.* Nueva York: Penguin.

[7] Simons, D. J. y Chabris, C. F. (1999). «Gorillas in our midst: Sustained inattentional blindness for dynamic events». *Perception, 28,* 1059-1074.

[8] Se han realizado muchos estudios sobre nuestra tendencia a la «ceguera al cambio». Un ejemplo: Simons, D. J. y Levin D. T. (1998). «Failure to detect changes to people in a real-world interaction». *Psychonomic Bulletin and Review, 5,* 644-649.

[9] Massad, C. M., Hubbard, M. y Newtson, D. (1979). «Selective perception of events». *Journal of Experimental Social Psychology, 15*(6), 513-532.

[10] Halberstadt, J., Winkielman, P., Niedenthal, P. M. y Dalle, N. (2009). «Emotional conception: How embodied emotion concepts guide perception and facial action». *Psychological Science, 20,* 1254-1261.

[11] Emmons, R. A. (2007). *Thanks! How the New Science of Gratitude Can Make You Happier.* Nueva York: Houghton Mifflin.

[12] Si se desea consultar una muestra de la extensa literatura científica sobre el optimismo, véase: Carver, C. S. y Scheier, M. F. (2005). «Optimism», en Snyder, C. R. y Lopez, S. J. (eds.), *Handbook of Positive Psychology* (pp. 632-645). Nueva York: Oxford University Press; Scheier, M. F., Weintraub, J. K. y Carver, C. S. (1986). «Coping with stress: Divergent strategies of optimists and pessimists». *Journal of Personality and Social Psychology, 51,* 1257-1264.

[13] Wiseman, R. (2003). «The luck factor». *The Skeptical Inquirer, 27,* 1-5.

[14] Bright, J. E., Pryor, R. G. L. y Harpham, L. (2005). «The role of chance events in career decision making». *Journal of Vocational Behavior, 66,* 561-576.

[15] Schneider, L. (7 de octubre de 2009). «Life decisions & career paths — Leave it all to chance?». *Huffington Post.* En su artículo, Schneider cita a Colleen Seifert, profesora de Psicología de la Universidad de Míchigan y experta en codificación predictiva.

[16] Seligman, M. E. P., Steen, T. A., Park, N. y Peterson, C. (2005). «Positive psychology progress: Empirical validation of interventions». *American Psychologist, 60*, 410-421.

[17] Burton, C. y King, L. (2004). «The health benefits of writing about intensely positive experiences». *Journal of Research in Personality, 38*, 150-163.

[18] Taylor, S. E. (1988). *Positive Illusions.* Nueva York: Basic.

Principio 4: La caída constructiva

[1] Si se desea conocer una revisión sobre este tema, véase: Linley, P. A. y Joseph, S. (2004). «Positive change following trauma and adversity: A review». *Journal of Traumatic Stress, 17*(1), 11-21. A continuación se ofrece una muestra de estudios que respaldan la lista ofrecida en este capítulo: agresión física (Snape, 1997), ataque cardíaco (Affleck, Tennen, Croog y Levine, 1987), cáncer de mama (Cordova, Cunningham, Carlson y Andrykowski, 2001; Weiss, 2002), combate militar (Fontana y Rosenheck, 1998; Schnurr, Rosenberg y Friedman, 1993), desastre natural (McMillen, Smith y Fisher, 1997), desplazamiento de refugiados tras una guerra (Powell, Rosner, Butollo, Tedeschi y Calhoun, 2003), duelo (Davis, Nolen-Hoeksema y Larson, 1998), enfermedad crónica (Abraido-Lanza, Guier y Colon, 1998), trasplante de médula ósea (Fromm, Andrykowski y Hunt, 1996).

[2] Tedeschi, R. G., Calhoun, L. G. y Cann, A. (2007). «Evaluating resource gain: Understanding and misunderstanding posttraumatic growth». *Applied Psychology: An International Review, 56* (3), 396-406, p. 396.

[3] Val, E. B. y Linley, P. A. (2006). «Posttraumatic growth, positive changes, and negative changes in Madrid residents following the March 11, 2004, Madrid train bombings». *Journal of Loss and Trauma, 11*, 409-424.

[4] Weiss, T. (2002). «Posttraumatic growth in women with breast cancer and their husbands: An intersubjective validation study». *Journal of Psychosocial Oncology, 20*, 65-80.

[5] Linley, P. A. y Joseph, S. (2004). «Positive change following trauma and adversity: A review». *Journal of Traumatic Stress, 17*(1), 11-21.

⁶ Val, E. B. y Linley, P. A. (2006). «Posttraumatic growth, positive changes, and negative changes in Madrid residents following the March 11, 2004, Madrid train bombings». *Journal of Loss and Trauma, 11*, 409-424, p. 410.

⁷ Walsh, F. (2002). «Bouncing forward: Resilience in the aftermath of September 11». *Family Processes, 41*, 34-36, p. 35.

⁸ McGregor, J. (10 de julio de 2006). «How failure breeds success». *BusinessWeek*. El apartado de este capítulo: «¡Eureka, hemos fallado!» es una cita relativa a este tema procedente del *BusinessWeek*, que llevaba dicho titular en la portada.

⁹ Schoemaker, P. J. H. y Gunther, R. E. (junio de 2006). «Wisdom of deliberate mistakes». *Harvard Business Review.*

¹⁰ Ben-Shahar, T. (2009). *The Pursuit of Perfect*. Nueva York: Mc-Graw-Hill, p. 22.

¹¹ Lorenzet, S. J., Salas, E. y Tannenbaum, S. I. (2005). «Benefiting from mistakes: The impact of guided errors on learning, performance, and self-efficacy». *Human Resource Development Quarterly, 16*, 301-322.

¹² Seligman, M. E. P. (1991). *Learned Optimism*. Nueva York: Knopf, pp. 19-21. (Versión española: *Aprenda optimismo*. Barcelona: Debolsillo, 2011).

¹³ Hiroto, D. S. (1974). «Locus of control and learned helplessness». *Journal of Experimental Psychology, 102*, 187-193.

¹⁴ Como describe Martin Seligman en *Learned Optimism*, p. 29. (Versión española: *Aprenda optimismo*. Barcelona: Debolsillo, 2011).

¹⁵ Dickler, J. (9 de octubre de 2009). «Wall St. casualties: Where are they now?». www.cnn.com.

¹⁶ (9 de junio de 1958). «Recession Benefits». *Time.*

¹⁷ (9 de junio de 1958). «Recession Benefits». *Time.*

¹⁸ Chakravorti, B. (18 de marzo de 2009). «How to innovate in a downturn». *The Wall Street Journal.*

¹⁹ Richard Wiseman es quizá el principal defensor de esta estrategia, algo que él llama *pensamiento contrafáctico*. Si deseas saber más sobre este concepto y cómo ponerlo en práctica, consulta su libro de 2003 *The Luck Factor* (Nueva York: Miramax).

[20] Stefanucci, J. K., Proffitt, D. R., Clore, G. L. y Parekh, N. (2008 «Skating down a steeper slope: Fear influences the perception of geographical slant». *Perception*, *37*, 321-323.

[21] Si se desea conocer toda la historia de MetLife, véase Seligman, M. E. P. (1991). *Learned optimism*. Nueva York: Knopf, pp. 97-106. (Versión española: *Aprenda optimismo*. Barcelona: Debolsillo, 2011).

[22] Véase, por ejemplo: Peterson, C. y Barrett, L. C. (1987). «Explanatory style and academic performance among university freshmen». *Journal of Personality and Social Psychology*, *53*, 603-607; Nolen-Hoeksema, S., Girgus, J. y Seligman, M. E. P. (1986). «Learned helplessness in children: A longitudinal study of depression, achievement, and explanatory style». *Journal of Personality and Social Psychology*, *51*, 435-442. Seligman, M. E. P. y Schulman, P. (1986). «Explanatory style as a predictor of productivity and quitting among life insurance sales agents». *Journal of Personality and Social Psychology*, *50*, 832-838.

[23] Seligman, M. E. P. (1991). *Learned Optimism*. Nueva York: Knopf, pp. 152-153. (Versión española: *Aprenda optimismo*. Barcelona,: Debolsillo, 2011).

[24] Seligman, M. E. P., Nolen-Hoeksema, S., Thornton, N. y Thornton, K. M. (1990). «Explanatory style as a mechanism of disappointing athletic performance». *Psychological Science*, *1*, 143-146. Si se desea conocer un análisis más extenso del estilo explicativo y el rendimiento deportivo, véase el libro de Seligman *Learned Optimism*, pp. 155-166. (Versión española: *Aprenda optimismo*, Barcelona, Debolsillo, 2011).

[25] Scheier, M. F. *et al.* (1989). «Dispositional optimism and recovery from coronary artery bypass surgery: The beneficial effects on physical and psychological wellbeing». *Journal of Personality and Social Psychology*, *57*, 1024-1040.

[26] Este modelo ABCD tiene una larga y pródiga historia que comenzó con Albert Ellis, padre de la terapia cognitiva; posteriormente, el modelo fue adaptado por Martin Seligman (véase *Aprenda optimismo* y *La auténtica felicidad*), y también ha sido empleado eficazmente por Karen Reivich y Andrew Shatte en su excelente libro *The Resilience Factor*.

[27] Diener, E., Lucas, R. E. y Scollon, C. N. (2006). «Beyond the hedonic treadmill: Revising the adaptation theory of well-being». *American Psychologist*, *61*, 305-314.

[28] Gilbert, D. T., Wilson, T. D., Pinel, E. C., Blumberg, S. J. y Wheatley, T. P. (1998). «Immune neglect: A source of durability bias in affective forecasting». *Journal of Personality and Social Psychology, 75*(3), 617-638.

Principio 5: El Círculo del Zorro

[1] Véase, por ejemplo: Sparr, J. L. y Sonnentag, S. (2008). «Feedback environment and well-being at work: The mediating role of personal control and feelings of helplessness». *European Journal of Work and Organizational Psychology 17*(3), 388-412; Spector, P. (2002). «Employee control and occupational stress». *Current Directions in Psychological Science, 11*(4).

[2] Thompson, C. A. y Prottas, D. J. (2005). «Relationships among organizational family support, job autonomy, perceived control, and employee well-being». *Journal of Occupational Health Psychology, 10*(4), 100-118.

[3] Si se desea conocer algunos estudios sobre la importancia del control, véase, por ejemplo: Findley, M. J. y Cooper, H. M. (1983). «Locus of control and academic achievement: A literature review». *Journal of Personality and Social Psychology, 44*(2), 419-427; Shepherd, S., Fitch, T. J., Owen, D. y Marshall, J. L. (2006). «Locus of Control and Academic Achievement in High School Students». *Psychological Reports, 98*(2), 318-322; Carden, R., Bryant, C. y Moss, R. (2004). «Locus of Control, Test Anxiety, Academic Procrastination, and Achievement Among College Students». *Psychological Reports, 95*(2), 581-582; Ng, T. W. H. (2006). «Locus of control at work: A meta-analysis». *Journal of Organizational Behavior, 27*(8), 1057-1087; Spector, Paul E. *et al.* (2002). «Locus of control and well-being at work: How generalizable are Western findings?». *Academy of Management Journal, 45*(2), 453-466; Lefcourt, H. M., Holmes, J. G., Ware, E. E. y Saleh, W. E. (1986). «Marital locus of control and marital problem solving». *Journal of Personality and Social Psychology, 51*(1), 161-169; Lefcourt, H. M., Martin, R. A., Fick, C. M. y Saleh, W. E. (1985). «Locus of control for affiliation and behavior in social interactions». *Journal of Personality and Social Psychology, 48*(3), 755-759.

    4 Syme, L. y Balfour, J. (1997). «Explaining inequalities in coronary heart disease». *The Lancet, 350,* 231-232.

    5 Rodin, J. y Langer, E. J. (1977). «Long-term effects of a control-relevant intervention with the institutionalized aged». *Journal of Personality and Social Psychology, 35*(12), 897-902.

    6 Goleman, D. (1998). *Working with Emotional Intelligence.* Nueva York: Bantam, p. 77. (Versión española: *La práctica de la inteligencia emocional,* Barcelona: Kairós, 1999).

    7 Goleman, D. (1998). *Working with Emotional Intelligence.* Nueva York: Bantam, p. 75. (Versión española: *La práctica de la inteligencia emocional,* Barcelona: Kairós, 1999).

    8 Lusch, R. F. y Serpkenci, R. (1990). «Personal differences, job tension, job outcomes, and store performance: A study of retail managers». *Journal of Marketing, 54,* 85-101.

    9 Zweig, J. (2007). *Your Money and Your Brain: How the New Science of Neuroeconomics Can Help Make You Rich.* Nueva York: Simon and Schuster.

    10 Véase, por ejemplo: Kahneman, D. y Tversky, A. (1979). «Prospect theory: An analysis of decisions under risk». *Econometrica, 47,* 313-327; Kahneman, D. y Tversky, A. (1984). «Choices, values and frames». *American Psychologist, 39,* 341-350.

    11 Cassidy, J. (18 de septiembre de 2006). «Mind games». *The New Yorker;* Cohen, J. D. (2005). «The vulcanization of the human brain: A neural perspective on interactions between Cognition and Emotion». *Journal of Economic Perspectives, 19*(4), 3-24.

    12 Zweig, J. (2007). *Your Money and Your Brain: How the New Science of Neuroeconomics Can Help Make You Rich.* Nueva York: Simon and Schuster, p. 3.

    13 Zweig, J. (2007). *Your Money and Your Brain: How the New Science of Neuroeconomics Can Help Make You Rich.* Nueva York: Simon and Schuster, p. 172.

    14 Véase, por ejemplo: Locke, E. A. (2002). «Setting goals for life and happiness», en Snyder, C. R. y Lopez, S. J. (eds.), *Handbook of Positive Psychology* (pp. 299-312). Nueva York: Oxford University Press.

    15 Bregman, P. (1 de septiembre de 2009). «How to escape perfectionism». *How We Work Blog.* Extraído de www.HarvardBusiness.org.

[16] Coyle, D. (2009). *The Talent Code*. Nueva York: Bantam Books, p. 211.

[17] Gladwell, M. (2000). *The Tipping Point*. Nueva York: Little, Brown and Company, pp. 139-146. (Versión española: *El punto clave*. Barcelona: Debolsillo, 2018).

Principio 6: La regla de los viente segundos

[1] Kalb, C. (13 de octubre de 2008). «Drop that corn dog, doctor». *Newsweek.*

[2] Parker-Pope, T. (31 de diciembre de 2007). «Will your resolutions last until February?». *New York Times.* Citando un estudio de Franklin Covey sobre 15 000 personas.

[3] James, W. (1899). *Talks To Teachers On Psychology and To Students On Some of Life's Ideals.* (Harvard University Press, 1983), p. 48.

[4] James, W. (1892). *Psychology: Briefer Course.* (Harvard University Press, 1984), p. 133.

[5] James, W. (1892). *Psychology: Briefer Course.* (Harvard University Press, 1984), p. 136.

[6] Aunque la creencia popular es que se tarda entre veintiún y treinta días en la creación de un hábito, existen pocas pruebas empíricas al respecto; obviamente la duración real dependerá tanto de la persona como de la acción. Hace poco Phillipa Lally y sus colegas del University College de Londres llevaron a cabo un estudio en el que descubrieron que 66 días era la cifra media de días necesarios para que 96 voluntarios convirtieran una acción (por ejemplo, salir a correr quince minutos al día) en un hábito automático, aunque entre los participantes los resultados fueron enormemente desiguales oscilando entre los dieciocho y los 254 días. La noticia más tranquilizadora del estudio fue que saltarse un día no truncó la formación final del hábito, lo que debería animarnos a no tirar la toalla si nos desviamos ligeramente del camino. Lally, P., Van Jaarsveld, C. H. M., Potts, H. W. W. y Wardle, J. (2009). «How are habits formed: Modeling habit formation in the real world». *European Journal of Social Psychology* (en prensa).

[7] «The National Weight Control Registry estimates that only 20 percent of dieters successfully keep off lost weight for more than a year». Ansel, K. (2009). «Is your diet making you gain?». Extraído de www.health.msn.com.

[8] Baumeister, R. F., Bratslavsky, E., Muraven, M. y Tice, D. M. (1998). «Ego depletion: Is the active self a limited resource?». *Journal of Personality and Social Psychology, 74*(5), 1252-1265.

[9] Véase, por ejemplo: Baumeister, R. F., Vohs, K. D. y Tice, D. M. (2007). «The strength model of self-control». *Current Directions in Psychological Science, 16*(6), 351-355; Gailliot, M., Plang, E., Butz, D. y Baumeister, R. (2007). «Increasing self-regulatory strength can reduce the depleting effect of suppressing stereotypes». *Personality and Social Psychology Bulletin, 33*, 281-294. Si bien el autocontrol disminuye tras un uso repetido, la buena noticia es que, al igual que un músculo, puede fortalecerse con el tiempo y la práctica. Así, por ejemplo, aunque la fuerza de voluntad no resulta útil para mantener una dieta restrictiva, especialmente cuando se han llevado a cabo tareas que contribuyen a reducir el control a lo largo del día, el compromiso prolongado con una tarea que requiere perseverancia, como un programa de ejercicio de dos meses, puede mejorar nuestro autocontrol. Véase Oaten, M. y Cheng, K. (2006). «Longitudinal gains in self-regulation from regular physical exercise». *The British Psychological Society, 11*, 717-733; Oaten, M. y Cheng, K. (2007). «Improvements in self-control from financial monitoring». *Journal of Economic Psychology, 28*, 487-501.

[10] Muraven, M. y Baumeister, R. (2000). «Self-regulation and depletion of limited resources: Does self-control resemble a muscle?». *Psychological Bulletin, 126*, 247-259.

[11] Csikszentmihalyi, M. (1997). *Finding Flow: The Psychology of Engagement in Everyday Life.* Nueva York: Basic Books, p. 65.

[12] Csikszentmihalyi, M. (1997). *Finding Flow: The Psychology of Engagement in Everyday Life.* Nueva York: Basic Books, p. 67.

[13] Lindstrom, M. (2008). *Buyology.* Nueva York: Broadway Business, p. 99

[14] Si se desea obtener más información sobre otros estudios tan fascinantes como este, véase Thaler, R. H. y Sunstein, C. (2008). *Nudge:*

Improving Decisions About Health, Wealth, and Happiness. Nueva York: Penguin.

[15] Barnes, B. (26 de julio de 2009). «Lab watches web surfers to see which ads work». *New York Times*.

[16] Leyden, J. (23 de junio de 2003). «One in five U.S. firms has sacked workers for e-mail abuse». Extraído de www.theregister.co.uk.

[17] Thompson, C. (16 de octubre de 2005). «Meet the life hackers». *New York Times*. Citando un estudio realizado en la Universidad de California-Irvine.

[18] Hafner, K. (10 de febrero de 2005). «You there, at the computer: Pay attention». *New York Times*.

[19] Meyers, A. W., Stunkard, A. J. y Coll, M. (1980). «Food accessibility and food choice». *Archives of General Psychiatry, 37*, 1133-1135. Si se desea conocer una descripción más detallada de este estudio y del citado anteriormente, así como de otros muchos parecidos, véase el brillante libro de Brian Wansink *Mindless Eating*, especialmente las páginas 78-88.

[20] Meiselman, H. L., Hedderley, D., Staddon, S. L., Pierson, B. J. y Symonds, C. R. (1994). «Effect of effort on meal selection and meal acceptability in a student cafeteria». *Appetite, 23*, 43-5.

[21] Wansink, B. (2006). *Mindless Eating: Why We Eat More than We Think*. Nueva York: Bantam, p. 82.

[22] Hawkes, N. (18 de julio de 2007). «Everyone must be an organ donor unless they opt out, says Chief Medical Officer». Extraído de www.timesonine.co.uk.

[23] Vohs, K. D. *et al.* (2008). «Making choices impairs subsequent self-control: A limited-resource account of decision making, self-regulation, and active initiative». *Journal of Personality and Social Psychology, 94*(5), 883-898.

[24] Schwartz, B. (2004). *The Paradox of Choice*. Nueva York: Harper Perennial, p. 113.

Principio 7: La inversión social

[1] Shenk, J. W. (junio de 2009). «What makes us happy?». *The Atlantic Monthly*.

[2] Valliant, G. (16 de julio de 2009). «Yes, I stand by my words, "Happiness equals love — full stop"». *Positive Psychology News Daily*. Extraído de http://positive psychologynews.com/news/george-valient/200907163163.

[3] Diener, E. y Biswas-Diener, R. (2008). *Happiness: Unlocking the Mysteries of Psychological Wealth*. Malden, MA: Wiley-Blackwell, p. 66.

[4] Diener, E. y Seligman, M. (2002). «Very happy people». *Psychological Science, 13*, 81-84.

[5] Si se desea acceder a una explicación exhaustiva de nuestra necesidad innata de establecer vínculos con los demás, véase: Baumeister, R. F. y Leary, M. R. (1995). «The need to belong: Desire for interpersonal attachments as a fundamental human motivation». *Psychological Bulletin, 117*(3), 497-529.

[6] Si se desea consultar una exposición especialmente reveladora y profunda sobre la importancia biológica del contacto social, véase: Lewis, T., Amini, F. y Lannon, R. (2001). *A General Theory of Love*. Nueva York: Vintage. Si se desea conocer un ejemplo empírico de cómo la falta de contacto social conduce a una disminución de la función inmunitaria, véase: Cohen, S., Doyle, W., Skoner, D., Rabin, B. y Gwaltney, J. (1997). «Social ties and susceptibility to the common cold». *Journal of the American Medical Association, 277*, 1940-1944.

[7] Hawkley, L. C., Masi, C. M., Berry, J. D. y Cacioppo, J. T. (2006). «Loneliness is a unique predictor of age-related differences in systolic blood pressure». *Psychology and Aging, 21*(1), 152–164.

[8] Cacioppo, J. T. (2008). *Loneliness: Human Nature and the Need for Social Connection*. Nueva York: W.W. Norton and Company.

[9] Blackmore, E. R., *et al.* (2007). «Major depressive episodes and work stress: Results from a national population survey». *American Journal of Public Health, 97*(11), 2088-2093.

[10] Berkman, L. F., Leo-Summers, L. y Horwitz, R. I. (1992). «Emotional support and survival after myocardial infarction. A prospective-population-based study of the elderly». *Annals of Internal Medicine, 117*, 1003-9.

[11] Spiegel, D., Bloom, J., Kraemer, H. y Gottheil, E. (1989). «Effect of psychosocial treatment on survival of patients with metastatic breast cancer». *The Lancet, 2*, 888-891.

[12] House, J., Landis, K. y Umberson, D. (1988). «Social relationships and health». *Science, 241,* 540-544.

[13] Lewis, T., Amini, F. y Lannon, R. (2001). *A General Theory of Love.* Nueva York: Vintage, p. 206.

[14] Heaphy, E. y Dutton, J. E. (2008). «Positive social interactions and the human body at work: Linking organizations and physiology». *Academy of Management Review, 33,* 137-162; Theorell, T., Orth-Gomér, K. y Eneroth, P. (1990). «Slow-reacting immunoglobin in relation to social support and changes in job strain: A preliminary note». *Psychosomatic Medicine, 52,* 511-516.

[15] Carlson, D. S. y Perrewe, P. L. (1999). «The role of social support in the stressor-strain relationship: An examination of work-family conflict». *Journal of Management, 25* (4), 513-540.

[16] Heaphy, E. y Dutton, J. E. (2008). «Positive social interactions and the human body at work: Linking organizations and physiology». *Academy of Management Review, 33,* 137-162

[17] Goleman, D. (1998). *Working with Emotional Intelligence.* Nueva York: Bantam, pp. 217-218. (Versión española: *La práctica de la inteligencia emocional,* Barcelona: Kairós, 1999).

[18] Lewis, M. (2006). *The Blind Side.* Nueva York: W. W. Norton, p. 111.

[19] Rosengren, A., Orth-Gomer, K., Wedel, H. y Wilhelmsen, L. (1993). «Stressful life events, social support, and mortality in men born in 1933». *British Medical Journal, 307,* 1102-1105.

[20] Vaillant, G. (16 de julio de 2009). «Yes, I stand by my words, «"Happiness equals love — full stop"». *Positive Psychology News Daily.* Extraído de http://positive psychologynews.com/news/george-vaillant/200907163163

[21] Dweck, C. S. (2006). *Mindset: The New Psychology of Success.* Nueva York: Ballantine, p. 55.

[22] Carmeli, A., Brueller, D. y Dutton, J. E. (2009). «Learning behaviours in the workplace: The role of high-quality interpersonal relationships and psychological safety». *Systems Research and Behavioral Science, 26,* 81-98.

[23] Holahan, C. K. y Sears, R. R. (1995). *The Gifted Group in Later Maturity.* Palo Alto: Stanford University Press.

[24] Collins, J. (2001). *Good to Great: Why Some Companies Make the Leap . . . And Others Don't*. Nueva York: HarperBusiness. (Versión española: *Good to great: ¿por qué algunas compañías dan el salto a la excelencia y otras no?*, Barcelona, Reverté, 2021).

[25] Campion, M. A., Papper, E. M. y Medsker, G. J. (1996). «Relations between work team characteristics and effectiveness: A replication and extension». *Personnel Psychology, 49*, 429-452.

[26] Heaphy, E. y Dutton, J. E. (2008). «Positive social interactions and the human body at work: Linking organizations and physiology». *Academy of Management Review, 33*(1), 137-162.

[27] Dutton, J. (2003). *Energize Your Workplace: How to Create and Sustain High-Quality Connections at Work*. San Francisco: Jossey-Bass, p. 2.

[28] Baker, S. (8 de abril de 2009). «Putting a price on social connections». *BusinessWeek*.

[29] Cohen, D. y Prusak, L. (2001). *In Good Company: How Social Capital Makes Organizations Work*. Boston: Harvard Business School Press, pp. 95-97.

[30] Grant, A. M., Dutton, J. E. y Rosso, B. D. (2008). «Giving commitment: Employee support programs and the prosocial sensemaking process». *Academy of Management Journal, 51*, 898-918.

[31] Everson, D. (16 de julio de 2009). «Baseball's winning glue guys». *The Wall Street Journal*.

[32] Wagner, N., Feldman, G. y Hussy, T. (2003). «The effect of ambulatory blood pressure of working under favourably and unfavourably perceived supervisors». *Occupational Environmental Medicine, 60*, 468-474.

[33] Bradberry, T. (30 de enero de 2009). «A bad boss can send you to an early grave». *Philanthropy Journal*. Extraído de www.philanthropyjournal.org.

[34] Bradberry, T. (30 de enero de 2009). «A bad boss can send you to an early grave». *Philanthropy Journal*. Extraído de www.philanthropyjournal.org.

[35] Goleman, D. (1998). *Working with Emotional Intelligence*. Nueva York: Bantam, p. 215. (Versión española: *La práctica de la inteligencia emocional*, Barcelona, *Kairós*, 1999).

[36] Buckingham, M. y Coffman, C. (1999). *First, Break All the Rules*. Nueva York: Simon y Schuster.

[37] Cohen, D. y Prusak, L. (2001). *In Good Company: How Social Capital Makes Organizations Work*. Boston: Harvard Business School Press, pp. 24-25.

[38] Pearson, C. M., Andersson, L. M. y Porath, C. L. (2000). «Assessing and attacking workplace incivility». *Organizational Dynamics*, 123-137.

[39] Pattison, K. (8 de septiembre de 2008). «The social capital investment strategy». *Fast Company*.

[40] Gable, S. L., Reis, H. T., Impett, E. y Asher, E. R. (2004). «What do you do when things go right? The intrapersonal and interpersonal benefits of sharing positive events». *Journal of Personality and Social Psychology*, *87*, 228-245.

[41] Gable, S. L., Gonzaga, G. C. y Strachman, A. (2006). «Will you be there for me when things go right? Supportive responses to positive event disclosures». *Journal of Personality and Social Psychology*, *91*, 904-917.

[42] Cohen, D. y Prusak, L. (2001). *In Good Company: How Social Capital Makes Organizations Work*. Boston: Harvard Business School Press.

[43] Los autores Cohen y Prusak analizan cómo los líderes pueden invertir en «espacio y tiempo para conectar» en su libro *In Good Company*. Véanse concretamente las páginas 81-101.

[44] Dutton, J. E. (2003) *Energize Your Workplace: How to Create and Sustain High-Quality Connections*. San Francisco: Wiley, p. 161.

[45] Dutton, J. E. (invierno de 2003). «Fostering high-quality connections». *Stanford Social Innovation Review*.

[46] Cohen, D. y Prusak, L. (2001). *In Good Company: How Social Capital Makes Organizations Work*. Boston: Harvard Business School Press, p. 22.

[47] Peters, T. (16 de septiembre de 2005). «MBWA after all these years». *Dispatches from the New World of Work*. Extraído de www.tompeters.com/dispatches/008106.php.

[48] Lyubomirsky, S. (2007). *The How of Happiness*. Nueva York: Penguin Books, pp. 97-100.

[49] Algoe, S. B., Haidt, J. y Gable, S. L. (2008). «Beyond reciprocity: Gratitude and relationships in everyday life». *Emotion, 8*, 425-429.

[50] Trejos, N. (17 de julio de 2009). «Recession lesson: Share and swap replaces grab and buy». *Washington Post.*

Expandir la Ventaja de la Felicidad en el trabajo, el hogar y más allá

[1] Christakis, N. A. y Fowler, J. (2009). *Connected.* Nueva York: Little, Brown and Company.

[2] Thompson, C. (10 de septiembre de 2009). «Are your friends making you fat?». *New York Times.*

[3] Un pionero en el campo de la neurociencia ha escrito hace poco un libro que explica de forma excelente la compleja base científica que subyace en las neuronas espejo y el modo en que se relacionan con la empatía: Iacoboni, M. (2008). *Mirroring People.* Nueva York: Picador.

[4] Goleman, D. (2006). *Social Intelligence.* Nueva York: Bantam, p. 65. (Versión española: *Inteligencia social*, Barcelona, Kairós, 2006).

[5] Friedman, H. y Riggio, R. (1981). «Effect of individual differences in nonverbal expressiveness on transmission of emotion». *Journal of Nonverbal Behavior, 6*, 96-104.

[6] Goleman, D. (2006). *Social Intelligence.* Nueva York: Bantam, p. 14. (Versión española: *Inteligencia social*, Barcelona, Kairós, 2006).

[7] Kelly, J. R. y Barsade, S. G (2001). «Mood and emotions in small groups and work teams». *Organizational Behavior and Human Decision Processes, 86*, 99-130.

[8] Zajonc, R. B., Murphy, S. T. e Inglehart, M. (1989). «Feeling and facial efference: Implications for the vascular theory of emotion». *Psychological Review, 96*, 395-416.

[9] Barsade, S. G. (2002). «The ripple effect: Emotional contagion and its influence on group behavior». *Administrative Science Quarterly, 47*, 644-675.

[10] Friedman, H. y Riggio, R. (1981). «Effect of individual differences in nonverbal expressiveness on transmission of emotion». *Journal of Nonverbal Behavior, 6*, 96-104.

[11] Goleman, D. (2006). *Social Intelligence*. Nueva York: Bantam, pp. 29-37. (Versión española: *Inteligencia social*, Barcelona, Kairós, 2006).

[12] Thompson, C. (10 de septiembre de 2009). «Are your friends making you fat?». *New York Times*.

[13] Goleman, D. (2006). *Social Intelligence*. Nueva York: Bantam, p. 30. Goleman cita a Bavelas, J. B. *et al.*, (1986). «I *show* how you feel: Motor mimicry as a communicative act». *Journal of Social and Personality Psychology, 50*, 322-29.

[14] George, J. M. y Bettenhausen, K. (1990). «Understanding prosocial behaviour, sales performance, and turnover: A group level analysis in a service context». *Journal of Applied Psychology, 75*, 698-709; Sy, T., Cote, S. y Saavedra, R. (2005). «The contagious leader: Impact of the leader's mood on the mood of group members, group affective tone, and group processes». *Journal of Applied Psychology, 90*, 295-305.

[15] Lyubomirsky, S., King, L. A. y Diener, E. (2005). «The benefits of frequent positive affect: Does happiness lead to success?». *Psychological Bulletin, 131*, 803-855.

[16] Totterdell, P. (2000). «Catching moods and hitting runs: Mood linkage and subjective performance in professional sports teams». *Journal of Applied Psychology, 85*, 848-859.

Índice temático

Agradecimientos

Escribir este apartado ha sido la parte más divertida de la creación de esta obra. Me llena de humildad y emoción saber que cada palabra de estas páginas ha sido moldeada por las personas de mi vida; espero que, a través de mi escritura, puedas escuchar sus voces durante la lectura.

Deseo dar las gracias a mi mentor, el doctor Tal Ben-Shahar. Recuerdo nuestro primer encuentro: nos reunimos en un café de Harvard Square, en el que habíamos quedado para hablar de una nueva clase sobre la felicidad, y me pareció un hombre amable, apacible y poco imponente. No me imaginaba entonces que este humilde desconocido pronto transformaría la Universidad de Harvard y, en ese proceso, mi propia vida. Solo le hizo falta un café para reorientar todo mi mundo y ayudarme a ver que mi estudio de ética religiosa en la Facultad de Teología era equiparable a las preguntas planteadas en la ciencia de la psicología positiva. Me animó a crecer y me perdonó los fallos. Doy gracias cada día por haberlo conocido, porque sin él hoy no estaría trabajando en este campo ni escribiendo este libro.

Gracias también a Elizabeth Peterson, una de mis exalumnas de la clase de Psicología Positiva en Harvard, quien más tarde se incorporó a mi empresa. Ella, al igual que Tal, es una fiel guardiana de la psicología positiva, la cual, en su opinión, además de tratarse de una ciencia, debe aplicarse a la vida. Liz ha revisado minuciosamente cada palabra de este libro durante un año, y, a pesar de este reto, ha continuado siendo una verdadera amiga.

Gracias a mi madre, profesora de Inglés de instituto y en la actualidad asesora de alumnos de primer año en la Universidad de Baylor, y a mi padre, profesor de Psicología también en Baylor, de los que he recibido el doble regalo del amor por aprender y por enseñar. También deseo expresar mi gratitud a mi hermana, Amy, y a mi hermano, Bobo, que, durante los dos años en los que viajé sin parar por cuarenta países, mantuvieron la llama del hogar encendida para recordarme que aún tenía un refugio al que volver.

Gracias al señor Hollis, que, en su papel de profesor de instituto público, compartió su genialidad e hizo que me enamorara del mundo académico. Gracias a Brian Little, que fue el mejor profesor que tuve en Harvard y a quien observé fervientemente cuando ocupé el puesto de becario docente, en mi deseo por aprender de un maestro el arte de dar clase. Gracias al profesor Phil Stone por inspirarnos a Tal y a mí. Gracias a la profesora Ellen Langer por permitirme unirme a su laboratorio y aprender a pensar al margen de las normas del mundo académico. Gracias a mi agente literario, Rafe Sagalyn, por hacer posible esta obra. Tal me contó que Rafe era el mejor y tenía razón. Gracias a Roger Scholl, de Broadway Books, que creyó en este libro, y a Talia Krohn, de la misma casa, que se encargó de editarlo con gran diligencia y visión.

Gracias a la Young Presidents Organization por ayudarme a conocer a tantos nuevos amigos de todo el mundo, desde Asia hasta Sudamérica. Gracias a Salim Dewji por organizar mi gira de conferencias por África, el sueño de toda mi vida. Gracias a Michelle Blieberg, de UBS, y a Lisanne Biolos, de KPMG, por su amistad y por invitarme a sus empresas para poner a prueba nuestras teorías. Gracias a John Galvin y a

Steven Schragis, que, con las charlas en la One Day University, iniciaron mi carrera como conferenciante, sacándome de las aulas y llevándome ante el público. Gracias a Michelle Lemmons, a Greg Kaiser y a Greg Ray, de International Speakers Bureau, por asociarse conmigo y preocuparse tanto por formar a sus oradores. Gracias a mis amigos de Washington Speakers Bureau y a C. J. Lonoff, de Speaking Matters, por ayudarme a difundir este mensaje por todo el mundo. Gracias a Carrie Callahan por echarme una mano con las relaciones públicas. Y gracias a Dini Coffin y a Stewart Clifford, de Enterprise Media, por trasladar este conocimiento científico a un formato de vídeo.

He sido bendecido con una red de amigos tan extensa que no me es posible nombrarlos a todos, pero deseo expresar un agradecimiento especial a las siguientes personas, cuya amistad y aliento han sido fundamentales para mi felicidad y mi éxito durante el pasado año: Angie Koban, Alia Crum, Laura Babbitt y Mike Lampert, Jessica Glazer, Max Weisbuch y Amanda Youmans, Judy y Russ Miller y Caroline Sami, Caleb Merkl, Olivia Shabb y Brent Furl.

Si nunca has escrito una página de agradecimiento, pruébalo una tarde. Acabo de descubrir que no podemos menos que sentirnos felices y humildes al recordar que somos amados y que no hacemos nada solos.

Espero con impaciencia las nuevas amistades y la comunidad de lectores que surgirán a raíz de este libro.

LECCIONES PARA VIVIR

Una serie de profundas reflexiones que te ayudarán a ver el lado bueno de la adversidad

PHIL STUTZ

A lo largo de nuestra vida, todos nos enfrentamos a situaciones que nos invitan a reflexionar sobre cuestiones profundas como el amor, la pérdida, el éxito, el fracaso, la esperanza, el arrepentimiento, la vida y la muerte. No obstante, resulta difícil encontrar claridad cuando lidiamos con dilemas tan complejos.

EL LENGUAJE SECRETO DEL CUERPO

Regula tu sistema nervioso, cura tu cuerpo y libera tu mente

JENNIFER MANN Y KARDEN RABIN

Cuando una persona está agobiada por el estrés, la ansiedad y los traumas, su sistema nervioso se adapta para mantenerla viva a corto plazo. Sin embargo, si constantemente se enfrenta a entornos inseguros, relaciones tóxicas o patrones de pensamiento destructivos, existe el riesgo de que quede atrapada en el «modo supervivencia» durante un largo periodo.

EL ARTE DE SANAR LA MENTE

Un manual de sanación y superación personal que traerá amor y plenitud a tu vida

MARIANO MENÉNDEZ

Este libro encierra una fuerza y un poder que llegan directos a tu corazón porque su mensaje claro, sencillo y contundente apela directamente a ti: mereces vivir la mejor experiencia física y llevarla al máximo de sus posibilidades.